Urte Finger-Trescher, Heinz Krebs, Burkhard Müller,
Johannes Gstach (Hg.)
Professionalisierung in sozialen
und pädagogischen Feldern.

Jahrbuch für Psychoanalytische Pädagogik –

Die Redaktion:
Wilfried Datler, Wien (Schriftleitung)
Christian Büttner, Frankfurt/M.
Annelinde Eggert-Schmid Noerr, Frankfurt/M.
Urte Finger-Trescher, Frankfurt/M.
Hans Füchtner, Kassel
Johannes Gstach, Wien
Heinz Krebs, Frankfurt/M.
Burkhard Müller, Hildesheim
Kornelia Steinhardt, Wien
Luise Winterhager-Schmid, Ludwigsburg

Urte Finger-Trescher, Heinz Krebs, Burkhard Müller,
Johannes Gstach (Hg.)

Professionalisierung in sozialen und pädagogischen Feldern. Impulse der Psychoanalytischen Pädagogik

Jahrbuch für Psychoanalytische Pädagogik 13

Mitbegründet von Hans-Georg Trescher (†)

Herausgegeben von
Wilfried Datler, Urte Finger-Trescher, Christian Büttner,
Johannes Gstach und Kornelia Steinhardt
im Auftrag des Frankfurter Arbeitskreises
für Psychoanalytische Pädagogik

Gedruckt mit Förderung des Bundesministeriums
für Bildung, Wissenschaft und Kultur in Wien

Psychosozial-Verlag

Bibliografische Information der Deutschen Nationalbibliothek
Die Deutsche Nationalbibliothek verzeichnet diese Publikation in der Deutschen
Nationalbibliografie; detaillierte bibliografische Daten sind im Internet über
<http://dnb.d-nb.de> abrufbar.

© 2002 Psychosozial-Verlag
E-Mail: info@psychosozial-verlag.de
www.psychosozial-verlag.de
Alle Rechte vorbehalten. Kein Teil des Werkes darf in irgendeiner Form (durch
Fotografie, Mikrofilm oder andere Verfahren) ohne schriftliche Genehmigung des
Verlages reproduziert oder unter Verwendung elektronischer Systeme verarbeitet,
vervielfältigt oder verbreitet werden.
Umschlagabbildung: René Magritte: »Die unerwartete Antwort«, 1933
© VG Bild-Kunst, Bonn 2002
Umschlaggestaltung: Christof Röhl
nach Entwürfen des Ateliers Warminski, Büdingen
Printed in Germany
ISBN 978-3-89806-190-2

Inhalt

Editorial 7

Themenschwerpunkt:
Professionalisierung in sozialen und pädagogischen Feldern.
Impulse der Psychoanalytischen Pädagogik

Burkhard Müller, Heinz Krebs, Urte Finger-Trescher
Professionalisierung in sozialen und pädagogischen Feldern
Impulse der Psychoanalytischen Pädagogik 9

Burkhard Müller
Beziehungsarbeit und Organisation. Erinnerung an
eine Theorie der Professionalisierung sozialer Arbeit 27

Heinz Krebs
Emotionales Lernen in der Schule – Aspekte der
Professionalisierung von Lehrerinnen und Lehrern 47

Helmuth Figdor
Psychoanalytisch-pädagogische Erziehungsberatung
Theoretische Grundlagen 70

Heiner Hirblinger
Ein „Organ für das Unbewußte" auch für Lehrer?
Der Beitrag der psychoanalytischen Pädagogik zur Frage der
Professionalisierung in der Lehrerbildung 91

Franz-Josef Krumenacker
Professionalisierung im pädagogisch-therapeutischen Milieu 111

Annelinde Eggert-Schmid Noerr
Über Humor und Witz in der Pädagogik 123

Literaturumschau

*Wilfried Datler, Margit Datler, Irmtraud Sengschmied,
Michael Wininger*
Psychoanalytisch-pädagogische Konzepte der
Aus- und Weiterbildung. Eine Literaturübersicht 141

Natascha Almeder, Barbara Desch
Über aktuelle Publikationen zu verschiedenen Fragestellungen
Psychoanalytischer Pädagogik 172

Rezensionen 200

Elisabeth Brainin (Hrsg.): Kinderpsychotherapie. Symposion:
„50 Jahre Institute für Erziehungshilfe".
Literas: Wien, 2001 *(Johannes Gstach)* 200
Peter Fonagy: Attachment Theory and Psychoanalysis.
New York: Other Press, 2001 *(Grit Jokschies)* 202
Wiener Psychoanalytische Vereinigung (Hrsg.): Psychoanalyse
für Pädagogen. Wien: Picus 2001 *(Ulrike Kinast-Scheiner)* 205

Abstracts 208
Die Autorinnen und Autoren des Bandes 211
Die Mitglieder der Redaktion 213

Editorial

Ein – mitunter spannungsreiches – Verhältnis zur Pädagogik begleitet die Psychoanalyse seit ihrem Anbeginn. Die Frage, ob nicht alle pädagogisch Tätigen, also sowohl professionelle Erzieher als auch Eltern, sich eigentlich einer psychoanalytischen Psychotherapie unterziehen müßten, um erst dann möglichst neurosenfrei in die Erziehungsarbeit eintreten zu können, bewegten in den ersten Jahrzehnten der psychoanalytischen Bewegung die Gemüter. Heute zeichnet sich ab, daß Antworten auf die Frage, inwieweit die Psychoanalyse bzw. psychoanalytische Erkenntnisse eine Professionalisierung pädagogischer Tätigkeitsfelder vorantreiben könnte, in einem sich zwei Polen zuordenbaren Spannungsfeld formuliert werden: Einerseits wurde und wird die Psychoanalyse im Sinne einer Hilfswissenschaft in Anspruch genommen, die dazu dienen soll, die besonders schwierigen oder auch „heilungsbedürftigen" Kinder der pädagogischen Beeinflussung wieder zuzuführen; andererseits läßt sich ein Verständnis beobachten, das Psychoanalytische Pädagogik als Teil einer (auch) psychoanalytisch reflektierten Sozialwissenschaft begreift. Diesem letztgenannten Verständnis sind dann unter anderem die folgenden drei Bemühungen zuzurechnen:

- Eine Stoßrichtung psychoanalytisch-pädagogischer Überlegungen besteht in dem Versuch, zu einer „Erhöhung" der selbstreflexiven Kompetenzen von pädagogisch Tätigen beizutragen, wobei es hier neben der Suche nach den bewußtseins-verborgenen Motiven und Selbstauffassungen von Klienten und professionell Handelnden auch um die Ausleuchtung der Beziehungsdynamik geht, die sich in der Klienten-Professionisten-Beziehung etabliert.
- Weitere Bemühungen widmen sich dem Nachdenken über situative und institutionelle Rahmenbedingungen und deren Einfluß auf pädagogisch-professionelle Tätigkeiten.
- Die Untersuchung von pädagogischen Haltungen und Konzepten bilden eine dritte Leitlinie einer sich als psychoanalytisch reflektierte Sozialwissenschaft verstehenden Psychoanalytischen Pädagogik.

Mit der Benennung dieser drei Stoßrichtungen sind auch die zentralen Fragen umrissen, denen sich die vorliegenden Beiträge widmen: Wie können psychoanalytisch-pädagogische Erkenntnisse zu einer Erhöhung der selbstreflexiven Kompetenzen von professionell tätigen Erziehern beitragen? Wie beeinflussen institutionelle bzw. organisatorische Rahmenbedingungen die Arbeit von pädagogisch-professionell Tätigen und welche Reflexionsmöglichkeiten bieten hier psychoanalytisch-pädagogische Konzepte? Welchen Beitrag können psychoanalytisch-pädagogische Betrachtungsweisen bei der Untersuchung pädagogischer Haltungen und Konzepte leisten? In den Themenschwerpunkt des vorliegenden

Bandes führen *Burkhard Müller, Heinz Krebs und Urte Finger-Trescher* ein. Weitere Arbeiten zu diesem Schwerpunkt stammen von *Burkhard Müller, Heinz Krebs, Helmuth Figdor, Heiner Hirblinger, Franz-Josef Krumenacker, Annelinde Eggert-Schmid Noerr*. Der Literaturumschauartikel ist der Darstellung von psychoanalytisch-pädagogischen Konzepten der Aus- und Weiterbildung gewidmet und wurde von *Margit Datler, Wilfried Datler, Irmtraud Sengschmied* und *Michael Wininger* verfaßt. Weitere Neuerscheinungen zur Psychoanalytischen Pädagogik werden in einem Umschauartikel von *Natascha Almeder* und *Barbara Desch* vorgestellt. Rezensionen runden auch den 13. Band des Jahrbuches für Psychoanalytische Pädagogik wieder ab.

Die Redaktion

Themenschwerpunkt: Professionalisierung in sozialen und pädagogischen Feldern. Impulse der Psychoanalytischen Pädagogik

Burkhard Müller, Heinz Krebs, Urte Finger-Trescher

Professionalisierung in sozialen und pädagogischen Feldern. Impulse der Psychoanalytischen Pädagogik
Einleitung in den Themenschwerpunkt

„Haben Sie nicht bemerkt, daß jeder Philosoph, Dichter, Historiker und Biograph sich seine eigene Psychologie zurechtmacht, seine besonderen Voraussetzungen über den Zusammenhang und die Zwecke der seelischen Akte vorbringt, alle mehr oder minder ansprechend und alle gleich unzuverlässig? Da fehlt offenbar ein gemeinsames Fundament. Und daher kommt es auch, daß es auf psychologischem Boden sozusagen keinen Respekt und keine Autorität gibt. Jeder kann da nach Belieben ‚wildern'." (Freud, S. 1926, 218f)

„Tatsächlich ist das unerhört Neue an der Psychoanalyse nicht die psychoanalytische Theorie, sondern der methodologische Standpunkt, daß die Hauptaufgabe der Verhaltenswissenschaft die Analyse der Auffassung des Menschen von sich selber sei." (Devereux 1967, 25)

„Psychoanalyse sollte keine neue Erziehungslehre – im Sinne eines überindividuell gültigen Inventars von Verhaltensregeln konstituieren, sondern sich der Pädagogik *zur Verfügung* stellen." (Figdor 1989, 136)

„Soziale Dienstleistungsorganisationen sind – wie andere formale Organisationen auch – an der Aufrechterhaltung von *(Umwelt-)Gewißheit* orientiert. Soweit organisationspolitisch vertretbar, werden Unsicherheiten im Blick auf relevante Zustände und Entwicklungen in der Umwelt mit Hilfe von strukturellen Entscheidungsprämissen ausgeblendet und in „fingierte" Sicherheit transformiert. (...) Zustandekommen und Wirksamkeit von Interaktionssystemen, in denen personenverändernde Dienstleistungen produziert werden sollen, werden durch das Erleben von Ungewißheit bedroht. Dieses Ungewißheitserleben betrifft den Professionellen ebenso wie den Klienten." (Olk 1986, 149)

Die vorangestellten Zitate beleuchten in Schlaglichtern den weiten Rahmen, in welchen die Beiträge dieses Themenschwerpunktes einzuordnen sind. Es handelt sich um Thematiken, die nicht alle entfaltet werden können, aber doch genannt werden müssen, um diese Beiträge im aktuellen Diskurs zur pädagogischen Professionalität zu positionieren. Sie betreffen einerseits das Professionalitätsverständnis der Psychoanalyse und seine Relevanz für das pädagogische Handlungsfeld, wie sie von der Psychoanalytischen Pädagogik reklamiert wird. Sie betreffen andererseits Fragen der Professionalisierbarkeit und Professionalisierungsbedürftigkeit (Oevermann 1996) pädagogischen Handelns, die sich ganz unabhängig von der Rezeption psychoanalytischer Traditionen stellen, vielmehr aus Strukturanalysen des pädagogischen oder auch sozialpädagogischen Handlungsfeldes selbst zu gewinnen sind. In den Überschneidungsbereich beider Fragerichtungen kann man die Beiträge unbeschadet ihrer sonstigen Verschiedenheit einordnen.

Diese Positionierung hat Gründe. Denn ein neuer und fruchtbarer Dialog zwischen Psychoanalyse und Pädagogik, wie er in der ersten Hälfte des 20. Jahrhunderts hoffnungsvoll begann, heute aber nur selten geführt wird – ein solcher Dialog wird vor allem dann ertragreich sein, wenn davon auszugehen ist, daß beide Seiten ihr je eigenes Interesse daran haben: Wenn also die Psychoanalyse nicht in missionarischem Gestus ihr Aufklärungswissen in die pädagogischen Handlungsfelder zu tragen sucht, sondern davon ausgeht, daß sie jenen Dialog braucht, um ihre eigenen Fragen schärfer zu stellen und besser lösen zu können. Und wenn umgekehrt die Pädagogik entdeckt, daß sie nicht so sehr hilfswissenschaftlicher Aufrüstung oder therapeutischer Zuarbeit bedarf, um ihr theoretisches und praktisches Feld noch angemessen bestellen zu können, sondern mehr noch Gesprächspartner braucht, die mit ähnlichen Ungewißheiten konfrontiert sind, wie sie selbst, vielleicht aber einen anderen Blickwinkel darauf haben. Selbstverständlich können in dieser Einleitung nicht die vielfältigen Diskurse nachgezeichnet werden, an denen ein solcher Dialog anknüpfen kann. Wir müssen uns mit Andeutungen des Diskussionshorizontes begnügen.

1. Zum Professionalitätsanspruch von Psychoanalyse und Psychoanalytischer Pädagogik

Zur Diskussion steht erstens das Professionsverständnis der Psychoanalyse selbst. Es wurde in historischen Debatten in Abgrenzung zum medizinischen Professionsverständnis formuliert, insbesondere in den Diskussionen zu Fragen der „Laienanalyse". Freud hat damals bekanntlich keineswegs dafür votiert, Psychoanalyse sei eine Art von Tätigkeit, die eben auch Laien ausüben sollten. Er hat vielmehr, ganz im Gegenteil, der selbstverständlich für alle Fragen menschlicher Gesundheit zuständigen Profession, der er selbst angehörte, den Ärzten, die Zuständigkeit dafür abgesprochen. Sie, so die Spitze seiner Argumentation, seien in diesem Feld selbst „Laien", weil Psychoanalyse ein eigenes und eigenartiges Professionswissen erfordere, das nicht als „medizinische Spezialität" (Freud 1926, 261) eingeordnet werden könne. Es sei von anderer Natur, weil es, wie Freud ausführt, mit der Verarbeitung der Verstrickungen des Analytikers mit seinem eigenen Gegenstand zu tun habe. Freud erläutert seinem „unparteiischen Zuhörer" die professionellen Herausforderungen, vor die der analytische Prozeß stellt – völlig andere Herausforderungen als diejenigen, die medizinisches Expertentum erfordern: Z.B. die Fähigkeit, Aussagen des Patienten, die „zunächst für Sie ebensowenig Sinn haben wie für ihn" (ebd., 249) in „gleichschwebender Aufmerksamkeit" wahrzunehmen; er beschreibt die Herausforderungen des Umgangs mit den Ambivalenzen des Patienten, mit „Widerständen", und „Krankheitsgewinn" (ebd., 249f; 251ff) mit „Übertragungsliebe" wie ihr Umkippen in Feindseligkeit (ebd., 255ff) und der Nutzung all dieser Phänomene als Kräfte der analytischen Arbeit. Freuds berühmtes Fazit, „daß niemand die Analyse ausüben soll, der nicht die Berechtigung dazu durch eine bestimmte Ausbildung erworben hat. Ob diese Person nun Arzt ist oder nicht, erscheint mir als nebensächlich" (ebd., 267) – dieses Fazit reklamiert den Selbstanspruch der Psychoanalyse als autonomer Profession. Ob damit das Professionsverständnis der sich so konstituierenden psychoanalytischen Zunft abschließend geklärt war, muß hier offen bleiben und kann bezweifelt werden.

In jedem Fall ist damit noch nicht die Frage nach der Professionalität psychoanalytischer *Pädagogik* beantwortet. Dies ist die zweite Horizontlinie, an die hier zu erinnern ist. Psychoanalytische Pädagogik ist keine „Anwendung" psychoanalytischer Erkenntnisse auf das Erziehungsfeld. Freud selbst insistiert in seinem Vorwort zu Aichhorns Klassiker der psychoanalytischen Pädagogik darauf, „daß die Erziehungsarbeit etwas sui generis ist, das nicht mit psychoanalytischer Beeinflussung verwechselt und nicht durch sie ersetzt werden kann" (in Aichhorn 1925, 8). Freud meint, dort, wo die Voraussetzungen der „analytischen Situation" nicht gegeben seien, müsse „man etwas Anderes machen als Analyse, was dann in der Absicht wieder mit ihr zusammentrifft" (ebd.). Die Notwendigkeit, im (sozial)pädagogischen Feld „etwas Anderes" zu machen als einfach „angewandte Psychoanalyse" hängt damit zusammen, daß die Probleme, mit denen Pädagogen oder auch Sozialarbeiter sich auseinandersetzen müssen, nicht bloß seelische Erkrankungen oder Varianten davon sind, sondern als Probleme der Lebensbewältigung auftreten – als „Störungen" (Gerspach 1998), Schulversagen, Familienkonflikte etc.; meistens zugleich als Probleme, die Menschen anderen „machen" und die sie „haben".

Freud hat sehr scharf gesehen, daß dies eine prinzipielle Grenze jeglicher Therapie, und also auch der Psychoanalyse ist, indem er nämlich annahm, daß auch seelische Krankheit selbst eine Form der Lebensbewältigung sein könne. So schreibt er z. B. : „Wir werden wahrscheinlich die Erfahrung machen, daß der Arme noch weniger zum Verzicht auf seine Neurose bereit ist als der Reiche, weil das schwere Leben, das auf ihn wartet, ihn nicht lockt und das Kranksein ihm einen Anspruch auf Hilfe bedeutet" (Freud 1919, 193). So wie Psychoanalyse chancenlos ist, wenn sie angesichts eines „schweren Lebens" keine wirkliche Reduzierung von Leiden bieten kann, so gilt dieselbe Grenze erst recht für

das pädagogische Handlungsfeld. Selbst und gerade wenn es um seelisch kranke oder beeinträchtigte Kinder und Jugendliche geht, ist die Vermittlung einer real erfahrbaren Hoffnungsperspektive auf ein besseres Leben die Voraussetzung dafür, Störungen zu verarbeiten (Müller 1997).
Die psychoanalytische Pädagogik hat seit ihren Anfängen dies Spannungsverhältnis zwischen bildender Hilfe zur Lebensbewältigung und Aufarbeitung geschädigten Lebens als Angelpunkt ihres professionellen Selbstverständnisses reklamiert. Sie hat es mehr noch als praktische Kasuistik denn als theoretisches Modell entfaltet, insbesondere in den je individuellen Praxen und theoretischen Reflexionen ihrer „Klassiker". Bei allen Unterschieden, die zwischen den Praktiken, Praxisfeldern und Konzepten psychoanalytischer Pädagogik einer Anna Freud, eines August Aichhorn, eines Siegfried Bernfeld, eines Fritz Redl, eines Hans Zulliger oder eines Bruno Bettelheim und anderen bestehen mögen: gemeinsam ist ihnen sicher, daß sie alle keine psychoanalytisch geprägte „neue Erziehungslehre" vertraten, sondern die Psychoanalyse der Pädagogik, wie Figdor sagt (s. oben), „zur Verfügung" stellen wollten, um der Pädagogik zu helfen, ihre *eigenen* Fragen und Probleme schärfer herauszuarbeiten. Versucht man die Beiträge der psychoanalytisch-pädagogischen Literatur, und insbesondere ihrer Klassiker, daraufhin zu befragen, *was* sie eigentlich der Pädagogik „zur Verfügung" stellen als Hilfe, die eigenen Professionsprobleme zu lösen, so kann man diesen Beitrag mit Devereux (s.o.) sicher so umschreiben: Das zur Verfügung Gestellte ist die Klärung und Schärfung des „methodologischen Standpunktes", daß auch für die Pädagogik die „Auffassung des Menschen von sich selber" Angelpunkt ihres professionellen Selbstverständnisses sein müsse.
Dies kann freilich mehrdeutig verstanden werden: Ist damit die Selbstauffassung der Adressaten pädagogischen Handelns (Kinder, Jugendliche) gemeint, deren besseres, tieferes Verständnis die Pädagogik zur Verfügung haben müsse, um angemessen handeln zu können? Versteht man es so, so ist man einerseits nahe bei Kernkonzepten pädagogischer Theorie, etwa Herman Nohls Bestimmung der pädagogischen Autonomie als Fähigkeit, von den Problemen auszugehen, die die Kinder und Jugendlichen „haben", statt von denen, die sie „machen". Man ist andererseits nahe bei einem eher heilpädagogischen Verständnis. Diesem zufolge soll Psychoanalyse helfen, die verdeckten, Entwicklung blockierenden und der bewußten Reflexion unzugänglichen Dimensionen jener „Auffassung der Kinder/Jugendlichen von sich selbst" dem Verstehen zugänglicher zu machen.
Dies ist, wenn überhaupt, der Platz, der im gängigen Verständnis der Psychoanalyse im Garten der Pädagogik zugestanden wird. Wo die Tradition der psychoanalytischen Pädagogik über den engen Kreis ihrer Anhänger hinaus gewirkt hat (bei einigen ihrer Klassiker wie Anna Freud, August Aichhorn oder Hans Zulliger kann man das unterstellen), lag hier der Akzent. Psychoanalyse wurde so zur Hilfswissenschaft für eine Schul- oder Sozialpädagogik, die ihren Anspruch über die „normalen" Kinder hinaus auf die besonders schwierigen und/oder nicht nur Bildungs-, sondern auch Heilungsbedürftigen richtete (Müller 1989,

2002; Datler 1994). Bei dieser Rezeption wurde allerdings zumeist unterschlagen, daß jener methodologische Standpunkt der Psychoanalyse für die Pädagogik noch eine andere Bedeutung haben muß. Diese betrifft die „Auffassung des Pädagogen und der Pädagogin von sich selbst". Und ebenso muß damit die Wechselwirkung zwischen der ersten und dieser zweiten Lesart gemeint sein, also das pädagogische Interaktionsfeld „dazwischen" betreffen. Die Frage ist hier: Wie steht es mit den Einwirkungen der „Auffassungen der Pädagogen von sich selbst" auf die Adressaten und umgekehrt – also mit den weiten und schillernden Gefilden der Phänomene, die in der Psychoanalyse „Übertragung" und „Gegenübertragung" genannt werden?

An diesem Punkt verabschiedet sich der Großteil der pädagogischen Rezeption meist schon wieder von der Psychoanalyse. Denn so sehr jene bekannteren psychoanalytischen Pädagogen diesen Selbstbezug und das Verständnis dieser Wechselwirkungen immer mitmeinten und unterstellten – eben deshalb ist ja die eigene Analyse immer der Dreh- und Angelpunkt aller professionellen Kompetenz im psychoanalytischen Handeln –, so wenig kann man das für die breite Mehrheit ihrer pädagogischen Rezipienten unterstellen. Sie verhielten sich meist eher wie die von Freud beschriebenen „wildernden" Philosophen, Dichter etc., die wohl von den psychoanalytischen Beschreibungen der Hintergründe von „Selbstauffassungen" ihrer Adressaten übernahmen, was sie brauchen konnten, aber sich kaum auf die Prämisse einließen, daß ein rechter Gebrauch davon nur zu machen sei, wenn man die selbstbezügliche Seite jenes „methodologischen Standpunktes" mindestens ebenso ernst nimmt.

Dies stellt Autoren, die über den Beitrag der psychoanalytischen Pädagogik zum professionellen Handeln der Pädagogik im Allgemeinen reden wollen vor ein Dilemma. Streng genommen können Pädagogen mit jenem Standpunkt nur dann angemessen umgehen, wenn sie selbst in irgend einer Weise die analytische Selbsterfahrung durchlaufen haben. Dementsprechend anerkennt Freud in dem schon zitierten Vorwort zwar die geniale Intuition des Pädagogen Aichhorn: „[D]ie Psychoanalyse konnte ihn praktisch wenig neues lehren" (zit. b. Aichhorn 1925, 8). Freud fordert aber für den normalen Erzieher, „daß er psychoanalytisch geschult sein soll, weil ihm sonst das Objekt seiner Bemühung, das Kind, ein ungelöstes Rätsel bleiben muß" (ebd.). Dies aber nur deshalb und insofern, als der Erzieher sich selbst ein „ungelöstes Rätsel" bleibt. Mit Bernfeld (1925) zu reden, versteht er das Kind „vor ihm" nicht, weil er das „verdrängte Kind in ihm" nicht versteht (ebd., 141). Als boshaftes Aperçu gegen verständnislose Lehrer ist dies inzwischen Gemeingut. Macht man daraus jedoch einen verallgemeinerten Professionalisierungsanspruch, so bedeutet dies, Pädagogen gegenüber die Auffassung zu vertreten: „Wenn Ihr Eurer Aufgabe im Vollsinne gerecht werden wollt, müßtet Ihr, von unserem Standpunkt aus betrachtet, eine eigene professionelle analytische Selbsterfahrung durchlaufen". Es ist nicht einfach, mit solchen Postulaten auf breiterer Front Gehör zu finden, ohne daß dies als Zumutung empfunden wird. Die Forderung nach analytischer Selbsterfahrung in der Ausbildung für Pädagogen mag für den Berufsstand ebenso unerhört klingen wie das Postulat Freuds für den Ärztestand geklungen haben mag, demzufolge der Arzt selbst Laie sei bei der Ausübung der Psychoanalytischen Therapie (Freud 1926, 218 f).

2. Die pädagogische Suche nach Modellen selbstreflexiver Professionalisierung

Es gibt allerdings, wie schon eingangs angedeutet, noch einen anderen Grund, die Psychoanalyse im pädagogischen Professionalisierungsdiskurs mehr zu beachten. Die Annahme, pädagogische Professionalität könne nicht auf einem „medizinischen Spezialitäten" vergleichbaren Expertenwissen begründet werden, sondern nur im Bezug auf ein (selbst)-reflexives Wissen, das die „Auffassungen des Menschen von sich selbst" erschließt, diese Annahme ist heute weit über die Kreise der an Psychoanalytischer Pädagogik Interessierten konsensfähig. Stichworte sind hier: „rekonstruktive" oder „reflexive" Sozialpädagogik (Jakob, v. Wensierski 1997; Dewe, Otto 2002); Ungewißheits-Bewältigung als pädagogische (Wimmer 1996) und sozialpädagogische (Olk 1986) Kernkompetenz; „Bewältigungskonstellationen" einer reflexiv gewordenen Moderne, die pädagogische und sozialpädagogische Aufgaben als unterstützende „Begleitung" solcher Konstellationen zu konzipieren fordern (Böhnisch 1997). Gemeinsam verweisen solche Stichworte darauf, daß im pädagogischen und sozialpädagogischen Feld weder spezialisiertes Expertenwissen noch bewährte didaktisch-methodische Praktiken noch verläßliche Sozialtechniken der „Menschenbehandlung" allein weiterhelfen. (Sozial)Pädagogen müssen sich – wie immer schon die an psychoanalytischen Handlungskonzepten Orientierten – darauf einlassen, daß sie ihre Kompetenz in der „Bewältigung von Ungewißheit" (Olk 1986), in der Verarbeitung von „paradoxen" Handlungsanforderungen (Gildemeister 1983; Schütze 1992) und in der koproduktiven Erschließung von zunächst blockierten Handlungschancen (Hörster, Müller 1996) zu bewähren haben. Gildemeister und Robert (1997) weisen zurecht darauf hin, daß es sich hierbei „aus systematischen Gründen" nicht primär „um sachhaltige Informationen über bestimmte soziale Phänomene" (ebd., 33) (z.B. lebensgeschichtliche oder sozialstrukturelle) handle. Diese seien für das Fallverstehen nur als Hintergrundwissen wichtig, aber nicht das Entscheidende. „Es geht vielmehr um die Notwendigkeit und das Angebot zur Erhöhung der analytischen, selbstreflexiven und praktisch-kommunikativen Kompetenzen des Professionellen wie der Profession in der gerade für sie elementaren Dimension der Herstellung und Konstitution sozialer Phänomene" (ebd., 33f). Einige der theoretischen Modelle für solche „Erhöhung" selbstreflexiver Kompetenzen greifen dabei ausdrücklich auf der Psychoanalyse entnommene Modelle zurück. Müller (1991) oder Oevermann (1996) nutzen z.B. die psychoanalytischen Konzepte der Abstinenz und des Arbeitsbündnisses, um die professionellen Binnenstrukturen des sozialpädagogischen bzw. pädagogischen Handlungsfeldes zu erläutern. Sie werden damit aber nicht zu „Psychoanalytischen Pädagogen", sondern weisen nur auf Analogien der Handlungsstrukturen zwischen psychoanalytischer und pädagogischer Arbeit hin (ähnlich Körner 1992).

Das an den Anfang gestellte Zitat von Olk spricht allerdings zurecht sehr allgemein von „(Umwelt)-Ungewißheiten". Für pädagogisches und sozialpädagogisches Handeln genügt nicht die reflexive Kontrolle der zugleich persönlichen und professionellen Beziehungsmuster. Es braucht auch reflexive Verarbeitung anderer Umwelt-Abhängigkeiten, in welche pädagogisches Handeln eingelassen ist, insbesondere der Abhängigkeiten von Funktionshierarchien. Dominiert deren Tendenz, die strukturellen Ungewißheiten des pädagogischen Feldes durch „fingierte" Gewißheiten bürokratischer Art auszugrenzen, so droht eine „halbierte Professionalität" (Olk 1986, 218 ff). Sie kann eine selbstreflexive und auf Arbeitsbündnisse gerichtete pädagogische Professionalität auflaufen lassen und Tendenzen zu formalistischen und sanktionsorientierten Haltungen verstärken.

Olk verweist damit auf eine systemische Perspektive. Die Systemtheorie ist heute im (sozial)pädagogischen Professionalisierungsdiskurs sehr viel einflußreicher als die Psychoanalyse. Auch aus Sicht der neueren Systemtheorie kann man sagen, es gehe um die Entfaltung des methodologischen Standpunkts, die Hauptaufgabe der Verhaltenswissenschaft sei die Analyse von Selbstauffassungen. Nur hat die Systemtheorie mit ihren Begriffen der Selbstreferenz, der operativen Schließung der Selbstbeobachtung etc. (Willke 1996) diesen Standpunkt sehr verallgemeinert. Nicht nur die Auffassung des Menschen von sich selber wird zum Gegenstand der Analyse, sondern auch die Selbstreferenz von Organisationen, lebensweltlichen Kontexten und gesellschaftlichen Verhältnissen. Die „Risikogesellschaft" zwingt auch die Pädagogik und die Soziale Arbeit dazu, sich selbst „im Spiegel einer reflexiven Modernisierungstheorie" (Thole 2002, 44 ff) zu betrachten und, praktisch gewendet, nicht nur mit ihren Adressaten prinzipiell selbstreflexiv zu verfahren, sondern auch als Institution und Organisation selbstreflexive „lernende" Organisation zu werden. Klatetzki (1993, 1998) hat daraus die Konsequenz gezogen, Professionalität sozialpädagogischen Handelns nicht mehr als Kompetenz von Individuen zu begreifen, sondern als Qualität eines „organisationskulturellen Systems". Genauer: Er sagt, die Art der Selbstbezüglichkeit, die „praktische Ideologie" der jeweiligen Akteure professionellen (oder auch Professionalität verfehlenden) Handelns und die Art der in die organisatorischen Strukturen eingeschriebenen Selbstreferenz (z.B. jene Orientierung an „fiktiven" Sicherheiten oder der Verzicht darauf) seien „zwei Seiten der selben Medaille" (Klatetzki 1998, 65). Für die Rezeption der Systemtheorie stellt sich allerdings die selbe Frage wie für die der Psychoanalyse: Wie wird aus richtigen Einsichten die Fähigkeit zu entsprechendem professionellem Handeln?

3. Was ist der Beitrag der Psychoanalytischen Pädagogik in sozialen und pädagogischen Feldern?

3.1 Der „offene Anfang" und ubiquitär benötigte psychoanalytisch-pädagogische Kompetenzen

Wie oben dargelegt, geschieht professionelles Handeln in der sozialen und pädagogischen Arbeit in institutionellen Kontexten, die durch bürokratische, rechtliche und ökonomische Bedingungen und Zwänge geprägt sind. Dies stellt zwar eine Einschränkung der professionellen Unabhängigkeit dar, gewährleistet andererseits aber auch fachliche Qualität, die für die Verfahrensbeteiligten überprüfbar ist. Trotz dieser Begrenzungen – z.b. durch die Bestimmungen des KJHG (BMFSFJ 1999) – ist professionelles Handeln aber auch durch eine relative Offenheit der Strukturen und durch ein Spektrum vielfältiger Aktivitäten gekennzeichnet, die den Fachkräften Gestaltungsspielräume lassen.

Dieses Verhältnis von Offenheit und Begrenzung ist charakteristisch für soziale Arbeit und Pädagogik und stellt einen Spannungsbogen dar, in dem sich Professionelle hier bewegen müssen. Sie brauchen die Kompetenz, Orientierungspunkte für ihr Handeln zu finden und „Rahmen" (Goffman) konstruieren zu können, die der Klärung von Fragen, Unklarheiten und Zielen zwischen ihnen und ihren Klienten oder Schülern dienen (Krebs, Müller 1998). Mit anderen Worten, Ungewißheit, Nicht-Wissen und professionelle „Griffsicherheit" müssen ständig ausbalanciert werden. Psychosoziale und pädagogische Arrangements zeichnen sich insofern immer wieder durch Phasen aus, in denen sich der Austausch zwischen Professionellen und ihren Adressaten ins Diffuse zu verlieren droht und „offene Situationen" entstehen. Dies stellt keinen Mangel dar, sondern ist eine Basis dafür, daß Verständigung und Erkennen überhaupt möglich werden. Etwas voneinander zu lernen und zu erfahren, bedeutet nämlich, sich vom anderen berühren zu lassen, ohne in den „sicheren Hafen" faktischen Wissens, scheinbar gesicherter Erkenntnisse und vorschnell gefundener Zielsetzungen zu flüchten. Hörster und Müller (1996, 623) unterstreichen, daß professionelles Handeln zentral mit „Tätigkeiten und Fähigkeiten zu tun hat, die sich rationalem Kalkül und Verstehen ein gutes Stück weit entziehen, gleichwohl aber die Grundlage für rationales Handeln und Verstehen allererst herstellen". Mit diesen Überlegungen wird eine „offene" professionelle Haltung skizziert, die die sozialen, sachlichen und emotionalen Aspekte beruflicher Erfahrungs- und Erkenntnisbildung umfaßt. Diese Haltung verlangt ein reflexives Arbeitskonzept, das nicht nur für die Soziale Arbeit mit ihren relativ großen Freiräumen für die Fachkräfte und Klienten notwendig ist. Auch im Kontext Schule sind trotz bürokratischer Regeln, Leistungsprinzip und Vorgaben der Lehrpläne gehaltvolle und an den sozialen und intellektuellen Bedürfnissen der Schüler ausgerichtete Lernprozesse nur möglich, wenn Lehrer sich auf die Vielschichtigkeit der sozialen und emotionalen Prozesse im Unterricht und im Schulleben einzulassen und diese zu erkennen vermögen. Der Beitrag der Psychoanalytischen Pädagogik zu diesem Konzept könnte darin bestehen, die Voraussetzungen für einen solchen professionellen Habitus klarer zu benennen.

Hilfreich und für die Professionalisierung in den sozialen und pädagogischen Berufen förderlich, ja notwendig ist es deshalb aus unserer Sicht, wenn die Fähigkeiten, Beziehungsdimensionen in den beruflichen Interaktionen angemessen zu erfassen, gestützt werden. Professionelles Handeln bedarf eines gedeihlichen Beziehungsarrangements zwischen den Fachkräften und ihren Adressaten, auf dessen Grundlage Entwicklung und Einsichten wachsen können. Sie benötigen daher durchgängig entsprechende psychosoziale Kompetenzen; und dies nicht nur innerhalb solcher Arbeitsfelder oder Institutionen, die konventionellerweise für Menschen mit „Störungen" und Behinderungen zuständig sind. Die selben Aufgaben sind in der Arbeit mit „Gesunden" und „Normalen" wahrzunehmen. Dies braucht Fähigkeiten zur differenzierten Auslotung auch unbewußter Interaktionstendenzen einschließlich ihrer Bedeutung in den institutionellen Rahmenbedingungen (Datler 1991). Letzteres ist auch deshalb wichtig zu betonen, weil die Psychoanalytische Pädagogik nicht immer hinreichend über jene „institutionelle Reflexivität" (Wellendorf 1998, 20ff) verfügen konnte, die verhindern kann, daß das pädagogische und soziale Feld klinifizierend umgedeutet wird, statt es in seiner Eigenlogik besser zu erschließen.

Mit anderen Worten, pädagogische und soziale Fachkräfte müssen insoweit über psychoanalytisch-pädagogische Kompetenzen verfügen, als sie unvermeidlich mit folgenden Ebenen einer vielschichtigen Problembearbeitung konfrontiert sind:

1. Sie sollen anderen zuhören und sich in sie hineinversetzen können sowie aus der Auswertung ihrer eigenen Alltagserfahrungen Verstehensansätze entwickeln;
2. sie sollen die eigenen Emotionen im beruflichen Kontext verstehen und als Reflexionsinstrumente nutzen;
3. sie sollen ihre Emotionen und Eindrücke im Austausch mit anderen sinnvoll einbringen können, damit sie „Motor" eines „förderlichen Dialogs" (Leber) sind;
4. sie sollen schließlich über eine „institutionelle Reflexivität" verfügen, mit deren Hilfe sie in angemessener „Abstinenz" jene vertiefte Beziehungs-Reflexivität fruchtbar machen können, ohne doch die Grenzen ihrer professionellen Rolle zu verletzen.

Solchermaßen verstandene psychoanalytisch fundierte psychosoziale Kompetenzen können als Kernstück eines sinnverstehenden Konzepts der sozialen Arbeit und Pädagogik angesehen werden (Gerspach 1998, 27).

3.2 Der psychoanalytisch-pädagogische Beitrag

Wie schon angedeutet, kann, ausgehend von zwei grundlegend divergierenden wissenschaftstheoretischen Standortbestimmungen, Psychoanalyse entweder als Hilfswissenschaft und Reflexionsinstrument für die Pädagogik und Sozialarbeit (Ohlmeier 1984; Kutter 1990; Körner 1980) verstanden werden, oder aber umgekehrt Psychoanalytische Pädagogik kann als Teil einer (auch) psychoanalytisch reflektierenden Sozialwissenschaft, als eines ihrer Anwendungsgebiete begriffen werden (Federn 1996; Becker 1996; Trescher 1985, 1993; Krüger 1997; Wellendorf 1998).

Psychoanalytische Pädagogik als Profession, wie sie seit den 80er Jahren z.B. in Frankfurt (vgl. z.B. Finger-Trescher 1987, 1992; Finger-Trescher, Krebs 2001; Krüger 1997; Leber 1986; Leber, Gerspach 1996; Muck, Trescher 1993; Trescher 1985a, 1993; 1993a; Trescher, Büttner 1989) und in Wien (Datler 1991, 1994; Figdor 1989, 1993, und in diesem Band) entwickelt und in spezifischen Weiterbildungsgängen gelehrt wird, basiert auf jenem Verständnis der Psychoanalyse als Sozialwissenschaft. „Psychoanalyse als Sozialwissenschaft ist eine Theorie menschlicher Bildungsprozesse (Becker 1996; Datler 1995), deren umfassendes Persönlichkeitsmodell biologische, psychische und soziale Determinanten individueller Entwicklung erfaßt. Sie ist die Wissenschaft vom Unbewußten (Federn 1996), deren Erkenntnisse in unterschiedlichen sozialen Praxisfeldern von Bedeutung sind" (Finger-Trescher 2001). Das psychoanalytische Verständnis von Interaktionsprozessen „ist immer mit der Frage nach dem Besonderen, Individuellen der an dieser Interaktion Beteiligten verknüpft. Die besondere Ausformung von Subjektivität – innerhalb eines historisch-gesellschaftlichen Kontextes –, die Frage nach Sinn und Bedeutung von Erleben und Verhalten, das Interaktion im sozialen Feld formt, sind zentrale Fragestellungen" (Trescher 1992, 11) sowohl in der Psychoanalytischen Pädagogik als auch in der psychoanalytischen Therapie.

Verstehen wir Psychoanalyse als Sozialwissenschaft, dann wird deutlich, daß ihr spezifischer „Betrachtungsstandpunkt" (siehe oben) in all ihren Anwendungsbereichen gleichermaßen Gültigkeit hat und somit auch als zentrales methodisches Konzept psychoanalytisch fundierter Pädagogik und sozialer Arbeit umzusetzen ist. Dieser „exzentrische" (Becker 1996, 16) Betrachtungsstandpunkt impliziert sowohl die Reflexion der bewußtseins-verborgenen Motive und Selbstauffassungen des Klienten als auch des professionell Handelnden selbst, der nur unter dieser Prämisse sich selbst als Erkenntnisinstrument nutzbar machen kann. Darüber hinaus aber steht im Zentrum der psychoanalytischen Methode das Verstehen der in der Klient-Helfer-Beziehung sich herstellenden Beziehungsdynamik, von deren professioneller Handhabung der entscheidende Impuls zu Entwicklung und Wachstum ausgeht.

Dabei können jedoch innere Motive nicht von dem durch Realität bedingten Lebensschicksal künstlich abgetrennt werden (Körner, Ludwig-Körner 1997) – anders als dies zumindest partiell im therapeutischen Bereich der Fall sein mag. Vielmehr wird das individuelle Schicksal des Einzelnen als sein „So-Geworden-Sein" verstanden, durch das Wechselspiel von äußeren und inneren Bedingungen sowie durch individuelle innere Verarbeitungsformen und Sinngebung. Insofern wird der Mensch grundsätzlich als ein sozial determiniertes Wesen begriffen. Das Menschenbild der Psychoanalytischen Pädagogik beruht, wie das der Pädagogik, auf einer „der Aufklärung verpflichteten Anthropologie, sie setzt Veränderbarkeit, Erziehbarkeit, Emanzipierbarkeit des Menschen voraus" (v. Hackewitz 1990, 24).

Für eine „psychoanalytisch" arbeitende Pädagogik und Soziale Arbeit sind bei der Umsetzung eines solchen Verstehensansatzes drei zentrale Erkenntnisse der Psychoanalyse von besonderer Bedeutung: Erkenntnisse über Wesen und Wirksamkeit des Unbewußten, über Übertragungsidentifizierungen und über die Dynamik von Trauma, Wiederholungszwang und Projektiver Identifizierung (Finger-Trescher 1991, 2000, 2001). Sie beschreiben unbewußte Mechanismen jedes Einzelnen, in seinen alltäglichen Interaktionen und beruflichen Beziehungen zugleich innere Repräsentanzen seiner frühen Beziehungen zu emotional bedeutsamen Personen auf den gegenwärtigen Interaktionspartner zu übertragen und diesen so zu erleben, als ob er mit diesen Personen identisch wäre. Dabei handelt es sich um eine Form der Wiederbelebung vergangener, oft konflikthafter und unverarbeiteter Beziehungsmuster, wobei den jetzigen Interaktionspartnern (z.B. Lehrern, Sozialarbeitern, Erziehern) hierin bestimmte Funktionen und Rollen zugeschrieben werden, die mit ihrer tatsächlichen Person und Funktion nicht übereinstimmen. Sie fungieren dabei als Stellvertreter, d.h. sie werden so erlebt, als ob sie ein strafender Vater, eine überfürsorgliche Mutter oder auch ein neidisches Geschwisterkind wären. Diese unbewußten Übertragungsreaktionen äußern sich in konkreten, wenn auch verschlüsselten Interaktionsformen und Beziehungsangeboten (Trescher 1989). Sie sind keineswegs auf die klassische analytische Situation beschränkt, sondern ereignen sich in alltäglichen Begegnungen zwischen Menschen. Die der Übertragung zugrundeliegenden Phantasien und Wünsche vermitteln sich dem jetzigen Gegenüber durch die Art und Weise, wie der Übertragende seine Beziehung zum jetzigen Interaktionspartner gestaltet und lösen bei diesem entsprechende Gegenübertragungsreaktionen aus. Es handelt sich dabei um unbewußte Identifizierungen mit dem in der Übertragung angebotenen Beziehungsmuster. Diese durchaus bewußtseins-verborgenen Mechanismen steuern und determinieren die interaktiven Prozesse im professionellen Alltag in entscheidender Weise. Der professionelle Umgang damit kann aber nicht nur über theoretisches Fachwissen erlernt werden. Vielmehr sind Reflexionsinstrumente wie (gruppen-)analytische Selbsterfahrung und Supervision unverzichtbare Bestandteile in psychoanalytisch-pädagogischen Ausbildungsgängen.

Die Integration der psychoanalytischen Perspektive in die Praxis sozialer Arbeit und Pädagogik ist noch an eine weitere Bedingung geknüpft. Wesentlich ist das Aushandeln von Arbeitsbündnissen. Arbeitsbündnis hat in diesem Zusammenhang eine doppelte Bedeutung: Zum einen arbeiten gleichberechtigte Partner zusammen, zum anderen geht die Zusammenarbeit von verschiedenen, teils auch hierarchischen Positionen aus. Diese Gleichheit und Unterschiedlichkeit muß auf einer anzustrebenden reflexiven Verständigungsebene miteinander vermittelt werden. Im Arbeitsbündnis verbürgen sich die Beteiligten einer professionellen Situation, auch dann an der Zusammenarbeit festhalten zu wollen, wenn diese schwierig ist oder über bestimmte Phasen ihre Zielsetzungen und Orientierungspunkte verschwimmen. Dies gilt nicht nur für die Felder der sozialen Arbeit, deren Angebote in der Regel freiwillig in Anspruch genommen werden, sondern auch für die Schule, in der Lernsituationen weitgehend vorstrukturiert sind. Durch die Schulpflicht kann die Gesellschaft zwar die Anwesenheit der Schüler herbeiführen, die Bereitschaft, etwas zu lernen, kann aber nicht erzwungen werden. Diese setzt Aushandlungsprozesse zwischen Lehrern und Schülern voraus, die sich im gemeinsamen professionellen Interaktionsprozeß realisieren.

In diesem Professionalisierungskonzept besteht zwischen Handeln, Denken, Fühlen und Reflexion auf einer praktischen und theoretischen Ebene ein Junktim, das eine psychoanalytisch-pädagogische Fundierung erforderlich macht. Pädagogische und soziale Fachkräfte müssen in Interaktionen mit Klienten und Schülern das Besondere des sozialen und pädagogischen Feldes bzw. Einzelfalles wahrnehmen und erkennen können. Für wirksames professionelles Handeln ist es wichtig, daß ein funktionierender Interaktions- und Kommunikationsfluß zwischen den Beteiligten erhalten werden kann. Dazu gehört die Bereitschaft, offene Feldzugänge herzustellen bzw. routinierte Abläufe immer wieder zu überprüfen, Vorannahmen zu suspendieren, damit neue Aspekte und Verläufe sichtbar und ermöglicht werden. Diese Aufgabe können professionelle Fachkräfte nur gemeinsam mit ihren Klienten bzw. Schülern herstellen. Das heißt, sie entwerfen keine Handlungsoptionen, die sie ihren Interaktionspartnern zur Verfügung stellen und die diese dann annehmen oder verwerfen können (wie dies z.B. im Konzept der „stellvertretenden Deutung" unterstellt wird – sh. z.B. Dewe u.a. 1995), sondern sie entwickeln gemeinsam mit diesen Entwürfe über die nächsten Schritte und Ziele. Die Sinnhaftigkeit dieses Tuns können die Pädagogen oder die Sozialarbeiter dann jeweils auch nur gemeinsam mit ihrem Gegenüber reflektierbar machen. Reflexionsvermögen im praktisch-professionellen Sinn ist daher vor allem als Fähigkeit zur Co-Reflexion zu denken, für die die Fachkräfte aber durch ihr professionelles und wissenschaftliches Fachwissen und ihre psychosozialen Kompetenzen die Voraussetzungen bzw. Rahmenbedingungen schaffen müssen.

4. Zu den Beiträgen des Schwerpunktes

Der Beitrag von *Burkhard Müller* geht von der aktuellen Diskussion zur sozialpädagogischen Professionalisierung aus und stellt sie in einen historischen Kontext. Er vertritt die These, daß das oft diffuse Bild, welches die sozialpädagogische Professionsentwicklung bietet, auch durch eine Unkenntnis der eigenen fachhistorischen Traditionen bedingt sei. Diese These wird am Beispiel der weithin vergessenen Tradition des sogenannten „Functional Social Work" aus den 30er Jahren des 20. Jahrhunderts entfaltet. Dessen theoretischer Kern wird als Versuch freigelegt, sowohl die Notwendigkeit als auch die Grenzen einer psychoanalytisch orientierten Sozialen Arbeit genauer zu bestimmen. Es wird gezeigt, daß dieses an den Psychoanalytiker Otto Rank, aber auch an den frühen Interaktionismus (G.H. Mead) anknüpfende Konzept vielen aktuellen Fragen sozialpädagogischer Professionalisierung vorgreift und dabei zu überraschend anderen Antworten kommt als der sozialpädagogische Mainstream.

Im Beitrag von *Heinz Krebs* wird auf dem Hintergrund einer institutionsanalytischen Betrachtung des Systems Schule auf eine Besonderheit des Lehrerberufes eingegangen: Es handelt sich um eine Tätigkeit, die sich in Beziehungen realisiert. Sie stellt damit hohe Anforderungen an die innere Sicherheit und Stabilität der Lehrerinnen und Lehrer. Diese Ebene stellt eine bedeutsame Quelle von Zufriedenheit und Kreativität, aber auch von Beanspruchung und Leiden im Beruf dar. Die Lehrer benötigen für eine konstruktive und reflexive Gestaltung ihrer Berufsrolle psychosoziale Kompetenzen und die Fähigkeit, aus emotionalen Erfahrungen zu lernen, um durch Abstraktion und Reflexion veränderte Perspektiven beruflichen Handelns antizipieren zu können. Diese (heil)pädagogische Erfahrungsebene muß mit den fachlichen und didaktischen Anforderungen einschließlich der bürokratischen Einbindung vermittelt werden. Krebs gibt anhand der Analyse von Praxisbeispielen Hinweise, wie dies konkret geschehen könnte.

Der Beitrag von *Helmuth Figdor* stellt ein Modell vor, das beispielhaft zeigt, wie ein professionelles Kompetenzprofil entwickelt werden kann, welches weder die Psychoanalyse im pädagogischen Handlungsfeld rezeptologisch verkürzt „anwendet", noch voraussetzt, daß (Sozial)-Pädagogen erst „Analytiker" werden müssen, um die oben beschriebenen Aufgaben bewältigen zu können. Es handelt sich um den von der Wiener „Arbeitsgemeinschaft Psychoanalytische Pädagogik" (APP) entwickelten Studiengang Erziehungsberatung. In dem hier abgedruckten Beitrag wird neben einer kurzen Vorstellung des Curriculums der Ausbildung vor allem deren theoretischer Ansatz entfaltet. Zentrales Thema ist die

Bedeutung von „Übertragungs-" und „Gegenübertragungsreaktionen" im pädagogischen Beratungshandeln. Es ist die „Gretchenfrage jeder psychoanalytisch orientierten oder inspirierten Tätigkeit" (Figdor). Figdors Beitrag versucht dabei vor allem, den Begriff der pädagogischen „Aufklärung" – in Abgrenzung zu Therapie – neu zu bestimmen.

Heiner Hirblinger diskutiert in seinem Beitrag Problemstellungen der Professionalisierung von Lehrern aus der Sicht von Oevermanns neuerer Professionalisierungstheorie. Aus diesem Blickwinkel ist es notwendig, daß Lehrerinnen und Lehrer über ein rekonstruktives Reflexionswissen zur Krisenbewältigung verfügen, das einerseits aus den praktischen und alltäglichen Entscheidungen erwächst, andererseits in diese aber auch einfließt. Da Lehrerinnen und Lehrer allerdings immer auch vor Herausforderungen an ihre eigene Subjektivität im Umgang mit ihren Schülern stehen, benötigen sie gemäß Hirblinger zusätzlich eine psychoanalytisch-pädagogische Methodenkompetenz. Diese muß idealerweise auf theoretischer Schulung, Selbsterfahrung und Supervision in einer postgradualen Weiterbildung aufbauen. Hirblinger kann aber an einem praktischen Beispiel aus der herkömmlichen Referendarausbildung zeigen, daß eine gewisse Offenheit für die subjektiven Dimensionen des Lehrens und Lernens auch in diesen Seminaren herstellbar ist. Ziel einer psychoanalytisch-pädagogischen Professionalisierung ist es, daß Lehrerinnen und Lehrer aus der „monolithischen Kultur bloßer Routine-Exekution des bürokratisch-pädagogischen Handelns" heraustreten und die Praxis pädagogischer Machtausübung im Unterricht reflektierbar wird.

Franz-Josef Krumenacker stellt in seinem Beitrag ein Professionalisierungskonzept von Bruno Bettelheim vor, wie es an der „Orthogenic School" als „In-Service-Training" praktiziert wurde. Pädagogisch-therapeutische Handlungskompetenz sollte in der Praxis des stationären Alltags der milieutherapeutischen Einrichtung vermittelt werden. Die Basis der Professionalisierung stellt in diesem Ansatz das „einfühlende Verstehen" dar, das besonders in Krisensituationen gewährleisten sollte, daß die Kinder und Mitarbeiter in Kontakt blieben. Dieser Ansatz wurde von Bettelheim sehr umfassend konzipiert. Es besteht ein „Junktim zwischen Berufsarbeit und Persönlichkeitsentwicklung" der Mitarbeiter. Das heißt, der Fokus der Professionalisierung liegt nicht auf dem Verhalten der Kinder, sondern auf den Schwierigkeiten der Professionellen im Umgang damit. In diesem Konzept wird insofern die ganze Person der Mitarbeiter einbezogen, und das Motiv, eigene unbewußte Probleme in der beruflichen Beziehung zu bearbeiten, wird als ein bedeutendes pädagogisch-therapeutisches Agens gesehen. Damit der helfende Dialog nicht entgleist, ist intensive Reflexion und solidarische Kritik zentraler Bestandteil der institutionellen Sicherungen. Professionalität wird bei Bettelheim „als eine institutionelle Größe" gesehen, wodurch den schwer gestörten Kindern, aber auch den Mitarbeitern eine haltende und fördernde Umwelt zur Verfügung gestellt wird, die Gesundungs- und Rehabilitationsprozesse ermöglicht.

Der Beitrag von *Annelinde Eggert-Schmid Noerr* geht das Thema Professionalität im Dialog zwischen Psychoanalyse und Pädagogik gleichsam von der Seite her an: Sie entwickelt aus Überlegungen zur Bedeutung des Humors im pädagogischen Handeln und Freuds Theorien zu Witz und Humor die These: Humor war einmal ein zentrales Thema der Pädagogik, nämlich ihrer geisteswissenschaftlichen Richtung. Es war dort auf die Persönlichkeit des Erziehers im Ganzen bezogen, aber ohne dessen Grenzen und Schwächen einzubeziehen. Demgegenüber wird in der heute vorherrschenden Professionalisierungstheorie das Anforderungsprofil der Erzieher personenunabhängig beschrieben, in einzelnen Handlungen, die instrumentell einsetzbar sind. Auch hier gibt es das Thema der Situationsumdeutung, der Auflösung paradoxer Situationen durch Lachen. Aber es handelt sich weniger um eine Fortsetzung des traditionellen Humorkonzeptes als um dessen Umkehrung: Während die geisteswissenschaftliche Pädagogik einen Humor ohne Witz vertrat, verweisen heutige Konzepte professioneller Interventionsformen eher auf Witz ohne Humor, ohne „höhere Heiterkeit". Die Autorin sucht nach Beispielen für eine Pädagogik mit Witz *und* Humor.

Literatur:

Aichhorn, A. (1925): Verwahrloste Jugend. Die Psychoanalyse in der Fürsorgeerziehung. Mit einem Geleitwort von Sigmund Freud. Huber: Bern 1987, 10. Aufl.
Becker, St. (1996): Grundsätzliches über Psychoanalytische Sozialarbeit. In: Becker, St. (Hrsg.): Setting, Rahmen, therapeutisches Milieu in der psychoanalytischen Sozialarbeit. Psychosozial: Gießen, 7-21
Bernfeld, S. (1925): Sisyphos oder die Grenzen der Erziehung. Suhrkamp: Frankfurt/M. 1967
Böhnisch, L. (1997): Sozialpädagogik der Lebensalter. Eine Einführung. Juventa: Weinheim, München
Bundesministerium für Familie, Senioren, Frauen und Jugend (Hrsg.) (1999): Kinder- und Jugendhilfegesetz (Achtes Sozialgesetzbuch). Eigenverlag: 9. Auflage
Datler, W. (1991): Ubiquitäre Heilpädagogik und die Entfaltung psychoanalytisch-pädagogischer Basiskompetenzen an der Universität. In: Vierteljahreszeitschrift für Heilpädagogik und ihre Nachbargebiete, 237-247
Datler, W. (1994): Bilden und Heilen. Grünewald: Mainz, 2. Aufl. 1997
Devereux, G. (1967): Angst und Methode in den Verhaltenswissenschaften. Hanser: München
Dewe, B., Ferchhoff, W., Scherr, A., Stüwe, G. (1995): Professionelles soziales Handeln: Soziale Arbeit im Spannungsfeld zwischen Theorie und Praxis. Juventa: München, 2. überarb. Aufl.

Dewe, B., Otto, H.-U. (2002): Reflexive Sozialpädagogik. Grundstrukturen eines neuen Typs dienstleistungsorientierten Professionshandelns. In: Thole, W. (Hrsg.): Grundriß Soziale Arbeit. Leske und Budrich: Opladen, 179-198

Federn, E. (1996): Therapeutische Milieus in der psychoanalytischen Sozialarbeit. In: Becker, St. (Hrsg.): Setting, Rahmen, therapeutische Milieus in der psychoanalytischen Sozialarbeit. Psychosozial: Gießen, 22-30

Figdor, H. (1989): „Pädagogisch angewandte Psychoanalyse" oder „Psychoanalytische Pädagogik"? In: Trescher, H.-G., Büttner, Ch. (Hrsg.): Jahrbuch für Psychoanalytische Pädagogik. Bd. 1. Grünewald: Mainz, 136-172

Figdor, H. (1993): Wissenschaftstheoretische Grundlagen der Psychoanalytischen Pädagogik. In: Muck, M., Trescher, H.-G. (Hrsg.): Theorie und Praxis der Psychoanalytischen Pädagogik. Grünewald: Mainz, 167-201

Finger-Trescher, U. (1987): Trauma, Wiederholungszwang und projektive Identifizierung. In: Reiser, H., Trescher, H.-G. (Hrsg.): Wer braucht Erziehung? Grünewald: Mainz, ³1992, 130-145

Finger-Trescher, U. (1991): Wirkfaktoren der Einzel- und Gruppenanalyse. Fromann-Holzboog: Stuttgart-Bad-Cannstadt

Finger-Trescher, U. (2000): Trauma und Reinszenierung in professionellen Erziehungsverhältnissen. In: Finger-Trescher, U., Krebs, H. (Hrsg.): Mißhandlung, Vernachlässigung und sexuelle Gewalt in Erziehungsverhältnissen. Psychosozial: Gießen, 123-138

Finger-Trescher, U. (2001): Psychoanalytische Sozialarbeit. In: Otto, H.U., Thiersch, H. (Hrsg.): Handbuch Sozialarbeit-Sozialpädagogik. Luchterhand. Neuwied, 1454-1461

Finger-Trescher, U., Krebs, H. (2001): Pädagogische Qualifikation auf psychoanalytischer Grundlage. In: Sozial Extra 25 (Heft 9), 2001, 47-51

Finger-Trescher, U., Trescher, H.-G. (Hrsg.) (1992): Aggression und Wachstum. Grünewald: Mainz, ³1995

Freud, S. (1919): Wege der Psychoanalytischen Therapie. In: Freud, S.: Gesammelte Werke XII. Fischer: Frankfurt/M. 1999, 181-194

Freud, S. (1926): Die Frage der Laienanalyse. In: Freud, S.: Gesammelte Werke XIV. Fischer: Frankfurt/M. 1999, 207-296

Gerspach, M. (1998): Wohin mit den Störern? Zur Sozialpädagogik der Verhaltensauffälligen. Kohlhammer: Stuttgart

Gildemeister, R. (1983): Als Helfer überleben. Luchterhand: Neuwied

Gildemeister, R., Robert, G. (1997): „Ich geh da von einem bestimmten Fall aus ...". Professionalisierung und Fallbezug in der Sozialarbeit. In: Jakob 1997, 23-38

Hörster, R., Müller, B. (1996): Zur Struktur sozialpädagogischer Kompetenz. In: Combe, A., Helsper, W. (Hrsg.): Pädagogische Professionalität. Suhrkamp: Frankfurt/M., 614-648

Jakob, G., v. Wensiersky, H.J. (Hrsg.) (1997): Rekonstruktive Sozialpädagogik. Juventa: Weinheim und München

Klatetzki, Th. (1993): „Wissen was man tut. Professionalität als organisationskulturelles System. K. Böllert: Bielefeld

Klateztki, Th. (1998): Qualität der Organisation. In: Merchel, J. (Hrsg.): Qualität in der Jugendhilfe. Votum: Münster, 61-75

Körner, J. (1992): Auf dem Weg zu einer psychoanalytischen Pädagogik. In: Trescher, H.-G., Büttner, Ch., Datler, W.(Hrsg.): Jahrbuch für psychoanalytische Pädagogik. Bd.4. Grünewald: Mainz, 66-84
Körner, J. (1980): Über das Verhältnis von Psychoanalyse und Pädagogik. In: Psyche, 34. Jg., 769-789
Körner, J., Ludwig-Körner, Ch. (1997): Psychoanalytische Sozialpädagogik. Lambertus: Freiburg i. Brsg.
Krebs, H., Müller, B. (1998): Der psychoanalytisch-pädagogische Begriff des Settings und seine Rahmenbedingungen im Kontext der Jugendhilfe. In: Datler, W., Finger-Trescher, U., Büttner, Ch. (Hrsg.): Jahrbuch für Psychoanalytische Pädagogik. Bd. 9. Psychosozial: Gießen, 15-40
Krüger, H.-H. (1997): Einführung in Theorien und Methoden der Erziehungswissenschaft. Leske und Budrich: Opladen
Kutter, P. (1990): Psychoanalyse als Reflexionsinstrument der Sozialarbeit. In: Büttner, Ch., Finger-Trescher, U., Scherpner, M. (Hrsg.): Psychoanalyse und soziale Arbeit. Grünewald: Mainz, ^{2}1993
Leber, A. (1986): Wie wird man Psychoanalytischer Pädagoge? In: Bittner, G., Ertle, Ch. (Hrsg.): Pädagogik und Psychoanalyse. Königshausen und Neumann: Würzburg
Leber, A. (1998): Zur Begründung des fördernden Dialogs in der psychoanalytischen Heilpädagogik. In: Iben, G. (Hrsg.): Das Dialogisch in der Heilpädagogik. Grünewald: Mainz, 41-61
Leber, A., Gerspach, M. (1996): Geschichte der Psychoanalytischen Pädagogik in Frankfurt a. M. In: Plänkers, Th., Laier, M. et al.: Psychoanalyse in Frankfurt a. M. edition discord: Tübingen, 489-541
Muck, M., Trescher, H.-G. (Hrsg.) (1993): Grundlagen der Psychoanalytischen Pädagogik. Neuauflage: Psychosozial Verlag: Gießen 2002
Müller, B. (1989): Psychoanalytische Pädagogik und Sozialpädagogik. In: Trescher, H.-G., Büttner, Ch. (Hrsg.): Jahrbuch für Psychoanalytische Pädagogik 1. Grünewald: Mainz 1989, 120-135
Müller, B. (1991): Die Last der großen Hoffnungen. Juventa: Weinheim und München, 2. Aufl.
Müller, B. (1993): Sozialpädagogisches Können: ein Lehrbuch zur multiperspektivischen Fallarbeit. Lambertus: Freiburg i. Brsg.
Müller, B. (1995): Außensicht – Innensicht. Lambertus. Freiburg i. Brsg.
Müller, B. (1997): Der sozialpädagogische Blick auf Adoleszenz. In: Krebs, H., Eggert Schmid-Noerr, A. (Hrsg.): Lebensphase Adoleszenz. Grünewald: Mainz, 13-31
Müller, B. (2002): Wie der „aktive Schüler" entsteht. Oder: „From Learning for Love to the Love of Learning". In: Datler, W., Eggert Schmid-Noerr, A., Winterhager-Schmid, L. (Hrsg.): Jahrbuch für psychoanalytische Pädagogik. Bd. 12. Psychosozial Verlag: Gießen
Oevermann, U. (1996): Theoretische Skizze einer revidierten Theorie professionalisierten Handelns. In: Combe, A., Helsper, W. (Hrsg.): Pädagogische Professionalität. Suhrkamp: Frankfurt/M., 70-182

Ohlmeier, D. (1984): Psychoanalyse und Sozialarbeit. In: Eyferth, H., Otto, H.-U., Thiersch, H. (Hrsg.): Handbuch zur Sozialarbeit/Sozialpädagogik. Luchterhand: Neuwied, 812-822

Olk, Th. (1986): Abschied vom Experten. Sozialarbeit auf dem Weg zu einer alternativen Professionalität. Juventa: Weinheim, München

Schütze, F. (1992): Sozialarbeit als „bescheidene Profession". In: Dewe, W., Ferchhoff, W., Radtke, F.O. (Hrsg.): Erziehen als Profession. Zur Logik professionellen Handelns in pädagogischen Feldern. Leske und Budrich: Opladen, 132-170

Thole, W. (2002): Soziale Arbeit als Profession und Disziplin. In: Thole, W. (Hrsg.): Grundriß Soziale Arbeit. Leske und Budrich: Opladen, 13-59

Trescher, H.-G. (1985): Einige Überlegungen zur Frage: Was ist Psychoanalytische Pädagogik. In: Bittner, G., Ertle, Ch., (Hrsg.): Pädagogik und Psychoanalyse. Königshausen + Neumann: Würzburg

Trescher, H.-G. (1985a): Theorie und Praxis der Psychoanalytischen Pädagogik. Grünewald. Mainz, ^{3}1993

Trescher, H.-G. (1989): Psychoanalytische Pädagogik. In: Integrative Therapie, 15. Jg., 375-380

Trescher, H.-G. (1992): Vom Nutzen der Psychoanalyse für die Pädagogik. In: Pädagogik. Beiheft 1. 9-15

Trescher, H.-G. (1993): Postgraduale Weiterbildung in Psychoanalytischer Pädagogik und Erfahrungen mit einem dreijährigen Weiterbildungsgang. In: Trescher, H.-G., Büttner, Ch., Datler, W. (Hrsg.): Jahrbuch für Psychoanalytische Pädagogik. Bd. 5. Grünewald: Mainz, 14-28

Trescher, H.-G. (1993a): Handlungstheoretische Aspekte der Psychoanalytischen Pädagogik. In: Muck, M., Trescher, H.-G. (Hrsg.): Grundlagen der Psychoanalytischen Pädagogik. Psychosozial Verlag: Gießen 2002 (Neuauflage), 167-201

Trescher, H.-G., Büttner, Ch. (1989) (Hrsg.): Jahrbuch für psychoanalytische Pädagogik. Bd. 1. Grünewald: Mainz

v. Hackewitz, W. (1990): Zum Verhältnis von Psychoanalyse und Sozialarbeit. In: Büttner, Ch., Finger-Trescher, U., Scherpner, M. (Hrsg.): Psychoanalyse und soziale Arbeit. Grünewald: Mainz, ^{2}1993, 20-28

Wellendorf, F. (1998): Der Psychoanalytiker als Grenzgänger. Oder: Was heißt psychoanalytische Arbeit im sozialen Feld? In: Eckes-Lapp, R., Körner, J. (Hrsg.): Psychoanalyse im Sozialen Feld. Prävention – Supervision. Psychosozial: Gießen, 13-32

Willke, H. (1996): Systemtheorie II: Interventionstheorie. utb: Stuttgart

Wimmer, M. (1996): Zerfall des Allgemeinen – Wiederkehr des Singulären. Pädagogische Professionalität und der Wert des Wissens. In: Combe, A., Helsper, W. (Hrsg.): Pädagogische Professionalität. Suhrkamp: Frankfurt/M., 404-447

Burkhard Müller

Beziehungsarbeit und Organisation.
Erinnerung an eine Theorie der Professionalisierung sozialer Arbeit

1. Die Aktualität einer fachhistorischen Frage

Walter Hornstein hat kürzlich in einer Forschungsbilanz die Situation der Sozialpädagogik als eine beschrieben, die trotz ihrer fortgeschrittenen gesellschafts- und handlungstheoretischen Fundierung „die Frage nach der disziplinären Identität der Sozialpädagogik kaum zu stellen erlaubt." (1998, 55). Er bekräftigte außerdem seine schon in den 80er Jahren formulierte Rüge (Hornstein 1985), es sei „der auffallende Mangel an empirischer Forschung zu grundlegenden sozialpädagogischen Prozessen (in Abhebung zu Strukturen und Organisationsformen!) zu konstatieren" (ebd., 53; vgl. ebd., 56) sowie „das Fehlen eines kumulativ aufeinander aufbauenden Erkenntnisfortschritts" (ebd., 54).
Wie kann das sein, trotz 30jähriger Akademisierung der Ausbildung, trotz aller Theorieentwürfe „zur Funktionsbestimmung als Disziplin und Profession" (Merten 1997), trotz des zumindest seit einem Jahrzehnt zu konstatierenden Booms der Methodenbücher, der neuen Literaturflut zur Qualitätsentwicklung, trotz aller Bemühungen um „Rekonstruktive Sozialpädagogik" (Jakob, v. Wensierski 1997) und auch einer verstärkten empirischen Forschung? Man könnte argumentieren, Soziale Arbeit sei, als Feld professioneller Tätigkeit wie auch als wissenschaftliche Disziplin, so sehr zum Gegenstand spezialisierter Aufgaben und Fragestellungen geworden, daß die sozialwissenschaftlichen Grundlagentheoretiker, die empirischen Forscher, die Methodiker für klientenbezogene Arbeitsprozesse und diejenigen für Organisationsentwicklung kaum mehr voneinander wissen, geschweige denn, daß sie in der Lage wären, gemeinsam „disziplinäre" Identitätsfragen zu stellen. Aber das rechtfertigt nicht die Diffusität ihres professionellen Profils (sh. z.B. Thole, Cloos 2000).
Andern, etablierteren Disziplinen geht das genauso, auch sie klagen über Zersplitterung und „multiple Paradigmata", allerdings mit einem wichtigen Unterschied. Soziologen sind z.B. in der Regel fähig, aktuelle Fragestellungen auf große Traditionslinien ihres Faches zu beziehen, etwa eine „Webersche" von einer „Durkheimschen" und diese von einer „Simmelschen" Art soziologischen Fragens zu unterscheiden; ähnlich fällt es Psychologen meist nicht schwer, die Traditionslinien des Behaviorismus oder der Lewinschen Feldtheorie, der Psychoanalyse oder der Piagetschen Tradition in aktuellen Fragestellungen des Fachs wiederzufinden. In der Sozialpädagogik dagegen bleiben die Verweise auf die „großen" Fragestellungen des Faches den Spezialisten fürs Klassische überlassen, die gelegentlich auf Pestalozzische oder Natorpsche oder Nohlsche Fra-

gestellungen verweisen (Winkler 1988; Niemeyer 1990). Aber auch sie lassen die Klassikerinnen der praktisch-professionellen Fachentwicklung außen vor, weil sie ja nicht die „zeitlosen Ideen" (Niemeyer 1998, 13) des Fachs, sondern angeblich nur die Vorläufer praktischer Methoden liefern; und für deren Traditionspflege sind wiederum die Spezialisten fürs Methodische zuständig.

Ich möchte im folgenden auf eine sozialpädagogische Theorietradition verweisen, für die solche Einteilungen nicht passen. Sie wurde in den 30 Jahren des vorigen Jahrhunderts von Jessie Taft (1937) und Virginia Robinson (1962, 1978) in Philadelphia unter Beratung durch den Psychoanalyse-Dissidenten Otto Rank entwickelt (Taft 1958; Lieberman 1997). Ich sage bewußt „*Theorie*tradition", obwohl der Ansatz nur als sogenannte „funktionale Schule" des Case Work (Smalley 1974), also als historisches Ausbildungskonzept bekannt oder vielmehr, von gelegentlichen Erwähnungen abgesehen (z.B. Belardi 1992; Bernler, Johnsson 1997), eher vergessen ist. Von Theorietradition im Sinne einer „großen" oder „klassischen" Fragestellung der Sozialpädagogik spreche ich deshalb, weil Taft und Robinson m.E. die ersten waren, welche den *systematischen Versuch unternahmen, die Qualität der sozialpädagogischen Arbeitsbeziehung zu Klienten und die Qualität der Arbeitsbeziehungen in der Organisationsstruktur sozialpädagogischen Handelns als unmittelbare Wechselwirkung und deren kompetente Gestaltung als Kern sozialpädagogischer Professionalität zu begreifen.*

Es handelt sich um eine höchst aktuelle Fragestellung, z.B. für die Diskussionen zur Klärung des prekären Verhältnisses zwischen den Erfordernissen professioneller Autonomie und organisatorischer Strukturverbesserung; ein m.E. in der heutigen Qualitätsdebatte immer noch wenig gelöstes Problem (Müller 2000). Schrapper (1998) diskutiert es am Beispiel des sogenannten Allgemeinen Sozialen Dienstes (ASD) indem er sagt, der ASD müsse „gute Arbeit machen" und „die Arbeit gut machen", d.h. seine Arbeitsbeziehung zum Klienten ebenso professionell verantworten wie seine Verpflichtung für die Herstellung angemessener Arbeitsbedingungen. Verallgemeinert geht es um die Aufgabe sozialer Arbeit, die Böhnisch/Lösch schon 1973 als die einer „Politik am Arbeitsplatz" formulierten. Dies impliziert die These, soziale Arbeit sei systematisch darauf verwiesen, die Arbeitsbedingungen, die fachlich qualifiziertes Handeln zulassen, immer erst im institutionellen Kontext durchsetzen zu müssen. Olk (1986) sprach vom Dilemma einer „halbierten Professionalisierung", wenn eine „alltagsweltorientierte Handlungskompetenz" im Rahmen einer „bürokratischen" statt „situativen" Organisationsstruktur zur Geltung gebracht werden solle (Müller 2002).

Solche Konzepte, wie auch das seit den 70er Jahren zum Mainstream gewordene Rahmenkonzept einer „Neuen Praxis", wiesen auf eine prinzipielle Differenz zwischen den Intentionen und Handlungslogiken der fachlichen Akteure sozialer Arbeit einerseits und den gesellschaftlichen Mandaten sowie organisatorischen

Logiken der Institutionen sozialer Arbeit andererseits hin; eine Differenz, welche die klassischen Methodenlehren – so wurde diesen jedenfalls unterstellt – naiv vernachlässigten. Heute gehört die selbstkritische Bezugnahme auf diese Differenz und auf das unvermeidliche Eingespanntsein in ihre Widersprüche zum fachlichen Kernbestand. Dieser Gewinn an skeptischer Distanz und politischem Realismus hinsichtlich der „Risiken und Nebenwirkungen" sozialer Arbeit hatte allerdings auch seinen Preis auf der Ebene der praxisreflexiven und kasuistisch orientierten Theorie professionellen Handelns.

Die deutsche Sozialpädagogik entdeckte bekanntlich in den 70er Jahren die Mängel einer auf kasuistische Reflexion gebauten Fachlichkeit, die sie verdächtigte, sich auf ein „klinisch-kuratives Modell" der Professionalität (Olk, Müller, Otto 1981, 13) zu beschränken. Sie forderte statt dessen – oder zumindest auch – „das Bemühen, den sozialökonomischen Verursachungszusammenhang im (kommunal-)politischen Auseinandersetzungsprozeß gegenüber den politischen Akteuren und der weiteren Öffentlichkeit immer wieder deutlich zu machen und wirtschafts- wie arbeitsmarktpolitische Lösungen auf kommunaler und gesamtstaatlicher Ebene einzuklagen" (ebd., 15). Wenn heute der pragmatischen „methodenorientierten" Fachlichkeit wieder stärkeres Gewicht gegeben wird, so ist damit noch nicht geklärt, wie sich „politische" und berufspraktische Reflexion zueinander verhalten. Die Entdeckung der sozialpädagogischen Akteure, daß die Qualität der Rahmenbedingungen ihres Handelns nur sehr begrenzt von ihnen selbst abhänge, sondern von anderen, insbesondere ökonomischen und politischen Faktoren, spaltete das Berufsverständnis in zwei scheinbar voneinander unabhängige Rollen auf: Diejenige des „kurativen" Betreuers, Beraters, Enablers etc. und diejenige des „politischen" Einmischers, Einklägers, des Mitglieds sozialer Bewegungen etc. Wie aber die Qualität der persönlich professionellen Beziehung zum unterstützungsbedürftigen Klienten mit der Verantwortung für die Brauchbarkeit und Nutzbarkeit der (begrenzten) Ressourcen jeweiliger Institutionen, in denen Sozialpädagogen arbeiten, zusammenhängt, das blieb aus der *sozialpädagogischen* Reflexion weitgehend ausgeblendet. Die Institutionen der Jugendhilfe z.B. – ihre Ressourcen und vor allem deren Mängel – wurden im Licht jener anderen sozioökonomischen und politischen Logik gesehen, sozusagen auf der anderen Seite der Barrikade.

Zwei Probleme blieben dabei systematisch unterbelichtet und wurden erst durch die neuere Professionalisierungsdiskussion einerseits, und die zunächst von außen induzierte Debatte über organisatorische Qualität und Steuerbarkeit sozialer Dienstleistungen andererseits neu ins Bewußtsein gerückt. Das eine wird heute unter Stichworten wie „Interventionsparadox" (Böhnisch 1997, 263ff) oder Bewältigung von Ungewißheit als „Kern" professioneller Kompetenz (Wimmer 1996; Olk 1986) diskutiert. Es geht darum, daß noch so fundiertes Wissen über „Verursachungszusammenhänge" kein verläßliches Handlungswissen über hilfreiche Intervention ermöglicht – eher sogar erschwert, weil es erklärt, warum eigentlich nichts gehen kann (Böhnisch 1997, 263) –, während das, was eine

Veränderung jener Zusammenhänge bewirkt, letztlich nur vom Adressaten, „vom Andern selbst hervorgebracht werden kann" (Wimmer 1996, 426). Die Akzeptanz des Adressaten als Handlungszentrum mit dem Ziel, seine Wahlfreiheit zu stärken -- und nicht nur das Versprechen dieser Akzeptanz, sondern ihre methodisch geübte Verläßlichkeit (Müller 1991) –, ist einmütig die Prämisse heutiger Fachdebatten. Wobei allerdings weit weniger klar ist, welche Art von Wissen dann die prinzipiell zu ertragende Unwissenheit und Zieloffenheit tatsächlich bewältigbar und erträglich macht[1].

Das zweite Problem betrifft den Umstand, daß die Leistungsmängel der Institutionen sozialer Arbeit nie nur von jenen ökonomischen und politischen Logiken abhängen, sondern immer auch von den sozialpädagogischen Akteuren selbst. Sie werden von deren „praktischer Ideologie" (Klatetzki 1998) mitproduziert – ganz egal wie „fortschrittlich" diese sich gibt. Insofern sind das Handeln jener Akteure und die ihnen vorgegebene Struktur „zwei Seiten ein und derselben Medaille" (ebd., 65). Wie aber das erste dieser Probleme mit dem zweiten zusammenhängt, wie also die Chancen einer Professionalität, die zieloffen ist und doch immer weiß, was sie tut, vom Wechselverhältnis zwischen „Akteuren" und „Strukturen" abhängt, diese Frage wird in der neueren Diskussion zwar angetippt (Schrapper 1998; Müller 2000), aber kaum hinreichend systematisch entfaltet.

Vor diesem Hintergrund lohnt es sich, die Reflexionen jener fachimmanenten Vorläuferinnen dieser Thematik zu rekonstruieren, sie als Theoretikerinnen des „kasuistischen Raumes" (Hörster 2002) ernst zu nehmen, statt sie nur als Vertreterinnen einer veralteten Fachdidaktik zu kennen. Denn sie waren überhaupt die ersten, die jene beiden Probleme und ihren unauflöslichen Zusammenhang zum Kernthema sozialpädagogischer Professionalisierung erklärt haben. Meine Absicht ist dabei keineswegs, das damals entwickelte Konzept zu *der* Lösung heutiger Professionalisierungsfragen hochzustilisieren. Ich glaube aber, daß es ein wichtiges Korrektiv liefern kann, sowohl für die sozialpädagogische Klienten- und Lebensweltorientierung, als auch für die Reflexion institutioneller Rahmenbedingungen.

2. Kritik „der angewandten Psychoanalyse": Zum Verhältnis von „Prozeß" und „Funktion" des Helfens als Grundlage sozialpädagogischer Fallarbeit. Gemeinsamkeit mit und Unterschied zu „Therapie"

Das Konzept Tafts und Robinsons entwickelte sich damals in kritischer Auseinandersetzung mit dem in den 30er Jahren des 20. Jahrhunderts wachsenden Ein-

---

[1] Eine Entsprechung zur psychoanalytischen „Technik" – die ja vor allem eine Technik des Offenhaltens für Entdeckungsprozesse mittels „gleichschwebender Aufmerksamkeit" ist – gibt es in der Sozialpädagogik nicht.

fluß der Psychoanalyse auf das Selbstverständnis sozialer Arbeit. Die Auseinandersetzung ging von der These aus, ohne einen klaren Begriffe ihrer Verwandtschaft und zugleich *Differenz* zur Therapie – gemeint war selbstverständlich die psychoanalytische oder was man dafür hielt – könne Soziale Arbeit keinen klaren Begriff ihrer eigenen Kernkompetenz entwickeln. Dies formuliert eine Prämisse, deren ungeklärten Implikationen heute noch insbesondere das Verhältnis von Psychoanalytischer Pädagogik und Sozialpädagogik belasten. Im folgenden wird nach einer kurzen Skizze jener historischen Positionsbestimmung zu zeigen sein, wie dies mit den Fragen des Verhältnisses von Professionalität und organisatorischer Struktur zusammenhängt.

Taft (1937) beginnt den Aufsatz, der das Konzept zum ersten Mal entwickelte[2], indem sie das Dilemma der sozialpädagogischen Doppelorientierung an den „äußeren" und den „inneren" Faktoren in verallgemeinerter Form darstellt. Sie beschreibt die Entwicklung Sozialer Arbeit als Pendelbewegung zwischen beiden Tendenzen. Die eine sei, Soziale Arbeit als Bearbeitung *objektiver* „sozialer Probleme" zu entfalten – von den strafend-ausgrenzenden Ansätzen des 18. und 19. Jahrhunderts angefangen, über die wohlwollend reformerischen der Ära um 1900 bis hin zu den (damals) neuesten sozialplanerischen oder „mentalhygienischen" Modellen. Die andere sei, sie als Bearbeitung *subjektiver* Klientenprobleme zu entfalten – von den „rettenden" Liebestätern über den soziologisch aufgeklärten Sozialarbeiter bis hin zum psychoanalytisch geschulten Personal. In beiden Ausrichtungen, der sozialreformerischen wie der auf Personenveränderung zielenden, bleibe das Casework diffus und ohne professionelle Selbstkontrolle, „blind und zufällig, gut gemeint und fummelnd" (Taft 1937, 209), solange es nicht beschreiben könne, wie und in welchen Grenzen es beides in der „lebendigen" Beziehung zum Klienten zu vermitteln vermöge (ebd., 207). Im Verständnis dieser Beziehung, nämlich *„des Prozesses der Hilfe selbst"* (ebd., 208), liegt aber nach Taft die einzige Chance dafür, das Casework zur wirklich professionellen Tätigkeit zu entwickeln, die weiß, was sie tut und warum sie es tut, die also über eine real kontrollierbare und verantwortbare Kompetenz verfügt (ebd., 209). Dagegen sei es a) unmöglich, die objektiven Umweltbedingungen wie die subjektiven Voraussetzungen auf der Klientenseite, die für den Erfolg einer helfenden Intervention ausschlaggebend sind, unter professionelle Kontrolle nehmen zu wollen; und b) würde diese Kontrolle, selbst wenn sie möglich wäre, einen fundamentalen Widerspruch zu dem darstellen, was „Helfen" eigentlich ist:

„Der Zugang zur sozialen Arbeit über die (Analyse der – BM) Bedürfnisse des hilfesuchenden Individuums führt unfehlbar zu Verwirrung und Konfusion, weil er Aufmerksamkeit und Anstrengung auf etwas fokusiert, das nie genau gewußt und

---

[2] Übersetzung der folgenden Zitate von J. Taft und V. Robinson durch den Verfasser B.M.

nie direkt bearbeitet werden kann. Auch der Klient selbst kann nur dadurch herausfinden, was *wirklich* sein Bedürfnis ist, indem er herausfindet, was er in der Hilfesituation selbst tut." (ebd., 214)
Taft fordert statt dessen dazu auf, nicht in die übliche sozialpädagogisch-therapeutische Haltung zu verfallen, möglichst schnell und genau verstehen zu wollen, was das eigentliche und spezielle Problem des Klienten sei (egal ob das eigentliche Problem „außen" oder „innen" gesucht wird)[3]. Denn dies sei zunächst einmal der Freiheits- und Verantwortungsbereich des Klienten. Statt dessen sucht sie genauer zu verstehen, was Klient und Helfer *tun,* wenn der eine vom andern „Hilfe" will, z.B. „die unglaubliche Schwierigkeit zu verstehen, in das sich jedes Individuum bringt, wenn es Hilfe annimmt" (ebd., 207). Wohl aber sei es möglich, „die Natur des (Hilfe-)Prozesses selbst in seiner ganzen Relativität und Unmittelbarkeit zu verstehen".[4] Der scheinbar einfache Hinweis auf die Situationsunmittelbarkeit des Gebens und Nehmens von Hilfe erweist sich ihr als höchst voraussetzungsvoll.

Taft hinterfragt hier die mit Ausbreitung der Psychoanalyse beginnende „Therapeutisierung" sozialer Arbeit, vor allem in der sogenannten „Diagnostischen Schule". Hier werde mit Casework de facto unter anderem Namen Therapie betrieben, ohne dies offen sagen und verantworten zu können.

Im ersten in Deutschland publizierten Reader zur psychoanalytisch orientierten Fallarbeit (Casework) (Kraus 1950) findet sich folgende typische Zielformulierung:

„Im allgemeinen ist es nicht das Ziel des Casework, die inneren Ursachen der Charakterstörungen des Klienten zu beseitigen, sondern ihm zu helfen, eine zufriedenstellende Form sozialer Anpassung auf der Grundlage psychologischen Verständnisses zu finden, oft aber auch durch direkte Hilfe bei seinem sozialen Problem" (Bibring 1950, 92).

---

[3] Taft bestreitet damit weder (ebd., 207), daß allgemeine Problemkategorien, die Arten von Hilfsbedürftigkeit unterscheidbar machen, unentbehrlich sind, noch, daß Caseworkerinnen ihre Sicht der Dinge haben sollen. Sie insistiert nur auf einem Vorbehalt gegen solches Bescheidwissen. Das Konzept einer „stellvertretenden Deutung", welches darauf zielt, Klienten Deutungen ihrer Situation anzubieten, aber ihre Selbstdeutungskompetenz zu wahren, wird hier angedacht, aber nicht klar formuliert.

[4] Taft bezieht sich hier auf das von Kurt Lewin in „A Dynamic Theory of Personality" (1935) formulierte Forschungspostulat, nicht nur das von den jeweiligen Situationen Abstrahierte für verallgemeinerungsfähig zu halten, „but to hunt out those situations in which the determinative factors of the total dynamic structure are most clearly, distinctly, and purely to be discerned. Instead of a reference to the abstract average of as many historically given cases as possible, there is a reference to the full concreteness of the particular situation" (zit. bei Taft 1937, 210).

Was ist in dieser Zielsetzung, die ja erst mal plausibel erscheint, impliziert? Sie erlaube es, so argumentiert Bibring, zwischen einer „wahren Heilung", „die in einer Entfernung der infantilen Bedingtheiten besteht", und einer „Pseudo-Heilung" (sic!) zu unterscheiden, die „charakterisiert ist durch das Verschwinden der neurotischen Symptome infolge günstiger Lebensumstände" (ebd., 93). Letzteres genüge aber, da Soziale Arbeit sich eben immer auch darum zu kümmern habe, die Lebensumstände so zu gestalten, daß auch jemand mit einer (nicht allzu gravierenden) seelischen Störung darin zurecht kommen könne. Nun wird der Psychoanalyse oder ihren Abkömmlingen dabei die Zuständigkeit für die „innerseelischen Faktoren" von Anpassungsproblemen zugeschrieben, die, so ein bekanntes Casework-Lehrbuch, vor allem dann relevant seien, wenn „die Hauptursachen für das Problem des Klienten in seinen übermäßigen infantilen Wünschen oder Bedürfnissen oder in mangelhaften Ich- oder Überich-Funktionen liegen" (Hollis 1971, 43). Aber die Beurteilung, wie und ob jene Wünsche als „übermäßige" zu bearbeiten oder durch Anpassung der Lebensumstände als Problem zu neutralisieren seien; wie und in welchen Grenzen auf „mangelhafte Ich- oder Überichfunktionen" einzugehen sei, bleibt dem Urteilsvermögen der Caseworkerin überlassen.

Die Argumentation läuft darauf hinaus, daß Caseworker zwar psychogenetisches *Hintergrund*wissen benötigen, um das Verhalten ihrer AdressatInnen angemessen einschätzen zu können. Aber ihr *Handlungs*wissen hat sich an alltagspraktischen und pragmatisch zu wählenden Gesichtspunkten zu orientieren. Das gilt im übrigen genauso für die andere Art des Hintergrundwissens, das die Lebensumstände und deren Änderbarkeit betrifft, welches vor der Hinwendung zur Psychoanalyse im Mittelpunkt des Casework stand, insbesondere in dem klassischen Konzept der „Sozialen Diagnose" Mary Richmonds. Praktisch bedeutet das: Die Frage, ob und zu welchem Zweck und in welcher inhaltlichen Präzisierung jene Arten von Hintergrundwissen überhaupt handlungsrelevant werden, bleibt letztlich willkürlichen Kriterien bzw. dem gesunden Menschenverstand der Sozialpädagogin überlassen.

Taft war vermutlich die erste, welche die „Verhilfswissenschaftlichung" der Psychoanalyse (Müller 1989) und zugleich die „Therapeutisierung" des Casework kritisierte, welches so an den Punkt der Gemeinsamkeit und Differenz von Therapie und Casework gar nicht vordringen kann:

> „Das Problem, wie ich es sehe, liegt nicht so sehr in der mangelnden Ausbildung der Sozialarbeiterin für die Durchführung von psychoanalytischen Behandlungen ihrer Patienten, sondern in der Unfähigkeit, zu verstehen, was eigentlich Therapie ist und was sie sich vornimmt, wenn sie damit anfängt, andern Leuten helfen zu wollen, sei es praktisch, sei es persönlich oder psychologisch. Für mich gibt es keinen Zweifel am Wert des Caseworks, wenn die Caseworkerinnen nur lernen,

wie sie innerhalb der Grenzen einer praktischen Funktion die psychologische Einsicht nutzen können, welche aus einem Verständnis des therapeutischen Prozesses erwächst" (Taft 1933, 19).

Und sie zieht Konsequenzen daraus:

„Entweder sie lassen sich selbst nicht wissen, was sie da eigentlich tun, oder sie verlassen sich auf einen Supervisor oder Psychoanalytiker, um die Verantwortung abzuschwächen, die sie selbst nicht tragen können. Entweder sollte sich die Caseworkerin darauf vorbereiten, auf verantwortliche Weise individuelle Therapie zu betreiben und dies auch dem Klienten als ihre Funktion anzukündigen, oder sie sollte lernen, Casework mit praktischen Zielsetzungen von Casework mit therapeutischer Funktion zu unterscheiden und ersteres als Wert für sich beurteilen" (ebd., 19f).

Taft beansprucht demgegenüber, benennen zu können, wann verantwortlicherweise von „Therapie" geredet werden kann: Nämlich dann, wenn sie von *beiden* Seiten einer professionellen Arbeitsbeziehung als die praktische und begrenzte Funktion dieser Beziehung gesehen wird, und wenn die professionelle Seite weiß, was sie mit der Übernahme dieser „Funktion" tut. Andererseits aber ergibt sich von diesem Standpunkt aus die Forderung nach genau derselben Klarheit der Funktionen, wenn sich die Caseworkerin dafür entscheidet (und Einigkeit darüber herstellt), daß es sich *nicht* um therapeutische Funktionen, sondern um andere „praktische Zielsetzungen" handeln soll. Um die Entfaltung dieses Standpunktes und seiner theoretischen Implikationen geht es mir im folgenden.

2.1 Exkurs: Der Otto Ranksche Begriff des „Therapeutischen" als Grundlage des Verständnisses von „Hilfe"

Bei der Erläuterung dessen, was eigentlich „Helfen" bzw. „Sich-Helfen-Lassen" heißt, greifen Taft und auch Robinson auf Otto Ranks Konzepte zurück (Taft 1949, 305ff). Die anthropologische Grundfrage, die auch jeder professionellen Intervention zugrunde liegen sollte, formuliert Taft als „Spannungsverhältnis von Veränderungswillen und Begrenzung durch Realität" (Taft 1937, 212). „Ohne dieses Element der Unterwerfung unter das Positive, das *Gegebene* im eigenen Selbst wie in der Natur und in anderen Menschen wird er (der Mensch – BM) steril, egal welches sein Bemühen oder seine Absicht ist" (ebd., 213; Hervorhebung im Orig.). Für Taft wie für Rank ist dieses Spannungsverhältnis – zwischen dem Akzeptieren des „Gegebenen" und der widerständigen Auseinandersetzung damit – nicht nur die Grundformel für menschliches Leben, sondern zugleich spezifische Formel für die professionelle Beziehung.

Um dies, zugleich aber auch den *Unterschied* zwischen professioneller Hilfebeziehung und dem „Leben" selbst faßbar zu machen, muß der Begriff der Begrenzung noch spezifischer erläutert werden. Erst auf dieser Grundlage wird dann auch der im nächsten Abschnitt zu erläuternde Unterschied zwischen professioneller *Therapie* und professioneller *Sozialarbeit* im Sinne Tafts verständlich. Die Bedeutung der Begrenzungen, des „Gegebenen" im *therapeutischen* Prozeß, formuliert Rank selbst in einem unveröffentlichten Papier, aus dem V. Robinson zur Erläuterung seines Einflusses auf die Sozialarbeit zitiert, ganz ähnlich wie Taft:

„Therapie ist also, im weitesten Sinne, ein Prozeß, in dem das Individuum lernt, Begrenzungen zu akzeptieren, eine Akzeptanz, die im Normalfall durch die lebendige Erfahrung in der Realität herbeigeführt wird. Deshalb sollte Therapie, wie gesagt, nichts anderes sein, als eine bewußte und absichtsvolle Nutzung des normalen Wachstums in jeder existierenden Beziehung. Anpassung, die ohnehin nicht erzwungen werden kann, wird so zur Akzeptanz, die andererseits innerlich nur erreicht werden kann durch eine Neuevaluation der eigenen vergangenen Erfahrungen. (...) Akzeptanz beginnt daher mit den Begrenzungen des Individuums in ihm selbst, mit Begrenzungen, die seine Imagination zu überrennen sucht (Ideal etc.) Dies ist solange notwendig und hilfreich, als er (der Klient – BM) nicht versucht, seine Imaginationen jenseits seines eigenen Vermögens zu realisieren. In anderen Worten, die imaginäre Ausdehnung des eigenen Selbst muß in dem Maße *vom wirklichen Leben getrennt gehalten werden*, als es unmöglich ist, sie im Leben umzusetzen.
Die Gefahr in der Therapie entsteht aus dem selben imaginären Springen über das eigene Selbst hinaus, denn dies führt zu einem stellvertretenden Leben (vicarious living) jenseits der eigenen Begrenzungen im Anderen, dem Therapeuten; ein Phänomen, das als Identifikation oder Idealisierung beschrieben worden ist. Andererseits, je mehr ein Therapeut oder Lehrer er selbst ist, d.h. seine eigenen Begrenzungen akzeptiert hat und in ihnen bleibt, desto effektiver wird er seinen Klienten oder Schüler befähigen, die Begrenzungen in sich selbst zu akzeptieren, statt sie zu projizieren und außerhalb seiner zu bekämpfen." (Rank zit. bei Robinson 1978, 27; Hervorhebung BM)

Therapie ist also, wie Rank hier formuliert – m.E. durchaus in Einklang jedenfalls mit der neueren Psychoanalyse und Psychoanalytischen Pädagogik[5] – ein Prozeß, in dem ein Mensch lernt, seine eigenen Begrenzungen zu akzeptieren, und gerade dadurch die Fähigkeit erlangt, sein schöpferisches, imaginatives Potential nicht mehr an Illusionen zu verschwenden. Dies geschieht aber gerade

---

[5] Körner z.B. (1992; 1996; 1998) hat mit seiner Beschreibung des therapeutischen Prozesses als „Arbeit am Rahmen der (analytischen) Situation" ein Konzept entwickelt, das dem hier dargestellten sehr ähnlich ist; und auch Körner verfolgt dabei die Absicht, eine theoretische Folie zu einwickeln, auf der sich sowohl Gemeinsamkeiten als auch Unterschiede therapeutischen und sozialpädagogischen Handelns abbilden lassen.

dadurch, daß sich ihm ein anderer Mensch (z.B. ein Therapeut oder eine Sozialarbeiterin) zur Verfügung stellt, der die Versuche des Klienten *akzeptiert*, seine eigenen Begrenzungen mit Hilfe eines „stellvertretenden Lebens" (Identifikation) im anderen zu „überrennen"[6]; der aber gleichzeitig dafür sorgt, daß diese Versuche nicht mit dem wirklichen Leben verwechselt werden können, indem er sie als zwar möglich, aber nicht wirklich zu erleben hilft; und dies vor allem dadurch, daß er auf seinen *eigenen* Begrenzungen beharrt. Es handelt sich um eine radikalisierte Fassung des psychoanalytischen „Abstinenzprinzips" auf der „Beziehungsebene" und nicht mehr auf der „Verhaltensebene", wie Bauriedl (1980, 46ff) das genannt hat; Reformulierungen dieser paradoxen Struktur des therapeutischen wie des (sozial)pädagogischen Arbeitsbündnisses als einer produktiven Verknüpfung von unterstützender Zuwendung und Abstinenz gegenüber dem „Agieren" haben auch Oevermann (1996) und Müller (1991) entwickelt. Für Taft allerdings ist diese Struktur des professionellen Arbeitsbündnisses nur die eine Seite der Sache. Nämlich als Schlüssel zum Verständnis des *Prozeß*charakters der Verkopplung von „Hilfe anbieten" und „Hilfe nehmen". Aber Taft hat sich zu scharf gegen Vermischung und Verwechslung von Therapie und Sozialer Arbeit gewandt, um dabei stehen bleiben zu können, diese sei eben auch eine Art Therapie, nur mit etwas anderen Mitteln. Ihr *struktur*bezogener Begriff dafür ist die „Funktion" von sozialer Hilfe im Unterschied zur Funktion von Therapie. Genauer gesagt: Es geht dabei um den Unterschied zwischen dem prozessual zu gestaltenden und zu optimierenden Rahmen der unmittelbaren Intervention (dem Setting) einerseits und den institutionellen Rahmenbedingungen, welche die Möglichkeiten helfender Intervention ihrerseits definieren und begrenzen andererseits (Krebs, Müller 1998).

2.2 Der Begriff der Funktion: Die Differenz von Therapie und Sozialpädagogik

Taft setzt bei der Klärung dieses Unterschieds am Problem der Begrenzungen an, welche nach dem dargestellten Modell die „Therapeutin" einhalten muß, wenn sie ihrem Klienten mehr als jenes „vicarious living" ermöglichen soll. Das Problem für Soziale Arbeit ist hier bekanntlich, daß sie sich nicht einfach um die Aufgabe drücken kann, sich in unterstützender Stellvertretung mit den praktischen Lebensproblemen ihrer Klienten zu befassen. Ohne dies würde sie den Kern ihrer Arbeit preisgeben. Denn selbst wenn sich Sozialarbeiterinnen der beschriebenen therapeutischen Kompetenzen in ihrem Feld souverän zu bedienen vermöchten, wäre damit noch nicht die Frage beantwortet, wie es mit der profes-

---

[6] Körner (1996) sieht, ganz ähnlich, den therapeutischen wie den sozialpädagogischen Arbeitsprozeß als spannungsvolle Aufgabe, einerseits Infragestellungen des vereinbarten Rahmens der Zusammenarbeit oder des „working consensus" durch den Klienten zuzulassen, andererseits die Wahrung des Rahmens zu gewährleisten, wobei die Anlässe und Ebenen, auf denen beides in Konflikt gerät und vermittelt werden muß, sich in Therapie und Sozialer Arbeit unterscheiden.

sionellen Wahrnehmung jener Aufgaben steht, in denen sich sozialpädagogische Arbeit von therapeutischer Arbeit *unterscheidet:* Taft denkt hier z.B. an das Unterbringen (Placement) von vernachlässigten, mißhandelten oder elternlosen Kindern[7], an die Unterstützung von Familien, an das Vermitteln von öffentlicher Unterstützung samt der Überprüfung der Ansprüche darauf, an das Beraten von Kindern mit Schulschwierigkeiten und eben an „case-work", das unterschiedliche Funktionen miteinander verbinden muß.

Aber es ist ganz entscheidend, daß Taft Soziale Arbeit *nicht* von der Frage her angeht: Wie kann therapeutisches Handeln in einem *außer*therapeutischen Setting sinnvoll praktiziert werden? (Das war genau die Frage jener genannten „diagnostischen" Richtung). Ihre Frage ist vielmehr: Um *welche* „Imaginationen" und *welche* „Begrenzungen" geht die Auseinandersetzung in der Sozialen Arbeit, wenn es sich auch hier, wie in der Therapie, um das Akzeptieren von Begrenzungen dreht? Dies soll der Begriff der *„Funktion"* klären. Sie meint damit zunächst eine ganz formale Kategorie, die – abstrahiert von allen „therapeutischen" oder „sozialarbeiterischen" Inhalten – das je Spezifische irgend einer Art professioneller Hilfe benennt. Tafts zentrale These ist hier: Gerade weil für den Klienten *nicht* im Voraus klar sein kann, was an Hilfe zu erwarten ist (sondern eher ein Zustand diffuser Abhängigkeit besteht und umso mehr, je größer objektiv die Hilfsbedürftigkeit ist), muß die professionelle Seite ihre *begrenzte* Funktion für den Klienten kennen. Nur dann können professionell Handelnde ihren Klienten die Freiheit geben, das Angebot in ihrem je eigenen Sinn zu nutzen – oder auch nicht. Nur wenn die Hilfebeziehung eine *definierte* Funktion als Fixpunkt habe, wenn eine Person da sei, die ihre Aufgabe definieren könne und notfalls auch bereit sei, die negativen oder aus Klientensicht defizitären Seiten dieser Funktion auf sich zu nehmen (statt sie dem Klienten anzulasten); nur dann könne sie „dem anderen die Freiheit lassen, nicht einfach zu wissen, aber zu entdecken, ob dies eine Antwort auf sein Bedürfnis ist" (Taft 1937, 216).

Auch wenn diese Betonung der definierten Begrenztheit des Angebotes ein wenig rigid klingt, so verweist sie doch auf eine entscheidende Schwachstelle aller

---

[7] Taft macht das in einem 1946 veröffentlichten Papier (Some Specific Differences in Current Theory and Practice, zit. nach Robinson 1962, 246ff) am Umgang mit Heimkindern deutlich, bei denen sich die ganze von Therapeuten bestimmte Fachdiskussion auf die therapeutischen Probleme der Kinder richte, aber kaum „auf die direkte, kontinuierliche Verantwortung für die Heimplazierung als solche" (ebd., 247). Taft bemerkt dazu: „Selten wenn überhaupt hat ein Psychotherapeut oder Psychoanalytiker die Erfahrungsbasis, um das Wesen von Fremdplazierung als authentische professionelle Dienstleistung in sich selbst zu verstehen, welche imstande ist, dem abhängigen Kind genau die Hilfe zu geben, die es braucht, um das Wachstumsproblem, das durch seine Abhängigkeit entstanden oder vergrößert worden ist, zu überwinden" (ebd., 247).

"offenen", "klientenorientierten", "alltagsorientierten" oder auch "politischen" Handlungskonzepte sozialer Arbeit: Deren Fokus auf "stellvertretende" Beobachtungen und Deutungen von Klientenwünschen, -problemen und -interessen verfügt über keine systematischen Mittel gegen die Gefahr, die Auseinandersetzung des Klienten mit den Schwächen und Stärken, den impliziten Kränkungen wie dem manifesten Nutzen des sozialpädagogischen *Angebotes* fürsorglich-kontrollierend zu unterlaufen, statt sich dieser Auseinandersetzung zu stellen. Der Klient, schreibt Taft, ist

> "zuerst und zuletzt und immer eine Privatperson, es sei denn, er sei zum professionellen Hilfsucher (sic!) geworden, mit eigenem Wissen und Können. Die Richtung, in der sein Ich sich bewegt, können wir nur relativ und momentan erkennen, nämlich in seinem Zusammentreffen mit dem Einfluß des Sozialarbeiters, der in der Funktion verkörpert ist, die er repräsentiert. Wenn wir nicht die Überzeugung und Stärke haben, dies Zusammentreffen auszuhalten, und lernen, dessen negative, angsterregende, unangenehme Elemente zu nutzen, dann haben wir schon im Ansatz die Möglichkeit professionellen Handelns aufgegeben." (ebd., 217)

Die Funktion (und die Zugehörigkeit zu der diese Funktion wahrnehmenden Institution; vgl. unten 2.3) definiert also die begrenzten *Möglichkeiten* der Hilfsangebote, nicht aber die Art ihrer *Nutzung* durch die Klienten. Sie definiert den Spielraum, innerhalb dessen Klienten das jeweils Angebotene im selbstdefinierten Eigeninteresse verwenden können, ebenso wie das Recht der Nichtverwendung. Die Funktion, so könnte man auch sagen, definiert den Rahmen (Körner 1996), innerhalb dessen sich der oder die Funktionsträger/in sich selbst und ihre Angebote als Objekt der Klientenbedürfnisse "verwenden" lassen will (Müller 1999)[8]:

---

[8] Für Kenner der psychoanalytischen Theorie der Objektbeziehungen mag interessant sein, daß dieser Begriff des "Verwendens" sehr eng mit dem entsprechenden Konzept Winnicotts verwandt ist (Winnicott 1974; Müller 1998a). Man kann auch sagen, daß der Begriff der Funktion ins Außertherapeutische zu verallgemeinern sucht, was Rank im therapeutischen Prozeß als "Rolle des Analytikers" und seiner "Technik" beschreibt (vgl. Rank 1931, bes. 13ff). Rank spricht von der "psychologische(n) Verwendung des Analytikers durch den Patienten", wobei dieser "den Analytiker mit seiner ,Technik' zu einem Heilmittel reduziert, dessen sich der Patient nur bedient, um eine zeitweilige Entlastung aus seinem Willens-(Schuld-)Konflikt zu finden" (ebd., 14). Rank betont in diesem Zusammenhang, daß solches "Sich-Bedienen" des Patienten nicht als bloßer "Widerstand", sondern als Willensphänomen verstanden werden müsse, was für Tafts Verständnis der Nutzung einer Funktion durch Klienten ebenfalls gilt. Genauso gilt für ihr Verständnis der Nutzung der Funktion durch den Klienten, was Rank über die Nutzung des Analytikers durch den Patienten sagt: Der Analytiker spielt dabei "alle möglichen Rollen, die er gar nicht kennen kann und denen er sich auch nicht entziehen könnte, selbst wenn er sie voraussehen könnte" (ebd.). Erkennen kann er aber und verantworten muß er die "Begrenzungen" solcher "imaginären" Verwendungen durch die Realität seiner selbstdefinierten Rolle, wenn er dem Klienten nicht schaden will. Eben dies Wahren

„Wenn wir aber unsere Untersuchung der Bedürfnisse auf allgemein anerkannte Kategorien beschränken, wie sie aus den größeren sozialen Problemen hervorgehen und dem Individuum die Freiheit aber auch die Verantwortung lassen, seine besonderen Bedürfnisse im Gegenüber zu einer speziellen Dienstleistungsagentur zu testen, dann bleibt uns ein großes und vergleichsweise unerforschtes Gebiet für die zukünftige (professionelle – BM) Entwicklung." (Taft 1937, 214)

Taft formuliert hier ein Verständnis professioneller Hilfe, das heute unter dem Stichwort „Dienstleistungsmodell" diskutiert wird. Sie faßt dies aber nicht in der heute verbreiteten, oberflächlichen Weise im Sinne eines „Markt-" oder „Produktmodells" auf (Haupert 2000, Müller 2000), sondern sie versucht, die Frage nach der professionellen Verantwortung der Interaktion in den Mittelpunkt zu rücken. Dazu gehört vor allem die überprüfbare Selbstkontrolle des Handelns. Die Funktion definiert nach Taft demnach zugleich dasjenige Element der Arbeitsbeziehung, das im Prinzip bekannt, professionell gestaltbar und kontrollierbar ist.

„Es *ist* möglich, eine Funktion zu kennen, an ihr zu arbeiten, sie zu ändern; es ist auch möglich, zu lernen, den Hilfeprozeß und die Hilfe-Situationen hinsichtlich ihrer Funktion zu verstehen und zu kontrollieren und professionelle Sozialarbeiter auf der Grundlage akzeptierter Funktionen zu trainieren und zu entwickeln. Andererseits ist es nicht möglich, jetzt oder jemals einen Klienten, so wie er in sich selbst ist, zu kennen – übrigens auch einen Sozialarbeiter nicht – außer als Teil eines Prozesses, der eine relativ fixe oder bekannte Größe hat, so daß die jeweils andere Seite im Blick auf das definiert werden kann, was sie daraufhin tut." (Taft 1937, 216f)

Der Grad der Professionalität Sozialer Arbeit wird damit weder an technologischen Handlungsvollzügen gemessen, noch an professionsethischen Maximen wie Klientenorientierung, Lebensweltorientierung, Empowerment etc. festgemacht. *Professionell handelt hier vielmehr, wer in kunstvoller Weise fähig ist, Klienten zu gestatten, die Nutzbarkeit eines begrenzten Angebotes (Funktion) selbst zu entdecken und die Grenzen dieser Nutzbarkeit auszutesten.* In gewisser Weise paßt dieser Funktionsbegriff auch für therapeutisches Handeln, sofern auch dies eine begrenzte und in dieser Begrenzung kontrollierbare Funktion für Klienten erfüllen soll. Dies ist beabsichtigt, denn Taft sucht ja gerade – genau wie noch die heutige Professionalisierungsdiskussion – nach einem begrifflichen Rahmen, der es ermöglicht, *unterschiedliche* professionelle Dienstleistungsangebote in einen *gemeinsamen* Kontext zu stellen, in dem jene in ihren jeweiligen Möglichkeiten, Grenzen und unterschiedlichen Nutzbarkeiten verglichen werden können. Den entscheidenden Unterschied zwischen Therapie und Sozialarbeit

---

der Begrenzungen meint Taft mit professioneller Handhabung einer sozialarbeiterischen Funktion.

sieht dieses Konzept darin, daß Therapeuten sich mit ihrer Funktion in der Gestalt *individuell* geformter Professionalität identifizieren, während Sozialarbeiter ihre Professionalität nur stabilisieren können, wenn sie sich mit den Funktionen einer Institution, einer „social agency"[9] identifizieren können. Die Begründung und brisante Aktualität dieser eindeutig über Ranks Konzept hinausreichenden These soll im folgenden Abschnitt erläutert werden.

2.3 Die „social agency" als Angelpunkt des professionellen Selbst

Taft und Robinson haben in ihren Schriften immer wieder ins Zentrum gestellt: Die eigentliche Herausforderung ihrer Schule für Soziale Arbeit bestehe darin, eine Theorie und Praxis der Ausbildung zu entwickeln – für sie nahezu identisch mit Theorie und Praxis Sozialer Arbeit selbst –, durch welche sich ein „Professionelles Selbst" entwickelt, das jenen Aufgaben gerecht zu werden vermag. Vor allem Taft hat dabei herausgearbeitet, daß dieses „professionelle Selbst" – der „professionelle Habitus" würde man heute sagen – nicht einfach nur aus der im Sinne eines professionellen Ideals geformten Einzelpersönlichkeit bestehen kann, sondern in einem wesentlichen Punkt den überindividuellen Charakter eines „organisationskulturellen Systems" (Klatetzki 1993; Müller 2002) hat.

Die Forderung, jene genannten „allgemeinen" (generic) Aufgaben der Sozialen Arbeit auf zugleich professionelle und funktionsspezifische Weise zu erfüllen, läßt sich nach Taft nicht schon dadurch einlösen, daß man sie in therapeutischer Haltung ausübt. Denn damit würde allenfalls die Bearbeitungs*form,* nicht aber *die Wahrnehmung dieser Funktionen selbst* (des Unterbringens, Unterstützens etc.) als Hilfe im o.g. Sinne verantwortet. Andererseits mißtraut Taft dem „ganzheitlichen" Denken einer Sozialen Arbeit, die versucht, für jedes besondere Bedürfnis eine besondere Hilfefunktion zu entwickeln, nach dem alten Motto, Verschiedenes für verschiedene Menschen zu tun sei ihre höchste Kunst.[10] Nach Taft führt das nur zu einem eher kriterienlosen Hilfeprozeß ohne feste Bezugspunkte und zum willkürlichen Herauspicken der Fälle, mit denen individuell umgegangen werden kann. Übrig bleibt der große Rest, mit dem aus schierer Überforderung abwehrend und schematisch verfahren werden muß (Taft 1937, 218ff; ausführlicher dazu Müller 1999).

Die einzige Möglichkeit, zu einem professionell verantwortbaren Angebot zu kommen, besteht nach Taft, wie schon gesagt, darin, die Begrenzung in die relativ klaren, stabilen und begrenzten Funktionen einer sozialen Agentur zu verlegen. Ranks Ansatz, schreibt sie,

---

[9] Der Begriff meint die Organisation, die Agentur, und ist nicht zu verwechseln mit „social agency" als Aktionsprinzip, wie es heute in gemeinwesenorientierten Konzepten diskutiert wird (z.B. Böhnisch 1997, 280ff).

[10] So z.B. die Formel, die Alice Salomon (1926, 49) als Kern-Kriterium der Professionalität Sozialer Arbeit formulierte.

„hat uns eine Psychologie und Philosophie des Helfens geliefert, die unabhängig von Therapie benutzt werden konnte. Aber erst als wir realisierten, daß es die Struktur und Funktion der Sozialen Agentur ist, die das Helfen, welches zum Casework gehört, von dem Helfen in der Therapie unterscheidet, waren wir endlich von dem Zwang befreit, beide Modi des Helfens miteinander zu verwechseln, und konnten uns darauf konzentrieren, den besonderen Prozeß für den wir verantwortlich sind, kunstvoll zu nutzen." (Taft 1944, 268)

Als wesentlichen Unterschied zum heutigen, meist oberflächlich – oder nur soziologisch oder ökonomisch, aber nicht professionstheoretisch – reflektierten Dienstleistungsbegriff wird auch hier wieder die Betonung des „Kunstvollen" deutlich. Gemeint ist also kein formaler, sondern ein inhaltlich gefüllter, qualitativen Kriterien genügender Begriff. Taft beschreibt die allgemeine Idee einer solche Dienstleistungs-Agentur

„als vitales, organisches Ganzes, das seine Funktion bestimmt und seine Dienste aufrechterhält durch jede Mitarbeiterin, die mit diesem Dienst identifiziert ist und als seine Repräsentantin mit dem Klienten und in der Gemeinde handelt ... Dieses neue Konzept der Dienstleistungsagentur als unterstützende Matrix und kontrollierendes Zentrum des Handelns, ein Handeln, das in definierten Strukturen aber mit Phantasie und Flexibilität geschieht, gibt der Mitarbeiterin einen weniger mächtigen aber eher möglichen Platz, an dem sie alles individuelle Können, das sie hat, zur Geltung bringen kann. Ihre Freiheit wird exzessiv, wenn die Identität der Agentur zwischen den Staff-Mitgliedern verloren geht und sie mehr oder weniger als getrennte Individuen arbeiten. Wenn andererseits die Agentur als das größere Ganze akzeptiert ist, von dem die Mitarbeiterin nur ein Teil ist, dann wird die Begrenzung individueller Macht und Praxisfreiheit mehr als kompensiert durch die Freiheit, kreativ innerhalb eines klar definierten Bereichs der Verantwortlichkeit zu arbeiten." (Taft 1940, 244f)

Das Konzept legitimiert demnach weder den Verzicht auf professionelle Autonomie noch leugnet es die Abhängigkeit des Angebotes und seiner Begrenzungen von anderen, mächtigeren Instanzen. Wohl aber ist die These Tafts: nur wenn die Sozialarbeiterin bereit ist, *dem Klienten gegenüber* die Verantwortung für jene Begrenzungen sinnlich erfahrbar zu übernehmen, hat dieser die Chance, die Grenzen wirklich auszutesten, statt mit einer kafkaesken Macht konfrontiert zu sein, die sich wohlwollend gibt, aber im Ernstfall sich immer entzieht.

Das gilt natürlich auch und besonders, wenn die Funktionen einer solchen Agentur nicht einfach nur unterstützenden Charakter haben, sondern zugleich, wie z.B. bei den „Funktionen" der Fremdplazierung oder der schulischen Beratung, Momente sozialer Kontrolle einschließen. Denn nur wo sich die Begrenzung ihnen nicht entzieht, die Begrenzenden sich ihnen „stellen", können Klienten die Chance und Freiheit haben – ganz wie oben beim therapeutischen Prozeß beschrieben – ihrerseits alles in ihrer Macht und Phantasie stehende zu tun, um *ihre* Art der Nutzung durchzusetzen. Zugleich aber bekommen sie die Möglichkeit, ihre Enttäuschungen zu verarbeiten hinsichtlich der Hilfe, die sie *nicht* bekommen können; was dann vielleicht auch zu einer Reevaluation ihrer bisherigen Erfahrungen und einer neuen Art der Akzeptanz ihrer eigenen Grenzen führen mag (Müller 1998).

Die Dienstleistungsagentur ist in diesem Konzept also nicht nur äußerliche Rahmenbedingung professionellen Handelns, sondern sie ist *gestaltete und gestaltende Form des mit diesem Handeln „Gegebenen" selbst*. Tafts Konzept der „agency" meint nichts anderes als Klatetzki (1998), der unter Verweis auf Giddens die „Praktischen Ideologien", welche das Handeln von Sozialarbeitern leiten, und die „Strukturen von Jugendhilfeeinrichtungen" als „zwei Seiten ein und derselben Medaille" bestimmt (Klatetzk 1998, 64f). Als professionelle Gestaltung dieser doppelseitigen Medaille, nämlich als funktionsbestimmte und in ihren Dienstleistungsmöglichkeiten von Profis kunstvoll angebotene *Agentur in Aktion* hat sie genau den Stellenwert, den im Rankschen (oder Körnerschen, 1996 oder Oevermannschen, 1996) Professionalitätsmodell das oben genannte Abstinenzprinzip hat. Dies gilt, sofern man unter Abstinenz, wie beschrieben, keine sture Verhaltensregel zu verstehen hat, sondern das kunstvolle Aufrechterhalten eines Rahmens als Grenze zwischen einer Situation, in der ein Klient die Freiheit bekommt, auch illusionäre Wünsche zu agieren, ohne befürchten zu müssen, dafür zensiert oder bestraft zu werden, und andererseits einem Geltendmachen der Realität institutionalisierter Hilfemöglichkeiten, die diesen Wünschen objektiv Grenzen setzen. Die andere Seite des Taftschen Konzeptes aber, die m.E. über die Modelle Körners wie Oevermanns hinausführt, besteht darin, daß sich auch der Professionelle diesem spezifischen Realitätsprinzip unterwerfen muß und dem Klienten gegenüber – so sehr er sich um die Erweiterung von Spielräumen bemühen mag – die „verantwortete Schuld" (Figdor 1999) für die Grenzen seiner Hilfe auf sich nehmen muß und nicht an „die da oben" delegieren darf.

Der Kerngedanke bei diesem erweiterten Verständnis von Abstinenz scheint mir zu sein: Weil und sofern die Realität, um die es hier primär geht, die äußere Realität, die „Härte der Welt" ist (und nicht die innere Realität der eigenen Unvollkommenheit und Endlichkeit wie im Fall von Therapie), muß auch die Vermittlung von Fähigkeiten zur Akzeptanz von und zum Wachstum an dieser Realität materiellen, objektiven, manchmal „harten" Charakter bekommen, kann nicht nur aus kommunikativem Handeln oder talking cure bestehen. (Einem Klienten verständlich zu machen, daß man ihm keinen Rosengarten versprochen habe, ist etwas anderes, als mit ihm real zu beraten und zu verhandeln, welche Rosen oder Kohlköpfe er zu welchem Preis in einem bestimmten Laden kriegen kann).

Natürlich ist dieser Aspekt der Abstinenz – ein Begriff, den Taft übrigens nicht gebraucht – nur eine Seite der Sache. Denn natürlich geht es in Sozialer Arbeit immer auch um praktische, materielle Hilfsfunktionen, um „tangible aid" (Taft 1937, 222). Gerade für deren Nutzbarmachung im Sinne der skizzierten „Hilfephilosophie" ist aber die Objektivierung des Angebotes in Gestalt eines professionell verantworteten Agenturdienstes erst recht notwendig. Denn Sozialarbeiter vermitteln diese „tangible aid" ja nur im Auftrag, stellen sie – anders als therapeutische Hilfe – nicht selbst als Person her. Es führt also notwendig zu verqueren und heuchlerischen Interaktionen (die aus Geschichte und Gegenwart sozialer Arbeit allzu gut bekannt sind), wenn beim Klienten der Eindruck entsteht, das Maß und die Art der ihm zugestandenen Unterstützung sei Folge einer individuellen und autonomen Entscheidung des Sozialarbeiters. Nicht weniger heuchlerisch ist es freilich, wenn Sozialarbeiter sich gerade dann gegen die Institution wenden, die sie vertreten, und auf die Seite ihrer Klienten schlagen, wenn sie diesen nichts mehr zu bieten haben.

2.4 Mein Fazit

Wenn Hornstein, wie eingangs referiert, darin recht haben sollte, daß „disziplinäre Identität" sozialer Arbeit immer noch eine recht diffuse Angelegenheit ist, so könnte es daran liegen, daß die sozialpädagogische Zunft immer noch in demselben Dilemma steckt, das damals Taft der „diagnostischen" Richtung bescheinigte, wenn auch – selbstverständlich – auf höherem Niveau und eher ins „Ressourcenorientierte" gewendet. Es wird zwar – ich beziehe das jetzt auf die deutsche Diskussion – nur selten von psychosozialer Diagnose geredet, und mehr von „lebensweltorientierten", „alltagsnahen", „sozialökologischen" Ansätzen. D.h. das Pendel ist aufs Ganze wieder eher in die sozialwissenschaftliche statt psychologische Richtung ausgeschlagen. Auch das Bewußtsein der Abhängigkeit von einer institutionellen, „sozialstaatlichen" Infrastruktur ist selbstverständlich geworden, der kritische Blick darauf schärfer, als Taft und Robinson ihn hatten. Aber die Möglichkeiten, die funktionale Wirksamkeit der eigenen Konzepte zu prüfen und zu verbessern, sind nicht größer geworden.

Dies könnte damit zusammenzuhängen, daß Sozialpädagogik als Profession immer noch primär von den Individuen her konzipiert wird, die das institutionelle Gefüge zwar sehen, von dem sie abhängig sind, aber als etwas ihnen gegenüber Stehendes oder „Vorgesetztes" sehen und keine Konsequenz daraus ziehen, daß sie selbst dies Gefüge *sind* und es permanent herstellen (Müller 1993; 2002; Klatetzki 1998). Es ist aber ein großer Unterschied, ob Sozialarbeiter eine für professionelle Arbeitsweisen geeignete administrative Struktur nur *fordern* (von „denen da oben"), oder ob sie die *Herstellung* und ständige Überprüfung der Funktionstüchtigkeit dieser Struktur für die Arbeit mit Klienten zu ihrer ureige-

nen Aufgabe machen. Die Schwierigkeit, die es den meisten Sozialarbeitern heute noch macht, diesen Gedanken auch nur zu denken, geschweige denn ihn praktisch umzusetzen, zeigt, wieviel immer noch von der Auseinandersetzung mit jenen 60 Jahre alten Ansätzen profitiert werden könnte.

Literatur:

Bauriedl, Th. (1980): Beziehungsanalyse. Suhrkamp: Frankfurt/M.
Belardi, N. (1992): Supervision. Von der Praxisberatung zur Organisationsentwicklung. Jungfermann: Paderborn
Bernler, G., Johnsson, L. (1997): Psychosoziale Arbeit. Eine praktische Theorie. Beltz: Weinheim
Bibring, G.L. (1950): Psychiatrie und Casework. In: Kraus, H. (Hrsg.): Casework in USA. Theorie und Praxis der Einzelhilfe. W. Metzner: Frankfurt/M., 83-94
Böhnisch, L. (1997): Sozialpädagogik der Lebensalter. Eine Einführung. Juventa: Weinheim und München
Böhnisch, L., Lösch, H. (1973): Das Handlungsverständnis des Sozialarbeiters und seine institutionelle Determination. In: Otto, H.U., Schneider, S. (Hrsg.): Gesellschaftliche Perspektiven der Sozialarbeit 2. Luchterhand: Neuwied, 21-40
Figdor, H. (1999): Aufklärung, verantwortete Schuld und die Wiederentdeckung der Freude am Kind. In: Datler, W., Figdor, H., Gstach, J. (Hrsg.): Die Wiederentdeckung der Freude am Kind. Psychosozial: Gießen, 32-60
Hamilton, G. (1950): Die helfende Beziehung. In: Kraus 1950, 47-55
Haupert, B. (2000): Wider die neoliberale Invasion der Sozialen Arbeit. In: Neue Praxis, 30. Jg., 544-568
Hörster, R. (2002): Sich beraten. Diskursanalytische Überlegungen zur kasuistischen Öffnung in der Sozialpädagogik. (Manuskript). Demnächst in: Helsper, W., Hörster, R., Kade, J. (Hrsg.): Ungewißheit. Pädagogische Felder im Modernisierungsprozeß. Velbrück: Frankfurt/M.
Hollis, F. (1971): Soziale Einzelhilfe als psychosoziale Behandlung. Lambertus: Freiburg i.B.
Hornstein, W. (1985): Die Bedeutung erziehungswissenschaftlicher Forschung für die Praxis sozialer Arbeit. Anmerkungen zu einer notwendigen Bestandsaufnahme. In: Neue Praxis, 15. Jg., 463-477
Hornstein, W. (1998): Erziehungswissenschaftliche Forschung und Sozialpädagogik. In: Rauschenbach, Th., Thole, W. (Hrsg.): Sozialpädagogische Forschung. Juventa: Weinheim und München, 47-80
Jakob, G., v. Wensierski, H.J. (Hrsg.) (1997): Rekonstruktive Sozialpädagogik. Juventa: Weinheim, München
Klatetzki, Th. (1993): Wissen, was man tut. Professionalität als organisationskulturelles System. K. Böllert: Bielefeld
Klatetzki, Th. (1998): Qualitäten der Organisation. In: Merchel, J. (Hrsg.): Qualität in der Jugendhilfe. Votum: Münster, 61-77

Körner, J. (1992): Auf dem Wege zu einer Psychoanalytischen Pädagogik. In: Trescher, H.-G., Büttner, Ch., Datler, W. (Hrsg:): Jahrbuch für Psychoanalytische Pädagogik 4. Grünewald: Mainz, 66-84
Körner, J. (1996): Zum Verhältnis pädagogischen und therapeutischen Handelns. In: Combe, A., Helsper, W. (Hrsg.): Pädagogische Professionalität. Suhrkamp: Frankfurt/M., 780-809
Körner, J. (1998): Die Zukunft der Psychoanalyse. In: Körner, J., Eckes-Lapp, R. (Hrsg.): Psychoanalyse im sozialen Feld. Psychosozial: Gießen, 357-372
Kraus, H. (Hrsg.) (1950): Casework in den USA. Theorie und Praxis der Einzelhilfe. W. Metzner: Frankfurt/M.
Krebs, H., Müller, B. (1998): Der psychoanalytisch-pädagogische Begriff des Settings und seine Rahmenbedingungen im Kontext der Jugendhilfe. In: Datler, W. u.a. (Hrsg.): Jahrbuch für Psychoanalytische Pädagogik 9. Psychosozial: Gießen, 15-40
Liebermann, J. (1997): Otto Rank. Leben und Werk. Psychosozial: Gießen
Merten, R. (1997): Autonomie der Sozialen Arbeit. Zur Funktionsbestimmung als Disziplin und Profession. Juventa: Weinheim, München
Müller, B. (1989): Psychoanalytische Pädagogik und Sozialpädagogik. In: Trescher, H.G., Büttner, Ch. (Hrsg.): Jahrbuch für Psychoanalytische Pädagogik 1. Grünewald: Mainz, 120-135
Müller, B. (1991): Die Last der großen Hoffnungen. Juventa: Weinheim, München, 2. Aufl.
Müller, B. (1993): Öffentlichkeitsarbeit und sozialpädagogische Fachlichkeit. In: Sozialmagazin, 18. Jg., H. 11, 14ff
Müller, B. (1996): Qualitätsprodukt Jugendhilfe. Kritische Thesen und praktische Vorschläge. Lambertus: Freiburg i.B.
Müller, B. (1998): Authentizität als sozialpädagogische Aufgabe. In: Datler, W. u.a. (Hrsg.): Jahrbuch für Psychoanalytische Pädagogik 9. Psychosozial: Gießen, 101-120
Müller, B. (1998a): Otto Rank als Psychoanalytiker nach seinem Bruch mit Freud, die Anfänge der Objektbeziehungstheorie und D.W. Winnicott. In: Psychosozial 73, hrsg. von Janus, L. zum Schwerpunktthema: Die Wiederentdeckung Otto Ranks für die Psychoanalyse. Psychosozial: Gießen, 143-156
Müller, B. (1999): Zeit gebrauchen und Zeitbegrenzung als Aufgabe therapeutischer und sozialpädagogischer Professionalität. In: Bilstein, J., Miller-Kipp, G., Wulf, Ch. (Hrsg.): Transformationen der Zeit. Deutscher Studienverlag: Weinheim, 375-389
Müller, B. (2000): Qualitätsmanagement und professionelle Autonomie. In: Institut für soziale Arbeit e.V. (Hrsg.): Prädikat wertvoll – Qualität sozialer Arbeit. Eigenverlag: Münster, 26-40
Müller, B. (2002): Professionalisierung. In: Thole, W. (Hrsg.): Grundrisse Sozialer Arbeit. Juventa: Weinheim, München, 725-744
Niemeyer, Ch. (1990): Zum Verhältnis von Berufsethik und Adressatenethik in der Sozialpädagogik – unter besonderer Berücksichtigung des Beitrags von Herman Nohl. In: Müller, B., Thiersch, H. (Hrsg.): Gerechtigkeit und Selbstverwirklichung. Lambertus: Freiburg i.B., 85-109
Niemeyer, Ch. (1998): Klassiker der Sozialpädagogik. Juventa: Weinheim, München

Oevermann, U. (1996): Theoretische Skizze einer revidierten Theorie professionalisierten Handelns. In: Combe, A., Helsper, W. (Hrsg.): Pädagogische Professionalität. Suhrkamp: Frankfurt/M., 70-182
Olk, Th. (1986): Abschied vom Experten. Sozialarbeit auf dem Weg zu einer alternativen Professionalität. Juventa: Weinheim, München
Olk, Th., Müller, S., Otto, H.U. (1981): Sozialarbeitspolitik in der Kommune – Argumente für eine aktive Politisierung der Sozialarbeit. In: Neue Praxis, Sonderheft 6, hrsg. von Müller, S. u.a.: Sozialarbeit als kommunale Sozialpolitik. Luchterhand: Neuwied, 5-25
Rank, O. (1931): Technik der Psychoanalyse III: Die Analyse des Analytikers und seine Rolle in der Gesamtsituation. Franz Deuticke: Leipzig, Wien
Robinson, V. (Hrsg.) (1962): Jessie Taft. Therapist and Social Work Educator. A Professional Biography. Univ. of Pennsylvania Press: Philadelphia
Robinson, V. (1978): The Development of a Professional Self. Selected Writings 1930-1968. AMS Press: New York (hrsg. von der Otto Rank Association)
Salomon, A. (1926): Soziale Diagnose. Julius Beltz: Berlin
Schrapper, Ch. (1998): „Gute Arbeit machen" oder „die Arbeit gut machen"? In: Merchel, J. (Hrsg.): Qualität in der Jugendhilfe. Votum: Münster, 286-310
Smalley, R. (1974): Die funktionelle Methode als Grundlage der Sozialen Einzelhife-Praxis. In: Roberts, R.W., Nee, R.H. (Hrsg.): Konzepte der Sozialen Einzelhilfe. Lambertus: Freiburg i. B., 90-135
Taft, J. (1933): The Dynamics of Therapy in a Controlled Relationship. Peter Smith: Gloucester/Mass., 1973 (Neuausgabe durch V. Robinson)
Taft, J. (1937): The Relation of Function to Process in Social Casework. In: Robinson 1962, 206-225
Taft, J. (1940): Foster Home Care for Children. In: Robinson 1962, 232-245
Taft, J. (1944): A Functional Approach to Family Casework. In: Robinson 1962, 260-272
Taft, J. (1949): Time As the Medium of the Helping Process. In: Robinson 1962, 305-324
Taft, J. (1958): Otto Rank. A Biographical Study Based on Notebooks, Letters, Collected Writings, Therapeutic Achievements and Personal Associations. The Julian Press: New York
Thole, W., Cloos, P. (2000): Soziale Arbeit als professionelle Dienstleistung. In: Müller, S. u.a. (Hrsg.): Soziale Arbeit. Gesellschaftliche Bedingungen und professionelle Perspektiven. Luchterhand: Neuwied, 547-567
Wimmer, M. (1996): Zerfall des Allgemeinen – Wiederkehr des Singulären. Pädagogische Professionalität und der Wert des Wissens. In: Combe, A., Helsper, W. (Hrsg.): Pädagogische Professionalität. Suhrkamp: Frankfurt/M., 404-447
Winkler, M. (1988): Eine Theorie der Sozialpädagogik. Klett-Cotta: Stuttgart
Winnicott, D.W. (1974): Vom Spiel zur Kreativität. Klett-Cotta: Stuttgart

Heinz Krebs

Emotionales Lernen in der Schule – Aspekte der Professionalisierung von Lehrerinnen und Lehrern

1. Die Ausgangslage

In Fachkreisen und Medien ist immer wieder von einer Krise der Schule die Rede. Durch die Pisa-Studie (Baumert 2000) sind die Schwächen des gegliederten deutschen Schulsystems in eklatanter Weise zutage getreten. In dieser Studie konnte gezeigt werden, daß deutsche Schüler in allen drei getesteten Bereichen – Lesen, Mathematik, Naturwissenschaften – im Vergleich zu 31 Ländern im unteren Drittel liegen. Zudem konnte die Kopplung von niedriger sozialer Herkunft und Schulerfolg nachgewiesen werden, die das hiesige Bildungssystem sozial sehr ungerecht macht (Kerstan 2001). Neben einer konsequenten Reform des deutschen Schulsystems muß eine Folge dieser Studie sein (Schüßler 2002), daß formelle, nicht-formelle und informelle Bildung als eine „Querschnittsaufgabe" (Bundesjugendkuratorium 2002) angesehen wird. Diese erstreckt sich auf eine intensive und reflektierte Kooperation verschiedener Bildungs- und Erziehungsorte wie Schule, Kinder- und Jugendhilfe, aber auch Familie, Freizeit und Arbeit. Das heißt, die Verknüpfung formeller Bildungs- und Erziehungsprozesse in staatlich organisierten und lizensierten Bildungseinrichtungen wie den Schulen, nicht-formeller Bildungsbemühungen z.B. in der Kinder- und Jugendhilfe, die freiwillig genutzt werden und Angebotscharakter haben und informeller Bildung im Alltag von Familien, in der Freizeit und in peer-groups stellt eine Herausforderung der Gegenwart und Zukunft dar (a.a.O., 8). Das Zusammenspiel dieser Bildungsprozesse sollte aber nicht nur zwischen den genannten Erziehungs- und Lebensorten stattfinden, sondern Schule als Institution ist aufgefordert, ihre Bildungs- und Erziehungsbestrebungen in der wechselseitigen Durchdringung dieser Ebenen zu konzipieren und Räume für eine Vielgestaltigkeit von Bildungs-, Lern- und Erziehungsmöglichkeiten zu schaffen (a.a.O., 4 f). Schule als zentrale Bildungsinstitution sollte sich dahingehend weiterentwickeln, daß sie Bildung und Lernen nicht auf Stoffvermittlung und Faktenwissen im Rahmen von vorstrukturiertem und geplantem Unterricht reduziert. Bildung und Lernen ist auch davon abhängig, daß Kinder und Jugendliche Subjekte dieser Prozesse sein können und Formen aktiver Aneignung möglich sind.

Diese Reformen erfordern eine veränderte „Bildungskultur" (Schlömerkemper 2002) und veränderte professionelle Leitbilder von Lehrerinnen[1], die sich gegenwärtig in erster Linie als Fachleute ihrer Fächer und weniger als Begleiter und Anreger für Lernprozesse verstehen. Für diese werden die Schüler bzw. die Eltern als selbst verantwortlich angesehen. Gerade angesichts eines von Lehrerinnen immer wieder beklagten „Horrorszenarios" an den Schulen, in denen Unterricht aufgrund von Motivationslosigkeit, Desinteresse und disziplinarischen Schwierigkeiten vielfach nicht mehr möglich sein soll, ist es aber besonders wichtig, daß sie zu einer theoretisch und methodisch fundierten Reflexion und pragmatisch-handwerklichen Gestaltung von Lernmöglichkeiten fähig sind (Schlömerkemper 2002, 9). Aus dieser Sicht ist es eine zentrale Aufgabe von Lehrerinnen unabhängig von der Schulform und den studierten Fächern, daß sie gehaltvolle Lernprozesse initiieren, begleiten und betreuen (Junge GEW Hessen 2002, 31). Rolff (2001, 14) stellt in diesem Zusammenhang die Forderung auf, daß Lehrer sich auch als Lerner verstehen, die mit ihren Kollegen in einer professionellen Gemeinschaft arbeiten und – dies möchte ich hinzufügen – gleichfalls von ihren Schülern lernen.

Die großen psychosozialen Belastungen von Lehrerinnen und die Vielzahl von Konflikten mit Schülern machen Resignation und Hilflosigkeit zu Massenphänomenen. Dies verweist aus meiner Sicht auf ein ungeklärtes und widersprüchliches Verhältnis der Lehrerinnen zu ihrer Professionalität. Freiling (2001) spricht hier von einer „komplizierten kollektiven berufspsychologischen Deformierung" und stellt eine „Schweigespirale über pädagogische Erfolge und geglückte Kommunikation" fest. Diese Haltungen kontrastieren mit den Ergebnissen einer Befragung an hessischen Schulen, in der festgestellt wurde, daß Lehrerinnen durchaus Interesse an ihrem Beruf haben, die Zusammenarbeit mit ihren Kolleginnen schätzen und ebenfalls das Verhältnis zu ihren Schülern eher positiv sehen (a.a.O., 10). Diese Widersprüche bestätigen meine Erfahrungen in der Zusammenarbeit mit Lehrerinnen, die vielfach die Qualität ihrer beruflichen Leistungen und Möglichkeiten unter- bzw. überschätzen. Sie tendieren einerseits zu Selbstzweifeln und halten andererseits an idealen Leitbildern des Lehrers als Wissensvermittler und Unterrichtsplaner fest. Voraussetzung dafür sind jedoch ausreichend motivierte und diszipliniert arbeitende Schüler, die allerdings immer weniger werden sollen. Obwohl die Mehrheit der Lehrerinnen über ein reichhaltiges Repertoire im Umgang mit Krisen im Schulalltag verfügt und viele Konflikte erfolgreich lösen könnte, kämpft doch eine große Anzahl mit Gefühlen der Überforderung und Ohnmacht. Viele hadern mit den Realitäten des Schulalltags und gerade der Umgang mit den psychosozialen Konflikten und das Einlassen auf die Lebenswelten der Schüler scheint „ein rotes Tuch zu sein". Sie

---

[1] Ich wähle im Text weitgehend die weibliche Form, da der Lehrerberuf in vielen Schultypen mehrheitlich von Frauen ausgeübt wird.

erklären sich als dafür nicht zuständig und halten auf diese Weise das nicht mehr tragfähige Bild von der Schule als pädagogischer Provinz aufrecht (Coelen 2002, 60f).

Lehrerinnen formulieren vor diesem Hintergrund einen hohen Beratungs- und Fortbildungsbedarf. Dieser bezieht sich nicht nur auf die Aneignung moderner Lehr- und Lernmethoden oder modernen Fachwissens sowie von Organisations- und Managementmethoden, sondern besonders auch auf Kenntnisse im Bereich psychischer und sozialer Problemlagen. Lehrerinnen benötigen dafür ein profundes professionelles Handlungswissen, das sie über ihre angestammten Qualifikationen hinaus befähigt, die alltäglichen „face-to-face-Interaktionen" mit Schülern, Kollegen und Eltern besser verstehen und bewältigen zu können.

In diesem Beitrag konzentriere ich mich auf die Bedeutung und den Erwerb von psychosozialen Selbsterschließungs- und Problemlösungskompetenzen (sog. Schlüsselqualifikationen; sh. Arnold 1998) als Teil der Professionalität von Lehrerinnen. Diese Aufgaben werden in folgenden Schritten dargestellt: Im zweiten Kapitel wird dargelegt, daß Lehrerinnen ein institutionelles Grundwissen über die Widersprüche der schulischen Arbeit benötigen, damit sie über mehr Handlungssicherheit beim Entschlüsseln schwieriger beruflicher Interaktionszusammenhänge verfügen. Im dritten Kapitel wird aufgezeigt, daß dieses Bewußtsein der schulischen Antinomien mit einer offenen und reflexiven Arbeitshaltung vermittelt werden muß. Dies soll erfahrungsorientierte Lernprozesse und eine Auseinandersetzung ermöglichen, die zwischen eingespielten und bewährten Arbeitsformen und der Suche nach Neuem, dem Zulassen von Unverstandenem und Nicht-Wissen pendelt. Im vierten Kapitel werden Vermittlungsprobleme psychosozialer Kompetenzen bei Lehrerinnen an Ausschnitten aus der Fortbildungs- und Supervisionsarbeit erläutert. Der Beitrag endet mit einer abschließenden Einschätzung zur Professionalisierungsproblematik von Lehrerinnen.

2. Gesichtspunkte professionellen Handelns in Schulen

2.1 Institutionelle Antinomien

Für Schulen ist seit der Bildungsreform der 60er Jahre von den Postulaten einer umfassenden Modernisierung, Verwissenschaftlichung und Professionalisierung auszugehen. Schule ist keine traditionelle Institution mehr, deren Bildungsprogramm und Erziehungsziele konventionell festgelegt und mit der Aura der Unantastbarkeit versehen sind. Diese Entwicklungen werden durch soziokulturelle Modernisierungsprozesse der Individualisierung und Pluralisierung der Lebenslagen und damit einhergehender Enttraditionalisierungen verstärkt (Beck 1990). Der Schule fehlt daher über weite Strecken eine allgemein anerkannte soziokulturelle Plausibilitätsbasis. Schulisches Fachwissen und professionelles Handlungswissen müssen immer wieder auf ihre Sinngehalte überprüft werden (Ziehe 1996, 929ff).

Schule muß sich heute zudem zu einer Bildungs- und Lernorganisation entwikkeln, die sich durch eine leistungsfähige Verwaltung, organisatorische und personelle Flexibilität, kooperative Arbeitsbeziehungen und Problemlösungs-Orientierung auszeichnet (HLZ 2001). Diese funktionale Seite des Schulbetriebes prägt in entscheidendem Maß die Vermittlungsweisen von Bildung und Kulturtechniken sowie die Formen der Leistungsbemessung und Selektion. Andererseits ist Lehren und Lernen nur möglich, wenn gleichermaßen für hinreichend gute Verständigungsverhältnisse zwischen den Akteuren gesorgt wird. Die Spannungslinien schulischen Handelns bewegen sich insofern zwischen

- organisatorischer Zweckrationalität, administrativer Kontrolle und professioneller Autonomie;
- didaktischer Planung des Unterrichts und grundsätzlicher Offenheit und Ungewißheit pädagogischer Situationen;
- der Partikularität der auf Wissensvermittlung und Leistungsbewertung ausgerichteten Lehrer-Schüler-Beziehung und der gleichzeitigen Involvierung der ganzen Person des Schülers, aber auch der des Lehrers;
- der Schulpflicht und einer eigenständigen Bildungsmotivation der Schüler;
- den Interessen der Schulaufsicht hinsichtlich eines reibungslosen Schulbetriebs trotz in der Regel knapper Ressourcen, den Interessen der Lehrer bezüglich angemessener Arbeitsbedingungen und den Interessen der Schüler und Eltern im Hinblick auf eine gute schulische Förderung (Helsper 1990, 1996).

Diese antinomischen Spannungen treten auch in reformorientierten Ansätzen wie z.B. in der Gesamtschule auf, was ihre Brisanz verdeutlicht und die Notwendigkeit unterstreicht, professionelle Umgangsformen dafür zu entwickeln. Die Gesamtschulpädagogik ist in besonderem Maße den Idealen der Autonomie, der Emanzipation und der sozialen Chancengleichheit verpflichtet. Lehrerinnen müßten daher in erhöhtem Maße an der Persönlichkeit ihrer Schüler interessiert sein. Der Ausgleich von sozialer Benachteiligung ist nur durch individuelle Förderung und kompensatorische Hilfen möglich. Dem steht gegenüber, daß Gesamtschulen komplexe pädagogische Großorganisationen sind, in denen zweckrationale Zeit-, Raum- und Verfahrensregeln vorherrschen. Die Möglichkeit zum Wechsel der Leistungsstufen erfordert eine beständige Bewertung nach allgemeinen Auswahlkriterien. Dies erhöht den Leistungs- und Disziplinierungsdruck auf die Schüler, die als individualisierte Leistungsträger handeln müssen. Voraussetzung für eine erfolgreiche Bewältigung dieser Anforderungen ist eine abstrakte Leistungs- und Bildungsmotivation, die von konkreten Lern- und Bildungsinteressen absieht. Dies führt zusätzlich zur Distanz zum individuellen soziokulturellen Lebenshintergrund. Diese Umstände egalisieren die Schüler im Sinne eines verallgemeinerten Schüler-Status, schaffen jedoch auch Chancen und Freiheitsspielräume. Viele Schüler können allerdings aufgrund damit einhergehender Unsicherheitspotentiale und sozialer Barrieren diese nicht nutzen und müssen Nachteile im Hinblick auf eine erfolgreiche Schullaufbahn hinnehmen (Helsper 1990, 176f; Datler u.a. 2002).

Die Integration dieser Widersprüche ist ein primärer Auftrag des Lehrerberufes. Die Förderung von Mündigkeit und individueller Autonomie einerseits und die Umsetzung des Leistungsprinzips, der Auslese und damit der Entscheidung über Lebenschancen andererseits stellt eine schwierige Aufgabenstellung dar und bringt Lehrer in vielfältige Zwangslagen. Aus meiner Supervisions- und Fortbildungstätigkeit kann ich sagen, das die genannten Widersprüche und Spannungen professionelle Krisen erzeugen, wenn es nicht gelingt, diese Risiken reflexiv zu bewältigen und auch emotional zu verarbeiten (Lohmer 2000a).

2.2 Institutionelle Risikobewältigung

Große und zentral geführte Unternehmen und öffentliche Verwaltungen wie z.B. Schulen bilden typische Institutionskulturen aus, die ihrem Funktionieren und Zusammenhalt dienlich sind. Diese stehen mit ihren primären Aufgaben und den damit verbundenen Risiken in Verbindung. Wenn die Steuerungsfunktionen und integrativen Kräfte im Hinblick auf die Bewältigung der institutionellen Aufgaben jedoch nachlassen, löst das unausweichlich vermehrt Unsicherheit und Angst aus, die – sofern es sich um dauerhafte Zustände handelt – zur Ausbildung verfestigter psychosozialer Abwehrformen führen. Es entsteht eine Kultur der Risikovermeidung, die als eine „Absicherungskultur" (Lohmer) bezeichnet werden kann. Gnädinger spricht hier von einer Norm der „Fehlerfreiheit" (a.a.O., 1991). Sie läßt eine Arbeitsatmosphäre von „darf nicht, kann nicht, geht nicht" (Gnädinger) entstehen und führt dazu, daß kreative und erneuernde Kräfte gelähmt werden. Unter den Mitarbeitern treten in solchen Fällen Formen negativer Selbstbehauptung in Erscheinung, d.h. die Bereitschaft, Verantwortung zu übernehmen, läßt nach und wird durch eine distanzierte Haltung ersetzt. Die Bewältigung der Arbeitsaufgaben, vor allen Dingen wenn es sich um neue Projekte handelt, geschieht dann unter Vorbehalt, wodurch das Risiko ihres Scheiterns erhöht wird und die Erstarrung einer Institution sich verstärkt (Lohmer 2000 a, 22ff).

Sofern sich in Schulen solche Absicherungskulturen ausbreiten, hat dies weitreichende Folgen für das Schulklima. Die Durchsetzung der schulischen Ordnung und Disziplin, die Erfüllung der Lehrpläne und die Umsetzung der Selektion werden oberste Prinzipien, die nur noch schwer hinterfragt werden können. Der bürokratische Rahmen bietet zwar Schutz, kann allerdings auch eine bedrohliche Qualität annehmen, wenn die Lehrerinnen seine Normen nicht ausreichend erfüllen können. Die Anpassung und Entlastung von Angstgefühlen ist dann durch eine Form der Identifikation möglich, die der „Identifikation mit dem Aggressor" (A. Freud) ähnelt. Dies begünstigt psychosoziale Abwehrbündnisse und stabilisiert „institutionelle Mythen" (Pühl 1996a), die im zweiten Schritt Größenphantasien Vorschub leisten. Dies könnte auch die von Lehrerinnen immer wieder geäußerte Vorstellung erklären, daß „sie immer alles im Griff und unter Kontrolle haben müßten". Dazu ein kurzer Blick auf eine Beratungsepisode:

Ein Lehrer schildert in einer Fortbildung langjährige Konflikte mit einer Schülerin und ihren Eltern, in denen es um zwei zentrale Themen geht: Erstens fahren sie immer wieder vor dem regulären Ferienbeginn in Urlaub, ohne sich dies gesondert genehmigen zu lassen. Zweitens sieht sich der Kollege mit beständigen Vorwürfen konfrontiert, die Schülerin nicht genügend zu fördern und ungerecht zu benoten. Zum Zeitpunkt seines Berichtes zeichnet sich ab, daß sie das Klassenziel nicht erreichen wird. Das Leistungsversagen der Schülerin sieht der Kollege als Folge des Druckes der Eltern und damit durch eine „neurotische Konstellation" verursacht, in der die Schülerin das Opfer ist. Er erwägt, ob er ihre Noten etwas anheben soll, um sie vor einem Desaster zu bewahren. Andererseits spürt er, wie sie ihn zusehends „auszutricksen" versucht, um die Versetzung doch noch zu schaffen. In einer Mischung aus Ärger, Ängstlichkeit und Empörung äußert der Kollege die Überlegung, daß er nur mit sich reden lassen würde, wenn die Schülerin ihm rückhaltlos Einblick in ihre Motivlage aus Loyalität und Protest gegen die Eltern und die Schule geben würde, damit er sich sicher sein kann, daß sie ihn nicht weiter „zum Narren" hält. Der Kollege ist sich nicht bewußt, daß er eine aggressive und Grenzen überschreitende Kontroll- und Größenphantasie formuliert, sondern sieht sich durch den schulischen Auftrag in seinem Verhalten legitimiert. Erst die „bremsenden" Reaktionen seiner Kollegen relativieren diese Haltung. Mit einem Anflug von Entlastung äußert er die Überlegung, daß es einerseits wahrscheinlich sinnvoller ist, die Schülerin formal korrekt zu bewerten und andererseits vermutet er, daß die Konflikte mit ihr und ihren Eltern sowieso nicht vermeidbar sein werden.

Solche Konstellationen und Verschiebungen der Ebenen können Grundlage dauerhafter Machtauseinandersetzungen sein, gegen die sich die Schüler quasi automatisch zur Wehr setzen. Hirblinger (2001) spricht in diesem Zusammenhang auch von „Opfer-Täter-Komplexen", die als Flucht, Kampf und Scheinharmonie in Erscheinung treten: Die Schüler verharren in stillem und/oder aggressivem Protest und entwickeln Tendenzen zur Sabotage, auch von gutem Unterricht. Die Lehrer reagieren mit einer Mischung aus Zwang, autoritärem Machtgehabe, Kränkung und Beleidigt-Sein auf die Widerständigkeit der Schüler. Die Schüler werden zum „natürlichen Feind" (Freiling 2001) und zwischen Lehrerinnen und Schülern macht sich eine symptomatische Sprachlosigkeit breit.

In solchen Arrangements geraten die formellen und informellen Ebenen der Lehrer-Schüler-Beziehung leicht aus dem Gleichgewicht. Die zweckrationalen und instrumentellen Aspekte auf der einen Seite und die sozialen, lebensweltlichen und affektiven Dimensionen auf der anderen Seite scheinen in einen unüberwindlichen Gegensatz zu geraten. Besonders in schwierigen Situationen bedrohen letztere einen geregelten Schul- und Unterrichtsbetrieb und Lehrerinnen äußern häufig die Klage, daß sie sich nicht mehr auf ihre Kernaufgaben der Wissensvermittlung und der Erfüllung der Lehrpläne konzentrieren können. Stattdessen müssen sie sich aus ihrer Sicht ständig mit nicht-schulischen Anforderungen auseinandersetzen. Diese können sehr unterschiedliche Ausprägungen annehmen, und Lehrerinnen sehen sich dann teils in den Rollen eines „Dompteurs", eines „Polizisten", eines „Psychologen" und/oder in Eltern-Ersatz-Funktionen. Diese Eindrücke können sich zur Wahrnehmung eines allgegenwärtigen Störungspotentials verdichten, mit anderen Worten, Schüler und Schule passen nicht mehr zusammen.

Vor diesem Hintergrund entsteht noch eine andere Schwierigkeit durch die Unterschiedlichkeit, mit der Lehrerinnen mit Disziplinproblemen und Regelverstößen umgehen. Manche schauen weg, weil sie nicht mehr genügend Kraft für Auseinandersetzungen haben oder desinteressiert sind, manche stehen immer an „vorderster Front", manche bewegen sich zwischen diesen Extremen. In Kollegien wird dieses unterschiedliche Sanktionsverhalten als großes Manko hervorgehoben und Lehrerinnen fordern ein einheitliches Vorgehen. Die Umsetzung ist jedoch schwierig. Aus meiner Sicht ist das nicht verwunderlich, da diese Forderung zum Teil auf eine bürokratische Gleichschaltung der Kollegen hinauslaufen würde. Ich vermute, daß Lehrerinnen intuitiv wissen, daß sie auf einen durch ihre persönliche Mentalität geprägten Umgang mit Disziplin- und Ordnungsproblemen nicht verzichten können. Dies gibt ihnen Authentizität, die ein wichtiger Katalysator für tragfähige Beziehungen zu ihren Schüler darstellt. Der Rückzug auf die Rolle von „Sanktionsautomaten" könnte das Klima wechselseitiger Zurückweisungen zwischen Schülern und Lehrern noch weiter auf die Spitze treiben und das erzeugen, was verhindert werden soll: abweichendes Sozialverhalten, Lernstörungen und selbstdestruktive Protesthaltungen.

Das kann aber nicht heißen, daß Lehrerinnen auf klare Grenzsetzungen und Ordnungsmaßstäbe verzichten können. Schule als staatliche Instanz kommt nicht umhin, ihr Sanktions- und Ordnungsrecht auch anzuwenden und umzusetzen. Lehrerinnen neigen jedoch immer wieder dazu, die antinomische Systemlogik der Schule auszublenden und stellen einmal die bürokratische Seite, ein anderes Mal die pädagogische Seite der Institution in den Vordergrund. Diese schwankenden Haltungen können im gegenwärtigen System aber fatale Folgen haben. Sie schwächen die Position der Lehrer, eine intergenerative Auseinandersetzung über Lehr-, Lern- und Umgangsformen mit ihren Schülern zu führen und damit einen Beitrag für eine durch deutliche Grenzen, aber auch durch Ausgleich und Toleranz geprägte Verhandlungs- und Streitkultur zu leisten.

2.3 Exkurs: Lernen durch Erfahrung und professionelles Handeln

Von institutionellen Erfahrungen geht ein prägender Einfluß auf die professionelle Identität von Fachkräften im Sozial-, Erziehungs- und Bildungswesen aus. Die Betrachtung und Reflexion beruflicher Erfahrungen kann Impulse für institutionelle Veränderungen geben, wenn in den Einrichtungen Spielräume zur Erprobung von Neuem durch Erfahrungslernen geschaffen werden können.

Lernen durch Erfahrung (Bion 1962, 90ff; Krejci 1990, 23) als ein kreativer, emotionaler wie kognitiver Prozeß geschieht nur, wenn Erfahrungsbildung nicht isoliert von sozialen und interpersonellen Vorgängen gesehen wird. Das heißt, etwas voneinander zu lernen und zu erfahren, bedeutet, sich vom anderen „berühren" zu lassen, ohne den Anspruch zu erheben, faktisches Wissen übereinander zu besitzen und damit die Offenheit der Erfahrungsbildung und ihrer Veränderung abzuschotten. Erfahrungen bilden dann eine Verständigungsgrundlage und sind interindividuell kommunizierbar, wenn sie von den Interaktionsteilnehmern intrapsychisch als bedeutungsvolle Szenen verarbeitet werden können und durch Abstraktion zu einer Art intrapsychischer „Schnittstellen" werden, die übereinstimmende, ähnliche oder verschiedene Erfahrungsmomente repräsentieren. In die interpersonellen Austauschvorgänge kann Neues integriert werden, wenn sich die Interaktionsteilnehmer einen beweglichen und reflexiven Blick auf die eigene Person und ihr Gegenüber bewahren können.

Erfahrungsfähigkeit, Erkennen und Lernen hängen insofern eng zusammen und sind abhängig von dem Vermögen, Unwissenheit, Unsicherheit und Fremdes ertragen zu können (Wellendorf 1995, 251ff). In allen Prozessen lebendiger Erfahrung und Denkens findet ein Wechsel zwischen Zerfallen und Aufbrechen gewohnter Handlungen und Denkschemata sowie ein Zusammenfügen aus anders zusammengesetzten und neuen Elementen statt (Lazar 2000, 46ff). Jede Bestimmung und Veränderung professioneller Identität ist, wie jede Selbstbildung von Individuen überhaupt, an die Aufrechterhaltung relationaler Verhältnisse gekoppelt: In allen Akten der Selbstbildung müssen die Pole des Unbewußten und Nicht-Integrierten, Spontaneität und Rezeptivität, Aktivität und Passivität als Differenzierungen des psychischen Erlebens und Denkens erhalten bleiben, damit Wachstum und Veränderung möglich wird. Entscheidend ist, daß Spaltungen, Fixierungen, Projektionen, Rituale im Denken und Handeln nur Übergangsstadien in individuellen Erfahrungs- und Lernprozessen bleiben, damit neue Integrationsleistungen möglich sind (Hirblinger 2001, 105f).

Diese Integrationsleistungen basieren auf einer Art Pufferzone (Schäfer 1992, 134). Bion gebraucht dafür den Begriff der Kontaktschranke, die „den Punkt von Kontakt und Trennung zwischen bewußten und unbewußten Elementen" (Bion 1962, 63) herstellt, Verschiedenheit erzeugt und Neues hervorbringt. Die Aufrechterhaltung dieser Pufferzone stellt für alle Ausdifferenzierungen des Psychischen und Kognitiven einen zentralen Spannungsbogen dar, in dem innere und äußere Erfahrung zusammengeführt, aber auch das Trennende erkennbar wird. Das Denken einer Erfahrung wird dadurch zu einer emotional und kognitiv riskanten Aktion, die sich zunächst in einem Gewirr disparater Partikel bewegen muß, bevor sich die Sicherheit kohärenter Gedanken einstellen kann (Schäfer 1992, 137). Aus diesen Operationen können Denk-Modelle gebildet werden, die die Erfahrungen erhellen, aus denen sie gewonnen wurden. Dadurch werden Vergleichsmöglichkeiten zwischen den verschiedenen Praxissituationen möglich und auch nachfolgende, veränderte Konstellationen können mit Hilfe dieser Abstraktionen antizipiert werden. Noch weitergehende Abstraktionen, die nur noch einen mittelbaren Gegenstandsbezug haben, entwickeln sich im Falle professionellen Handelns dann zu Konstruktionen einer Praxistheorie und eines „Änderungswissens" (Wolf). Sie sind Ausgangspunkt für neue Einsichten und stellen Verallgemeinerungen bisheriger Ordnungen und Sichtweisen dar (Bion 1962, 125ff; Krejci 1990, 30).

Professionelle müssen in Interaktionen mit dem jeweiligen Klienten-Schülersystem das Besondere des sozialen Feldes bzw. Einzelfalles wahrnehmen und erkennen können. Für wirksames professionelles Handeln ist es wichtig, daß ein funktionierender Interaktions- und Kommunikationsfluß zwischen den Beteiligten erhalten werden kann. Dafür benötigen Professionelle „sinnrekonstruierend-hermeneutische Kompetenzen" (Helsper), die dazu dienen, die Eigenschaften der sozialen Situation ganzheitlich und gegenstandsnah zu betrachten, die die Offenheit des Feldzugangs gewährleisten und die die Interaktion des Professionellen mit seinem Gegenüber reflektierbar machen (Krüger 2000; zit. b. Müller 2001, 7). Aus der Abstraktion dieser vielschichtigen Erfahrungen entwickeln Fachkräfte professionelles Änderungswissen, das der Wahrung und Wiederherstellung moralischer, kognitiver und psychischer Integrität in komplexen „face-to-face-Interaktionen" dient, die unter Zeit-, Entscheidungs- und Handlungsdruck bewältigt werden müssen (Helsper 1996, 528f). Dieses praxisbezogene Wissen soll in schwierigen und blockierten Handlungssituationen Distanz und differenzierte sowie lösungsorientierte Lesarten ermöglichen. Professionelle Praxisforschung (sog. „online"-Forschung) stellt eine Form des Wissenserwerbs dar, der als ein Junktim von professionellem Handeln sowie Forschen angesehen werden kann (Müller 1999). Wissenschaftliche Grundlagentheorien, die außerhalb professioneller Praxis über verschiedene Forschungsverfahren entwickelt worden sind (sog. „offline"-Forschung), ergänzen das professionelle Handlungswissen. Sie haben die Aufgabe, eingeschliffene

Handlungs- und Interpretationsmuster zu irritieren, die Begründbarkeit professioneller Handlungen in einen erweiterten Rahmen zu stellen und sollen ein Anregungspotential für neue Perspektiven darstellen (Müller 2001, 5ff; Nitschke 1994; Trescher 1993, 167ff; Wolf 1996, 185ff).

3. Schulische Konflikte und Erfahrungslernen

Im gegenwärtigen Schulsystem stellt es eine professionelle Kunst dar, wenn Lehrerinnen trotz des relativen Übergewichts formaler und bürokratischer Strukturen sich ihre professionell genutzte Subjektivität zu bewahren und diese offensiv und konstruktiv in die Lehr- und Bildungsprozesse und den interpersonellen Austausch mit ihren Schüler einzubringen vermögen. Diesen professionellen Spannungsbogen zu halten, erfordert Ressourcen über die meiner Ansicht nach vermutlich die Mehrheit der Lehrerinnen mit längerer Berufserfahrung verfügen, ohne sich dessen wirklich bewußt zu sein und selbstbewußt damit umzugehen.

Mit diesem Komplex steht auch in Verbindung, daß viele Lehrerinnen über einen Verlust ihrer persönlichen Würde im Schulalltag klagen. Wenn Lehrerinnen den professionellen Spannungsbogen nicht „halten" können, führt dies zu Formen eines schleichenden oder offenen Autoritätsverlustes. Eine Auswirkung davon ist, daß Lehrerinnen häufiger krank und frühpensioniert werden als Angehörige vergleichbarer Berufsgruppen wie Richter, Ärzte oder Architekten (Etzold 2000). Die Erfüllung der schulischen Aufgaben und Pflichten kann zu einer schweren Last werden und „normale" Anforderungen des Berufslebens wie Leistungskontrollen, Teamarbeit, Umsetzung von Innovationen und Evaluation werden als Überforderungen erlebt (Christ u.a. 2002).

Wenn das triadische Netzwerk der Institution Schule, das durch die Erfordernisse einer konstruktiven Unterrichtsgestaltung, die Bewältigung der widersprüchlichen Aspekte der Lehrerrolle und die Lern- und Anpassungsleistungen der Schüler gekennzeichnet ist, von einem offenen oder schleichenden Zusammenbruch bedroht ist, weil diese Eckpfeiler nicht mehr differenziert gesehen und reflektiert werden, entstehen institutionell destruktive Dynamiken. Regressionen in den Arbeits- und Gruppenbeziehungen werden dadurch ausgelöst und psychosoziale Abwehrformen und nicht-integrierbare Affekte werden dominant (Kernberg 1988, 187f). Institutionsanalytisch gesehen bedeutet dies, daß schulische Aufgabenstellungen, leitende und steuernde Funktionen, Kooperations- und Delegationsformen und die Ausgestaltung von Rollen ihre institutionellen Referenzebenen und Begrenzungen nach Innen und Außen tendenziell verlieren. Institutionen in einem solchen Zustand „hangeln sich am Kollaps" entlang und auf der subjektiven Ebene begleiten „burn-out"-Gefühle die Arbeit. Es schwinden die Ressourcen für einen gekonnten Umgang mit psychosozialen Konfliktkonstellationen (Lazar 2000; Schülein 1996, 167ff; Wolf 1994).

3.1 Basiskompetenzen und Integrationsleistungen

Als eine wichtige Basiskompetenz von Lehrerinnen muß die Integration der widersprüchlichen Anforderungen im beruflichen Handeln angesehen werden. Neben dem fachspezifischen und fachdidaktischen Wissen benötigen Lehrerinnen ein Grundwissen über die antinomische Systemlogik ihrer Institution, die aus diesem Grund – trotz aller bürokratischen Vorgaben – oft keine ruhige Normalität entwickeln kann (Schülein 1996, 1999). Für den Umgang mit diesen institutionellen Stabilitätsproblemen ist es notwendig, daß Lehrerinnen über reflexive Fähigkeiten zum Selbstmanagement der eigenen Berufsrolle verfügen. Dazu gehört auch „die Zuständigkeitserklärung der Schulpädagogik für die soziale Konstitution von Bildungsprozessen ihrer Schüler im interaktiven und institutionellen Zusammenhang der Schule" (Helsper 2001, 36). Das heißt, schulische bzw. didaktische Konzepte müssen dem nicht hintergehbaren Umstand Rechnung tragen, daß Bildungs- und Lernprozesse nur interaktiv herstellbar sind. Störungen, die dabei entstehen, gehören in den unmittelbaren Kompetenzbereich der Lehrerinnen (Krebs 1991).

Für die Erfüllung dieser Aufgaben müssen Lehrerinnen psychosoziale Kompetenzen besitzen, die sich zentral auf drei Fähigkeiten beziehen:

1. Emotionale Bewußtheit als Fähigkeit, die eigenen Emotionen im professionellen Kontext zu verstehen;
2. kommunikative Kompetenzen als Fähigkeit, Gefühle sinnvoll im Austausch mit Schülern und Kollegen zum Ausdruck zu bringen;
3. Beziehungsfähigkeit als Befähigung, anderen zuzuhören und sich in sie hineinversetzen zu können (Arnold 2000, 398).

Diese Fähigkeiten zum emotionalen Lernen und zu emotionaler Selbstreflexion müssen in der Berufskultur und im institutionellen Handlungszusammenhang gut verankert sein, damit sie ihre kreativen Potentiale entfalten können und nicht in Richtung einer Therapeutisierung des Lehrerberufes abdriften. Bedeutsam in dieser Hinsicht ist, daß Lehrerinnen Verbindungen zwischen ihren institutionellen und unterrichtsbezogenen Berufserfahrungen und ihrem emotionalen Erleben herstellen, d.h. die in ihnen hervorgerufenen Resonanzen als Hinweise dafür nehmen, was in den jeweiligen Situationen geschieht und von Bedeutung ist. Das Zulassen dieses Erlebens und seine Reflexion kann mehr oder weniger geschickt gehandhabt werden. Intuitiv steht es den meisten Lehrerinnen mit durchschnittlich ausgeprägten empathischen Fähigkeiten zur Verfügung. Dringend notwendig erscheint es aber, dieses Können zu professionalisieren, damit Lehrerinnen ihr Handeln besser verstehen und im Unterricht Wege aufzeigen können, mit Affekten angemessener umzugehen, Meinungsverschiedenheiten friedlicher zu regeln und trotzdem arbeitsfähig zu bleiben (Schülein 1998).

3.2 Emotionale Konflikte schulischen Lehrens und Lernens

Die emotionalen Bedeutungen und Wagnisse, die mit Lehren und Lernen einhergehen, sind ein in Schulen kaum beachtetes Thema. Lehrerinnen unterschätzen leicht diese Herausforderungen und starken Gefühle, die das Unterrichten bei ihnen hervorruft. Sie „fühlen sich oft verwirrt, von Angst ergriffen oder auch niedergedrückt und überwältigt von der Wirkung, die Schulklassen auf sie haben; auch sind sie oft erstaunt über die Reaktionen, die sie selbst in ihren Schülern hervorrufen. Man kommt sich vielleicht selbst gar nicht so wichtig vor, man hat ein Bild von sich als hilfreich und milde und kann gar nicht verstehen, wieso man den Schülern Angst einflößt oder weshalb man als ... kritisch oder autoritär angesehen wird" (Salzberger-Wittenberg 1993, 43). Diese emotionalen Reaktionen treten auf, ohne daß es sich entweder um unfähige Lehrerinnen oder besonders schwierige Schüler handeln muß. Dies sind vielmehr Problemzonen des Lehrens und Lernens, die mit der Lehrerinnen- bzw. Schülerrolle zusammenhängen. Es ist daher wichtig, daß sich die Professionellen darüber klar werden, daß beim Lehren und Lernen Gefühle der Angst und Aggressivität, der Abhängigkeit und Hilflosigkeit, der Scham und Schuld, der Grandiosität und des Stolzes in kleinerem und größerem Maße zwangsläufig auftreten (Ekstein 1993).

Einfühlung und Verstehen der emotionalen Aspekte der Lehr- und Lernprozesse ist wichtig, damit Lehrerinnen eine teilnehmende, aber auch reflektierte „Äquidistanz" (Hirblinger 2001) zu diesen Phänomenen bewahren können. So ist es bedeutsam, daß Lehrerinnen sich beispielsweise weder in idealisierende Tendenzen noch in ablehnende und aggressive Haltungen der Schüler unkontrolliert verstricken lassen. „Denn meist rührt weder die eine noch die andere ... Haltung von ihm (den Lehrerinnen - HK) her, da sie einen Versuch darstellt, sowohl den inneren Schwierigkeiten als auch der Frustration des Lernens zu entgehen. Wenn Lehrer sich dieser Übertragungsreaktion nicht bewußt sind, kommt es leicht dazu, daß sie einfach schnell reagieren und so in die inneren und unverarbeiteten Probleme des Schülers" (Salzberger-Wittenberg 1993, 51) hingezogen werden.

Obwohl vielen Lehrerinnen diese emotionalen Problem- und Krisenzonen bekannt sind, werden sie im Schulalltag doch eher als Zeichen von Schwäche und Versagen gewertet. Dies macht Lehrerinnen für die Annahme dieser affektiven Phänomene und Projektionen anfällig. Sie geraten in Situationen, in denen sie ähnlich „wie ein überlaufendes Faß", diese Emotionen aufnehmen, die von eigenen affektiven Reaktionsbereitschaften noch überformt und verstärkt werden. In dieser Position können sich Lehrerinnen leicht überfordert fühlen, da Schuld-, Scham- und Kränkungsgefühle sowie Aggressionen auf sie einwirken. Zum Schutz vor dieser affektiven Überflutung entwickeln sie je nach Persönlichkeitstyp und beruflichen Überzeugungen verschiedene Abstufungen der Unberührbarkeit. Eine Standardversion der Abwehr, die durch die bürokratischen Normen der Schule gestützt wird, ist die Nicht-Zuständigkeitserklärung für diese interaktiv erzeugten Affekte und der Rückzug auf die Position, daß Lehrer Wissensvermittler[2] seien. Diese Haltung kann aber fatale Wirkungen haben, weil sie zu Formen wechselseitiger Kommunikationsverweigerung und damit zu einer angespannten Schulatmosphäre führt. Selbst kleinere Frustrationen und Versagungen können dann schnell „Explosionen" bei Schülern oder Lehrerinnen auslösen (Gottschalch 2000).

Solche Konstellationen rufen bei Lehrerinnen eine spezifische „déformation professionelle" hervor. Wie oben schon dargelegt, kann es geschehen, daß sie auf Frustrationen, Kränkungen und seelische Verletzungen, die unausweichlich auftreten, wenn Menschen in beruflichen Kontexten aufeinander treffen, besonders sensibel reagieren. Dahinter steht ein perfektionistisches Ideal, das diese affektive Realität professioneller Begegnungen und die damit verbundene Ratlosigkeit verleugnet. Diese Abwehr führt aufgrund der angestauten Affekte zu Ängsten vor Kritik und „normalen" Unzulänglichkeiten zur Angst, die Kontrolle über sich und andere zu verlieren, sowie zur Furcht, im Beruf aufgeben zu müssen (Salzberger-Wittenberg 1993, 44). Es sind nicht wenige Lehrerinnen, die diese Zwickmühlen durch die Flucht in den Zynismus oder die Depression zu lösen versuchen (Gudjons 1999; Kahl 2001). Beide Reaktionsweisen, die oft auch noch vermischt auftreten, lösen jedoch Teufelskreise aus, die auf je verschiedene Weise zur beruflichen Erstarrung und Erfolglosigkeit führen. Diese Konstellationen erklären, warum Lehrerinnen Handlungs- und Veränderungschancen auch dort nicht nutzen, wo sie sie eigentlich hätten.

---

[2] Flaake (1989) weist in einer Studie darauf hin, daß generations- sowie geschlechtsspezifisch unterschiedliche Umgangsformen mit diesen Konflikten feststellbar sind. Jüngere, aber auch ältere Lehrerinnen zeigen im Vergleich zu ihren älteren und jüngeren männlichen Kollegen in der Regel eine größere Bereitschaft, sich auf diese psychosozialen Konfliktebenen einzulassen und sind dadurch in „offenerer" Form psychischen Belastungen ausgesetzt. Laut Flaake können sich Männer von diesen Konfliktbereichen besser abgrenzen bzw. sehen sie stärker außerhalb ihres Zuständigkeitsbereiches. Allerdings schützt diese Haltung sie nicht vor Leiden, wenn emotionale Betroffenheit sich keinen Ausdruck verschaffen kann. Die Autorin sieht diese unterschiedlichen Verarbeitungsformen durch - wenn heutzutage auch „gebrochen" wirksame - traditionelle Geschlechtertypologien bedingt. In der Zusammenarbeit mit Lehrern und Lehrerinnen, vor allen Dingen im Grundschulbereich, werde ich immer wieder mit diesen Problembereichen konfrontiert. Auf eine Vertiefung dieser Aspekte muß ich aber verzichten, da dies die Zielsetzungen dieses Artikels sprengen würde.

4. Vermittlungsprobleme psychosozialer Kompetenzen – Fallvignetten

Die Professionalisierung von Lehrerinnen und der Erwerb psychosozialer Kompetenzen geschieht sinnvollerweise entlang der Exploration von Krisen und der Antizipation von Lösungen. Dadurch soll die Freisetzung von beruflicher Eigenverantwortung und Autonomie gefördert werden. Das heißt, außerhalb unmittelbarer Entscheidungszwänge der Praxis müssen Schwierigkeiten und Störungen des Schulalltags problematisiert und eingeordnet, alternative Handlungsmöglichkeiten sorgfältig erwogen werden können, der Versuch von Verallgemeinerungen unternommen und die Anschlußfähigkeit an wissenschaftliche Systeme überprüft werden (Hirblinger 2002). Psychoanalytisch fundierte Supervision und Fortbildungen, die sich am Prinzip des Lernens durch Erfahrung orientieren, können dafür geeignete Projektformen sein. Welche Hindernisse sich dabei auftun bzw. welche Chancen für diese Vorhaben gegeben sein können, möchte ich an Beispielen aufzeigen.

Ich beginne mit einem mißglückten Prozeß. Ich greife dafür auf eine Vignette von Engelbrecht (2001) zurück. Der Kollege wollte Lehrerinnen in der zweiten Ausbildungsphase Wege und Möglichkeiten des Erfahrungslernens vermitteln. Obwohl das Referendariat durch den ständigen Prüfungsdruck eine besondere Situation darstellt und die Anwesenheit von Ausbildern im Seminar konformistische Reaktionen der Referendare begünstigen kann, so zeigten sich in diesem kurzen Beispiel doch für Lehrerinnen typische Reaktionen im Umgang mit der eigenen beruflichen Situation. An Hand eines Zitates von Janus Korczak wollte Engelbrecht Problemzonen schulischen Handelns aufzeigen. Als Aufgabe gab der Kollege vor, daß das Zitat gelesen werden sollte, um dann über die räumliche Darstellung von Nähe und Distanz – wer sich mit der Aussage identifizierte, sollte sich nah, wer sie ablehnte, sollte sich fern zu dem Zitat aufstellen – eine inhaltliche Auseinandersetzung zu initiieren. Das Zitat lautete:

„Zum Glück für die Menschheit können wir Kinder nicht zwingen, erzieherischen Einflüssen und didaktischen Anschlägen auf ihren gesunden Menschenverstand und ihren Willen nachzugeben" (Korczak zit. n. Engelbrecht 2001, 99).

Ich möchte mich hier weniger mit der inhaltlichen Aussage dieses Zitats beschäftigen, sondern vornehmlich darauf eingehen, wie die Teilnehmer mit der gestellten Aufgabe laut Engelbrecht umgingen. Sie fühlten sich nämlich außer Stande, Stellung zur Spannung zwischen der kritischen Botschaft des Zitates und dem realen Schulalltag zu beziehen und konnten sich nicht auf einen assoziativen und spontanen Einstieg in einen fokussierten Lernprozeß einlassen.

Bis auf wenige positive Stimmen, die auch schnell wieder verstummten, erzeugte dieser Satz von Korczak vornehmlich negative Reaktionen, die von Verlegenheit bis zur Ablehnung und Empörung reichten. Die Teilnehmer äußerten auch Unsicherheit, ob sie das Zitat richtig verstanden hatten und wünschten sich ein leichteres Beispiel. Dies war erstaunlich, weil alle Seminarteilnehmer über eine universitäre Ausbildung verfügten. Das Unverständnis und die Hilflosigkeit wurde auch damit begründet, daß der Übungsleiter weder eine ausreichende Einführung, vorbereitende Lockerungen noch eine Verstehensanleitung gegeben hatte. Zusammengefaßt kann man sagen, daß die Teilnehmer sich fast geschlossen weigerten, sich mit dem kurzen Text zu befassen und den Spannungsbogen zwischen Zitat und schulischer Wirklichkeit zu diskutieren. Die Auseinandersetzung und Kritik blieb im Vorfeld stehen und es wurde wortreich begründet, warum eine Arbeit an dem Zitat nicht möglich war.

Obwohl die emotionale Betroffenheit der Teilnehmer bei der Beschäftigung mit dem Zitat offen zutage tritt, wird keine Verbindung zu den „systemimmanenten Antinomien" (Engelbrecht 2001) von Schule hergestellt. Ihre Wahrnehmung wird ausgeblendet und weg-argumentiert. Der Umgang mit der Lerneinheit wird vielmehr perfektionistischen Idealen und rationalen didaktischen Kriterien unterworfen. Damit geht eine spezifische Ent-Emotionalisierung des pädagogischen Feldes einher, weil die eigene affektive Betroffenheit nicht als kritischer Hinweis auf Ungereimtheiten und Widersprüche der eigenen Wahrnehmungsmuster genutzt wird. Dies führt dazu, daß die intellektuelle Wachheit und Aufmerksamkeit verloren geht. Das Ringen um neue Erkenntnisse und Handlungsoptionen, Selbstbesinnung und Selbstkorrektur im Hinblick auf den schulischen Alltag ist dann kaum noch möglich. Unmerklich führen solche Haltungen zu Denkhemmungen oder sogar Denkverboten. Kritische Ich-Leistungen werden durch das eingeschränkte Wahrnehmungsvermögen ausgeschlossen und verdichten sich zur Flucht in eine Pseudo-Dummheit (Gudjons 1999, 7ff).

Als Beispiele für gelingendere Umgangsweisen mit schulischen Antinomien, die Kristallisationspunkte professioneller Handlungssicherheit im gegenwärtigen Schulsystem sind, möchte ich auf Episoden aus längerfristig angelegten Supervisionsprozessen mit Lehrerinnen verschiedener Schulformen zurückgreifen. Ein immer wiederkehrendes Thema ist der Umgang mit der Leistungsbewertung und Auslese. Besonders schwierig wird die Erfüllung dieser Aufgaben immer dann, wenn Schulabschnitte zu Ende gehen, so z.B. am Ende der vierten Grundschulklasse, wenn es um die Einsortierung der Schüler in das Gymnasium oder andere weiterführende Schulen geht sowie am Ende der zehnten Klasse, wenn über den Übergang in die gymnasiale Oberstufe oder den Berufseinstieg entschieden werden muß oder beim Abitur. Die Leistungsbewertung und die Auswahl hat zu den genannten Zeitpunkten einen endgültigeren Charakter, da über die Zukunft der Schüler, d.h. über ihren sozialen Status und berufliche Positionierungen entschieden wird. Der schulische Selektionscode „besser/schlechter" gerät an diesen Weichenstellungen in zugespitzter Form mit dem pädagogischen

Anspruch und der Option in Konflikt, jedem Schüler Bildungschancen so lange wie möglich offen zu halten und ihn seinen Möglichkeiten und Fähigkeiten entsprechend zu fördern (Helsper 2001).

Diese Konfliktkonstellation möchte ich exemplarisch am Übergang von der Grundschule zur weiterführenden Schule erläutern. Am Ende der vierten Klasse kommt es häufiger zu Konflikten mit Eltern, deren Kinder von der Grundschule keine Empfehlung für das Gymnasium[3] bekommen haben. Die Eltern können ihr Kind zwar trotzdem für das Gymnasium melden, dieses hat aber das Recht, das Kind nach dem ersten Schulhalbjahr beim Vorliegen schwacher Leistungen in die nächst niedrigere Schulform zu überweisen. Kinder, die keine Empfehlung haben, sind also einem erheblichen Leistungs- und Prüfungsdruck ausgesetzt.

Die Grundschule steht in dieser Lage vor einem Dilemma. Einerseits kann sie bestimmten Kindern aufgrund ihres Gesamteindruckes, der sich auf das schriftliche und mündliche Leistungsvermögen, die Selbständigkeit, die Ausdauer, Konzentration und Kreativität der Kinder bezieht, keine Empfehlung geben, andererseits kann die Schule aber das Risiko einer Fehlentscheidung nie ganz ausschließen, denn Kinder schaffen das Gymnasium auch immer wieder ohne Empfehlung.

Dieses Dilemma setzt die Lehrerinnen in erheblichem Maß unter Druck, ruft Selbstzweifel bis hin zu Schuldgefühlen hervor. Sie könnten vor dieser institutionell geforderten Selektionsaufgabe zurückweichen. Ein solcher Schritt würde unter den gegenwärtigen schulischen Bedingungen allerdings einem selbstinszenierten Positions- oder sogar Autoritätsverlust gleichkommen, weil Lehrerinnen sich ihren beruflichen Pflichten entziehen. Ent-Grenzungen der Berufsrolle wären die Folge, weil sich die Auseinandersetzungen über die professionellen Antinomien des Lehrerhandelns ins Diffuse verlieren würden. Bleiben die Lehrerinnen aus wohl überlegten Gründen bei ihrer Entscheidung, keine Empfehlung zu geben, müssen sie mit der Gefahr leben, die falsche Entscheidung getroffen zu haben. Diese Lage ähnelt Berufskrisen anderer Professionen wie z.B. der eines Arztes, der eine schon oftmals ausgeführte und bewährte Behandlung durchführt und sich seiner Sache eigentlich sicher sein kann, aber sich dennoch darüber im Klaren sein muß, daß es auch zu keiner Heilung kommen kann.

Eltern eines Kindes ohne Empfehlung befinden sich in einer ähnlich riskanten Lage, wenn auch vor einem nicht-professionellen Hintergrund. Sie müssen Entscheidungen treffen, die perspektivisch für das Wohlergehen ihres Kindes wichtig sind, in einigen Fällen aber auch belastend und schwierig sein können. Das

---

[3] Ich berücksichtige hier nur die z.Zt. geltenden hessischen Regeln beim Übergang von der Grundschule ins Gymnasium.

heißt, wenn sie der Ansicht sind, daß die Empfehlung der Grundschule nicht angemessen ist, dann müssen sie als Erziehungsberechtigte eine Entscheidung treffen und gegebenenfalls ihr Kind für das Gymnasium anmelden. Daraus folgt aber auch, daß sie die Verantwortung für diese Entscheidung und das Risiko eines eventuellen Scheiterns tragen müssen.

Lehrerinnen und Eltern befinden sich unter diesen Umständen in einer Zwickmühle (Figdor 1995). Beide Parteien müssen von je unterschiedlichen Ausgangspositionen Entscheidungen treffen. Unabhängig davon, wie sie sich jeweils entscheiden, kann ihr Handeln nur dadurch legitimiert werden, daß erstens die Folgen des Entschlusses in etwa abgeschätzt werden, zweitens triftige und nachvollziehbare Gründe dafür angeführt werden können und drittens der Entschluß mit Sorgfalt getroffen worden ist. Selbst wenn Lehrerinnen wie Eltern manchmal voneinander annehmen, daß diese Voraussetzungen nicht eingehalten werden, ist dies aus meiner Erfahrung als Supervisor und Erziehungsberater doch selten der Fall. Diese Unterstellungen gehören zu einem „Schwarzen-Peter-Spiel", d.h. zu dem Versuch, wechselseitig die Verantwortung für den eigenen Part abzuwälzen. Dies führt dann zu einem affektiv hoch besetzten Clinch, aus dem Lehrerinnen wie Eltern in der Regel nur als Verlierer hervorgehen können. Diese Konstellationen sind im eigentlichen Sinn nicht lösbar, sondern können nur ausbalanciert werden, indem die Beteiligten ihre Verantwortung erkennen, emotional tragen und voneinander abgrenzen.

In Supervisionsgruppen können Lehrerinnen die vielschichtigen Ebenen der geschilderten Konflikte jenseits unmittelbarer Entscheidungszwänge der Praxis durcharbeiten und schrittweise die für diese Krisenbewältigungen notwendigen psychosozialen Kompetenzen in einem selbstgesteuerten Lernprozeß erwerben. Bei der Fortbildungsarbeit liegt der Schwerpunkt professionellen Erfahrungslernens mehr auf der theoretischen Bildung, sprich der Vermittlung von Handlungswissen und Praxistheorie. Diese Angebote können auch mit Supervision kombiniert werden. Aus einer psychoanalytisch-pädagogischen Perspektive sind diese Vorgehensweisen fruchtbare Wege postgradualer Professionalisierung[4].

Bevor ich zum Ende dieses Abschnitts komme, will ich noch in kurzer Form darlegen, wie Supervision als Qualifizierungsinstrument wirksam ist. In einem gemeinsam gestalteten Dialog reproduzieren sich die erlebten beruflichen Konfliktsituationen wie in einem „Spiegel". Gleichzeitig wird ein Prozeß der Selbstbeobachtung angeregt, der es ermöglicht, die offenen und verdeckten Konfliktebenen zu reflektieren. Das dynamische Geschehen in der Gruppe wird als Ana-

---

[4] Zu einer umfassenden psychoanalytisch-pädagogischen Qualifikation gehört auch Selbsterfahrung im Einzel- oder Gruppensetting. Selbsterfahrung ist für Supervisions- und Fortbildungsarbeit aber keine unbedingte Voraussetzung (vgl. Datler 1989; Finger-Trescher, Krebs 2001).

lyseinstrument genutzt und anhand des Erlebens der beteiligten Gruppenmitglieder werden die sozialen, institutionellen und emotionalen Vorgänge der ursprünglichen Konstellation rekonstruiert. Die Supervisoren stellen der Gruppe dafür ihr professionelles Analyse-Know-How zur Verfügung. Dazu gehört die Nutzung ihrer reflexiv geschulten Subjektivität, psychoanalytisch gesprochen die Kompetenz, Übertragungs-, Gegenübertragungs- und Abwehrprozesse zu analysieren. Die Berater müssen sich in diesem erfahrungsorientierten Ansatz als teilnehmende Beobachter in die geschilderten beruflichen Beziehungskonstellationen und in das institutionelle Geschehen eindenken und einfühlen, andererseits entwickeln sie aus der Position der reflektierten Teilhabe Hypothesen über die Bedeutung dysfunktionaler sozialer, institutioneller und emotionaler Prozesse und Vorstellungen. Diese Wahrnehmungen, Gedanken und Gefühle stellen die Supervisoren der Gruppe zur Verfügung. Auf diesem Weg entwikkeln sich sukzessiv Lernprozesse, die zu einer beruflichen Standortvergewisserung der Gruppenteilnehmer beitragen (Gaertner 1993; Fürstenau 1992, 1995; Steinhardt 1993; Wellendorf 1991).

Ein Lehrer schildert in einer Supervisionsgruppe mehrfach einen über viele Wochen „kochenden" Konflikt mit einer jugendlichen Schülerin, die ständig stört und ihn aus seiner Sicht mit ätzender Kritik verfolgt. Zunächst „verrennt" sich der Kollege und will nur mit Disziplinierungsmaßnahmen reagieren. Langsam erkennt er aber mit Hilfe der Gruppe, daß die Schülerin aufgrund ihrer eigenen schwierigen Lebensgeschichte und Stellung in der Schule als Leistungsversagerin etwas von ihrer Ohnmacht, ihren Kränkungen und Entwertungen an ihn weitergibt. Sie befürchtet auch, von der Schule zu „fliegen". Der Kollege entscheidet sich, die Schülerin nicht „links liegen zu lassen". Er schaltet als Vermittlerin eine Kollegin ein, die sich von der Schülerin weniger provoziert fühlt. Lehrer, Schülerin und Vermittlerin können in mehreren Gesprächen in unterschiedlicher Zusammensetzung langsam Kompromisse aushandeln, wodurch einerseits die Wahrung der schulischen Ordnung und Grenzen besser gewährleistet wird und andererseits können sie ein Stück mehr Verständnis füreinander empfinden. Die Anerkennung des Lehrers wirkt lindernd auf die heftigen und schmerzhaften Affekte der Schülerin und trägt zur Beruhigung der Situation bei.

Diese Lern- und Erfahrungsprozesse können zur Professionalisierung von Lehrerinnen beitragen (Wellner 1991). Dazu gehört eine spezifische professionelle Vermittlungsleistung zwischen den gesetzlichen und pädagogischen Aufträgen und dem, was in der Schule konkret an Lernprozessen, Krisen und Widerständen geschieht. Die Aufgabenstellungen von Lehrerinnen positionieren sie an verschiedenen Grenzen, die auf unterschiedlichen Ebenen angesiedelt sind. Es handelt sich hier um die internen und externen Grenzen des Systems Schule, um die Grenzen des einzelnen Schülers im Verhältnis zur Klasse und den Lehrerinnen sowie um die inneren Grenzen der beteiligten Personen (Wellendorf 1998). Die Arbeit an diesen Grenzen und Fragestellungen wie „Was geht hier vor, was muß geklärt werden und was gehört zur Situationsgestaltung dazu bzw. nicht dazu (z.B. im Unterricht)?", stellt einen bedeutsamen Teil der Lehrertätigkeit dar und verweist auf die Notwendigkeit, psychosoziale Prozesse reflexiv zu bearbeiten und auszubalancieren. Suchbewegungen, Klärungen und Reflexion der interaktiven Regeln, Normen und Übereinkünfte im Kontext Schule beziehen sich auf typische Affekte und Erfahrungen wie Sehnsucht nach Fusion, Angst vor Individualitätsverlust, Idealisierung und Harmoniestreben, Angst vor Abhängigkeiten, Besitzergreifung von Anderen, Aushalten von Aggressionen, Rivalitäten und Konkurrenzen, Angst vor Machtausübung, Angst vor sexuell-erotischen Komponenten, Ertragen von Begrenztheit und Vertrauen in die eigenen Kräfte, Akzeptanz von Gleichrangigkeit, aber auch von Unterschieden unter Kollegen, Akzeptanz und kritischer Umgang mit Hierarchien und Leitung (Sandner 1986). Lehrerinnen stehen im Zentrum dieser Auseinandersetzungen und müssen immer wieder divergierende soziale und individuelle Konflikte zu neuen Kompromissen zusammenführen, um besser auf die Problemlagen von Klassen und Einzelnen abgestimmte Unterrichts-, Förder- und Beratungsangebote machen zu können (Krebs 2000).

5. Schlußbemerkung

Lehrerinnen benötigen für eine professionelle und konstruktive Gestaltung ihrer Berufsrolle psychosoziale Kompetenzen. Die Herstellung der interaktiven und emotionalen Voraussetzungen für Bildungsprozesse gehören in ihren unmittelbaren Verantwortungs- und Kompetenzbereich. Dazu gehört auch das Bewußtsein, daß sie als Lehrerinnen die sozialen, unterrichtsbezogenen und emotionalen Prozesse nicht als solche planen können, sondern nur die Bedingungen, unter denen sich diese entfalten können.

Literatur:

Arnold, R. (1998): Weiterbildung – notwendige Utopie oder Stiefkind der Gesellschaft. In: Dieckmann 1998, 208-231

Arnold, R. (2000): Menschenbildung neu gedacht – Auf dem Weg zu einer Schule der emotionalen Bildung. In: Pädagogisches Forum, 10, 397-399

Baumert, J., Klieme, E., Neubrand, M. u.a. (Hrsg.) (2001): PISA 2000. Basiskompetenzen von Schülerinnen und Schülern im internationalen Vergleich. Leske und Budrich: Opladen

Beck, U. (1990): Freiheit oder Liebe. In: Beck, U., Beck-Gernsheim, E.: Das ganz normale Chaos der Liebe. Suhrkamp: Frankfurt/M., 20-64

Bion, W.R. (1962): Lernen durch Erfahrung. Suhrkamp: Frankfurt/M., 1990

Bruns, G. (Hrsg.) (1996): Psychoanalyse im Kontext. Soziologische Ansichten der Psychoanalyse. Westdeutscher Verlag: Opladen

Bundesjugendkuratorium (Hrsg.) (2002): Zukunftsfähigkeit sichern! – Für ein neues Verhältnis von Bildung und Jugendhilfe. In: Neue Praxis, 32, H. 1, 3-9

Büttner, Ch., Finger-Trescher, U. (Hrsg.) (1991): Psychoanalyse und schulische Konflikte. Grünewald: Mainz

Coelen, Th. (2002): „Ganztagsbildung" – Ausbildung und Identitätsbildung von Kindern und Jugendlichen durch die Zusammenarbeit von Schulen und Jugendeinrichtungen. In: Neue Praxis, 32, H. 1, 53-66

Combe, A., Helsper, W. (Hrsg.) (1996): Pädagogische Professionalität. Untersuchungen zum Typus pädagogischen Handelns. Suhrkamp: Frankfurt/M.

Christ, O., van Dick, R., Wagner, U. u.a. (2002): Engagement in der Schule. Teamklima und Identifikation. In: HLZ (Hess. Lehrerzeitung), 55, H. 1, 28-29

Datler, W. (1989): Tiefenpsychologische Lehrerfortbildung in Wien. Die Grundkonzeption eines Kursmodells, erste Erfahrungen und die Skizze naheliegender Konsequenzen. In: Zeitschrift für Individualpsychologie, 14, 261-270

Datler, W., Eggert-Schmid Noerr, A., Winterhager-Schmid, L. (Hrsg.) (2002): Themenschwerpunkt: Das selbständige Kind. In: Datler, W., Büttner, Ch., Finger-Trescher, U. (Hrsg.): Jahrbuch für Psychoanalytische Pädagogik. Bd. 12. Psychosozial: Gießen

Dieckmann, H., Schachtsiek, B. (Hrsg.) (1998): Lernkonzepte im Wandel. Die Zukunft der Bildung. Klett: Stuttgart

Ekstein, R. (1993): Vom Lernen aus Liebe zum Lehren aus Liebe. In: Gangl u.a. 1993, 313-315

Engelbrecht, A. (2001): Sieben Thesen zur Genese von Rationalisierungstendenzen in pädagogischen Institutionen. In: Psychosozial, 24, H. 86, 99-111

Etzold, S. (2000): Die Leiden der Lehrer. Neue Untersuchungen geben Aufschluß über einen schwierigen Beruf. In: Die Zeit vom 23.11.2000, 41

Finger-Trescher, U., Krebs, H. (2001): Pädagogische Qualifikation auf psychoanalytischer Grundlage. In: Sozial Extra, 25, H. 9, 47-51

Figdor, H. (1995): Psychoanalytisch-pädagogische Erziehungsberatung. Die Renaissance einer „klassischen" Idee. In: Sigmund Freud House Bulletin, Vol 19/2/B, 21-87

Flaake, K. (1989): Berufliche Orientierungen von Lehrerinnen und Lehrern. Eine empirische Untersuchung. Campus: Frankfurt/M.

Freiling, H. (2001): Lehrer: Traumberuf oder Höllenjob?. In: HLZ (Hess. Lehrerzeitung), 54, H. 9, 8-11

Fürstenau, P. (1992): Warum braucht der Organisationsberater eine mit der systemischen kompatible ichpsychologisch-psychoanalytische Orientierung. In: Ders., 2001, 120-135

Fürstenau, P. (1995): Supervision auf dem steinigen Weg zu neuen Arbeitsfeldern. In: Ders., 2001, 99-111

Fürstenau, P. (2001): Psychoanalytisch verstehen – Systemisch denken – Suggestiv intervenieren. Pfeiffer: Stuttgart

Gangl, H., Kurz, R. u.a. (Hrsg.) (1993): Brennpunkt Schule. Ein psychohygienischer Leitfaden. Ketterl: Wien

Gaertner, A. (1993): Supervision und Institutionsanalyse. In: Muck, M., Trescher, H.G. 1993, 237-258

Gottschalch, W. (2000): Die Verletzung innerer Grenzen durch Lehrer als Auslöser von gewalttätigem Schülerverhalten. In: Melzer, W. (Hrsg.): Psychosozial. Schwerpunkt: Gewalt an Schulen, 23, H. 1, 75-85

Gnädinger, H. (1991): Balintarbeit mit Schulpsychologen. In: Büttner u.a. 1991, 110-127

Gudjons, H. (1999): Lebenslügen von Lehrerinnen. Provokationen oder verborgene Wahrheit. In: Pädagogik, H. 9, 7-9

Helsper, W. (1990): Schule in den Antinomien der Moderne. In: Krüger, H.H. (Hrsg.): Abschied von der Aufklärung. Perspektiven der Erziehungswissenschaften. Leske und Budrich: Opladen, 175-194

Helsper, W. (1996): Antinomien des Lehrerhandelns in modernisierten pädagogischen Kulturen. Paradoxe Verwendungsweisen von Autonomie und Selbstverantwortlichkeit. In: Combe u.a. 1996, 521-569

Helsper, W. (2001): Die sozialpädagogische Schule als Bildungsvision? Eine paradoxe Entparadoxierung. In: Becker, P., Schirp, J. (Hrsg.): Jugendhilfe und Schule. Zwei Handlungsrationalitäten auf dem Weg zu einer? Votum: Münster, 20-46

HLZ (Hess. Lehrerzeitung) (2001): Titelthema: Neue Verwaltungssteuerung (NVS), 54, H. 12, 8-21

Hirblinger, H. (2001): Einführung in die psychoanalytische Pädagogik der Schule. Königshausen und Neumann: Würzburg

Hirblinger, H. (2002): Ein „Organ für das Unbewußte" auch für Lehrer? – Der Beitrag der Psychoanalytischen Pädagogik zur Frage der Professionalisierung in der Lehrerbildung. In diesem Band

Junge GEW Hessen (2002): Rotenburger Reformkonzept. Junge GEW Hessen zur Lehrerausbildung. In: HLZ (Hess. Lehrerzeitung) 55. Jg., H. 5, 31

Kahl, R. (2001): Depressive Zirkel gibt es genug. PISA zur Mutter der Erneuerung machen. In: Erziehung und Wissenschaft. Zeitschrift der Bildungsgewerkschaft GEW, 53. Jg., H. 12, 2

Kernberg, O.F. (1988): Regression in der Organisation. In: Pühl 1996, 187-207

Kerstan, Th. (2001): Ein lehrreiches Desaster. Das deutsche Bildungssystem hat versagt. Es ist ungerecht und produziert Mittelmaß – das zeigt die internationale Schulstudie Pisa. Aber die Untersuchung liefert auch Anstöße für einen besseren Unterricht. In: Die Zeit vom 6.12.2001, 45-46

Krebs, H. (1991): Zur Zusammenarbeit von Erziehungsberatungsstelle und Schule. Kritische Reflexion eines schwierigen Verhältnisses. In: Büttner u.a. 1991, 155-171

Krebs, H. (2000): Sozial und emotional auffällige Kinder. Zur Zusammenarbeit von Erziehungsberatung und Grundschule. In: Büttner, Ch., Schwichtenberg, E. (Hrsg.): Brutal und unkontrolliert. Schülergewalt und Interventionsmöglichkeiten in der Grundschule. Beltz: Weinheim, 118-132

Krejci, E. (1990): Vorwort. In: Bion 1962, 9-35

Lohmer, M. (2000a): Das Unbewußte im Unternehmen: Konzepte und Praxis psychodynamischer Organisationsberatung. In: Ders. 2000, 18-39

Lohmer, M. (Hrsg.) (2000): Psychodynamische Organisationsberatung. Konflikte und Potentiale in Veränderungsprozessen. Klett: Stuttgart

Lazar, R.A. (2000): Psychoanalyse, „Group-Relations" und Organisation: Konfliktbearbeitung nach dem Tavistock-Arbeitskonferenz-Modell. In: Lohmer 2000, 18-40

Nitschke, B. (1994): Die besondere Wissensform der Psychoanalyse: Wissenschaftstheoretische Anmerkungen zum Junktim zwischen Heilen und Forschen in der Freudschen Psychoanalyse. In: Buchholz. M.B., Streeck, U. (Hrsg.): Heilen, Forschen, Interaktion. Psychotherapie und qualitative Sozialforschung. Westdeutscher Verlag: Opladen, 13-38

Muck, M., Trescher, H.G. (Hrsg.) (1993): Grundlagen der Psychoanalytischen Pädagogik. Grünewald-Verlag: Mainz

Müller, B. (1999): Lebendiges Wissen und totes Wissen. Anmerkungen zu Disziplinbildung, Professionalisierung und Ausbildung in der sozialen Arbeit. In: Neue Praxis, 29. Jg., H. 4, 383-393

Müller, B. (2001): Praktiker als Forscher – Forschen als Praxis: eine Wahlverwandtschaft? In: Neue Praxis, 31. Jg., H. 1, 3-8

Pühl, H. (Hrsg.) (1996): Supervision in Institutionen. Fischer: Frankfurt/M., 1997

Pühl, H. (1996a): Einleitung. In: Ders. 1996, 9-20

Rolff, H.G. (2001): Konsequenz. Und was nun? – Koordinierte Qualitätsinitiative starten. In: Erziehung und Wissenschaft. Zeitschrift der Bildungsgewerkschaft GEW 53 Jg., H. 12, 13-16

Salzberger-Wittenberg, J. (1993): Die emotionale Bedeutung des Lehrens und Lernens. In: Trescher, H.G., Büttner, Ch., Datler, W. (Hrsg.): Jahrbuch für Psychoanalytische Pädagogik. Bd. 5. Grünewald: Mainz, 43-53

Sandner, D. (1986): Selbsterfahrung und Schulung psychosozialer Kompetenz in psychoanalytischen Gruppen. In: Ders.: Gruppenanalyse. Springer: Berlin, 89-100

Schäfer, G.E. (1992): Erfahrungen verdauen – W. BIONs Theorie des Denkens. In: Ders. (Hrsg.): Riß im Subjekt. Königshausen u. Neumann: Würzburg, 127-138

Schlömerkemper, J. (2002): Reformen – nicht konsequent genug? In: HLZ (Hess. Lehrerzeitung), 55. Jg., H. 5, 8-9

Schülein, J.A. (1996): Der Institutionsbegriff und seine praktische Relevanz. In: Pühl 1996, 151-172

Schülein, J.A. (1998): Zur Entwicklung selbstreflexiver Kompetenz. In: Forum Supervision, 6. Jg., H. 12, 7-20

Schülein, J.A. (1999): Chancen und Risiken institutionalisierter Selbstreflexion. In: Forum Supervision, 9. Jg., H. 14, 24-38

Schüßler, K., Baumann, Ch. (2002): Pisa: Diskussion ohne Tabus. In: HLZ (Hess. Lehrerzeitung), 55. Jg., H. 5, 19

Steinhardt, K. (1993): Supervision, Balintgruppen und darüber hinaus. Berufsbegleitende Lehrerfortbildung unter tiefenpsychologischen Gesichtspunkten. In: Gangl u.a. 1993, 262-270

Trescher, H.G. (1993): Handlungstheoretische Aspekte der Psychoanalytischen Pädagogik. In: Muck u.a. 1993, 167-201

Wellendorf, F. (1991): Die Macht der Institution Schule und die Psychoanalyse. In: Büttner u.a. 1991, 10-23

Wellendorf, F. (1995): Lernen durch Erfahrung und Erfahrung des Lernens. Überlegungen zur psychoanalytischen Ausbildung. In: Forum der Psychoanalyse, 250-265

Wellendorf, F. (1998): Der Psychoanalytiker als Grenzgänger – oder: Was heißt psychoanalytische Arbeit im sozialen Feld? In: Eckes-Lapp, R., Körner, J. (Hrsg.): Psychoanalyse im sozialen Feld: Prävention – Supervision. Psychosozial: Gießen, 13-32

Wellner, K. (1991): Möglichkeiten und Grenzen der Selbstaufklärung von Pädagogen. Ein Praxisbericht. In: Büttner u.a. 1991, 128-154

Wolf, M. (1994): Institutionsanalyse in der Supervision. In: Pühl, H. (Hrsg.): Handbuch der Supervision. Bd. 2. Ed. Marhold: Berlin, ^{2}2000, 137-159

Wolf, M. (1996): Klinische Soziologie und psychoanalytische Organisationsentwicklung. In: Bruns 1996, 171-194

Ziehe, Th. (1996): Vom Preis des selbstbezüglichen Wissens. Entzauberungseffekte in Pädagogik, Schule und Identitätsbildung. In: Combe u.a. 1996, 924-942

Helmuth Figdor

Psychoanalytisch-pädagogische Erziehungsberatung.
Theoretische Grundlagen

1. Vorbehalte gegen eine psychoanalytische Erziehungsberatung

Jeder, der mit Kindern arbeitet, sei es als Erzieher, Sozialpädagoge oder Psychotherapeut, kennt jene Augenblicke, in denen man an der Sinnhaftigkeit der eigenen Bemühungen angesichts dessen, was den Kindern von und in ihren Familien widerfährt, zu zweifeln beginnt.
Eine solche Gegenübertragungssituation kann verschiedenartiger Herkunft sein: Häufig *projizieren* die Therapeuten oder Betreuer eigene Objektbeziehungsschicksale auf die Elternbeziehungen ihrer Schützlinge; oder es handelt sich zwar tatsächlich um einen Aspekt dieser Beziehungen, jedoch um die inneren Bilder der Kinder, die sich uns durch *Identifizierung* mit den Kindern vermitteln, ohne daß daraus schon der Schluß gezogen werden könnte, daß es sich tatsächlich um Eltern handelt, die verantwortungslos, über die Maßen repressiv oder aggressiv wären oder ihre Kinder vernachlässigen; es kann aber auch sein, daß der Therapeut bzw. Betreuer seine eigenen *professionellen Beziehungskonflikte*, *seine therapeutische oder pädagogische Ohnmacht abwehrt*, indem *die Eltern zu den Schuldigen gemacht werden*, wodurch er sich der Auseinandersetzung mit den eigenen Anteilen an den Schwierigkeiten zu entziehen versucht.
Oft genug ist es freilich wirklich so, daß die Handlungen und Haltungen der Eltern bzw. der nächsten Bezugspersonen das Kind schädigen, in seiner Entwicklung behindern und/oder den Bemühungen der Pädagogen/Therapeuten entgegenwirken. Sollte das der Fall sein, liegt es nahe, nach Möglichkeiten zu suchen, statt mit den Kindern mit den Eltern zu arbeiten, zumindest jedoch, die Arbeit mit den Kindern durch eine mindestens ebenso intensive Arbeit mit den Eltern, die über bloße Therapiebegleitung hinausgeht, zu ergänzen.
Der Hoffnung, den Kindern durch „Arbeit" mit den Eltern besser zu helfen, stellen sich jedoch sofort zwei schwerwiegende theoretische bzw. methodische Bedenken entgegen:
- Versucht man, Konflikte zwischen dem Kind und seiner Umgebung zu entspannen, treten *innerpsychische* Konflikte (wie jene zwischen Liebe und Haß, regressiven versus progressiven Strebungen oder männlichen versus weiblichen Ich-Anteilen) in den Vordergrund. Und selbst in jenen Fällen, in welchen die pathogenen Konflikte sich primär um normative Anforderungen von Seiten der Umgebung drehen, müssen wir spätestens ab dem sechsten, siebenten Lebensjahr damit rechnen, daß sie über Identifizierungsprozesse und die damit verbundene Etablierung des Über-Ichs

verinnerlicht und somit ebenfalls zu inneren Konflikten geworden sind. Haben wir es aber einmal mit *inneren Konflikten* zu tun, wird *„keine Veränderung im erzieherischen Umgang mit dem Kind auch nur den geringsten Wandel bewirken"* (A. Freud 1974, 2662). Lediglich bei ganz jungen Kindern könne in bestimmten Fällen die Behandlung des Kindes auch durch die Mutter erfolgen (A. Freud 1960, 1891f).

- Ein großer Teil erzieherischer Fehlhaltungen beruht nicht einfach auf kognitiven Defiziten oder Irrtümern von Eltern oder Erziehern, sondern sind unbewußt determiniert, also ein Teil der (neurotischen) Persönlichkeit der Erwachsenen. Wie neurotische Symptome sind sie daher resistent gegen bloße Aufklärung über die Psychologie des Kindes oder Ratschläge über einen anderen Umgang mit den Kindern. Wirksame, d.h. Erziehung verändernde „Elternarbeit" kann nach A. Freud daher nur in einer analytischen Psychotherapie der Eltern/Erzieher bestehen, die freilich aufgrund der notwendigen Dauer einer Therapie dem betroffenen Kind nicht mehr zugute kommt, d.h., von einer *Elterntherapie* können bestenfalls nachkommende Geschwister profitieren. (A. Freud 1960)

Folgt man dieser Argumentation, kämen für eine *nicht-therapeutische Elternarbeit* – und das heißt zugleich: für eine Arbeit mit Eltern, die von Beratern geleistet werden kann, die nicht ausgebildete Analytiker sind – nur relativ „leichte Fälle" (A. Freud 1974, 2657) in Betracht: Fälle, in welchen es sich um Kinder handelt, deren Probleme bzw. Entwicklungsstörungen primär durch *äußere Konflikte* bedingt sind und die überdies *„gesunde"* Eltern haben, d.h., daß deren falschen oder defizitären Erziehungsmaßnahmen keine unbewußte Bedeutung zukommt, also nicht in der Pathologie der Erwachsenen verankert sind. Darüber hinaus müsse sich Elternarbeit – so es sich nicht um Elterntherapie handelt – auf eine die *Therapie des Kindes begleitende Elternberatung* beschränken, deren hauptsächliches Ziel freilich nicht in einer Veränderung erzieherischer Haltungen besteht, sondern die Kontinuität der Therapie des Kindes sichern soll (A. Freud 1889 ff). So gesehen kann beratende Elternarbeit, die von Nicht-Analytikern geleistet wird, erst nach einer eingehenden differentialdiagnostisch begründeten Indikationsstellung, welche bedeutsame innere Konflikte bei Kindern und Eltern ausschließt, erfolgen (A. Freud 1965, 1974). Viele psychoanalytische Institutionen sind in ihrer Arbeit diesen theoretischen Überlegungen A. Freuds verpflichtet (z.B. die in mehreren Ländern bestehenden Child-Guidance-Kliniken[1])

Das Wiener Konzept der *Psychoanalytisch-pädagogischen Erziehungsberatung* geht über diese doch eher schmale Indikationsstellung nicht-therapeutischer Elternarbeit nun allerdings beträchtlich hinaus. Psychoanalytisch-pädagogische Erziehungsberatung betrachtet sich auch in Fällen zuständig, in welchen die dia-

---

[1] In Wien: die „Institute für Erziehungshilfe".

gnostische Untersuchung sehr wohl innere Konflikte beim Kind konstatiert, vor allem jedoch versteht sie sich als Methode, unbewußt determinierte Erziehungshaltungen der Erwachsenen zu verändern.
Vor dem Hintergrund der Ausführungen von Anna Freud muß ein solches Konzept also erhebliche Vorbehalte provozieren:
- Besteht nicht die Gefahr, daß wertvolle Zeit ebenso wie Hoffnung mit (erfolgloser) Elternarbeit verloren gehen, die für eine Therapie des Kindes hätten genützt werden müssen?
- Ist nicht zu befürchten, daß das Bemühen um Anpassung an die Stelle des psychoanalytischen Bemühens um die (Wieder-)Gewinnung von Entwicklungschancen – wie Anna Freud (z.B. 1965) das Ziel der Kinderanalyse definiert – tritt?
- Handelt es sich vom Standpunkt der Psychoanalyse gesehen nicht um einen theoretischen Rückschritt, indem die Macht des Unbewußten unterschätzt und dementsprechend die Chancen kognitiver Beeinflussung überschätzt werden?
- Schließlich stellt sich die Frage, wo eine „Beratung", die beansprucht, unbewußt determinierte Haltungen zu verändern, die Grenze zur analytischen Therapie zieht (weshalb mitunter Bedenken geäußert wurden, die psychoanalytisch-pädagogische Erziehungsberatung könnte auf eine Schmalspur-Psychoanalyse durch Nicht-Analytiker hinauslaufen)?

2. Zur Veränderbarkeit von Kindern und Eltern/Pädagogen

Als Warnung, theoretische Ansprüche in der Praxis nicht zu verraten, sind diese Vorbehalte sehr ernst zu nehmen: sich als Berater *der Eltern* (Erzieher, Lehrer) nicht mit deren Bedürfnissen nach Anpassung der Kinder zu identifizieren, sondern deren psychischer Entwicklung verpflichtet zu bleiben; die Möglichkeiten der eigenen Methode nicht zu überschätzen, ganz besonders in jenen Fällen, wo auf die Empfehlung einer analytischen Kindertherapie verzichtet wird; und schließlich sich selbst wie auch den Klienten gegenüber die Grenze zwischen Erziehungsberatung und psychoanalytischer Therapie (der Eltern, Erzieher, Lehrer) stets bewußt zu halten und nicht zu überschreiten! Als *grundsätzliche Einwände* gegen die *Möglichkeit*, die psychische Entwicklung von Kindern „strukturell" (d.h. hier: nicht nur auf deren Verhalten bezogen) zu fördern, indem auf deren pädagogisches Umfeld Einfluß genommen wird; bzw. gegen die Möglichkeit, auch unbewußte Erziehungshaltungen zu verändern, ohne mit den Personen dieses Umfeldes gleich eine psychoanalytische Therapie machen zu müssen, *sind diese Vorbehalte jedoch theoretisch nicht haltbar* (und in Praxis vielfach widerlegt), denn, konsequent weitergedacht, widersprechen diese Einwände unserem psychoanalytischen Wissen über die Entwicklung von Abwehrstrukturen

ebenso wie dem Wesen des psychoanalytischen Prozesses und der Arbeitsweise des dynamischen Unbewußten:
- Zu behaupten, daß strukturelle Veränderungen bei einem Kind nur über eine psychoanalytische Therapie herbeizuführen seien, wäre gleichbedeutend mit der Annahme, daß innere, unbewußte Konflikte von Kindern durch reale (Objekt-)Erfahrungen unberührt blieben. Das trifft zwar für das Unbewußte des topischen Modells zu, doch ist das von Freud am erwachsenen Neurotiker entwickelte Modell nicht unmodifiziert auf die kindliche Psyche übertragbar. Zwar ist richtig, daß mit der Etablierung des Über-Ichs die Verlagerung der Konflikte von außen nach innen und vom Bewußtsein ins Unbewußte einen vorläufigen (qualitativen) Abschluß findet, doch sind die Abwehrmechanismen des Latenzkindes noch wenig stabil und „verläßlich", sodaß sich ein großer Teil der Kinder immer wieder Trieb- bzw. Konfliktdurchbrüchen ausgesetzt sieht. Und es sind gerade diese Durchbrüche, welche den Hauptanteil an den „Symptomen", besser: Auffälligkeiten der Kinder tragen, die den Anlaß für die Kontaktierung von Beratungsstellen oder Therapeuten bilden[2]. So gesehen eröffnen aber gerade die im Gefolge der sogenannten „Verhaltensauffälligkeiten" entstehenden sozialen Konfliktsituationen die Chance neuer, „korrektiver" Erfahrungen (vorausgesetzt natürlich, die Objekte, also die Bezugspersonen, können dem Kind in veränderter Weise begegnen – dazu weiter unten).
- Die Psychoanalyse schöpft ihre kurative Kraft aus *der Begegnung von Patient und Analytiker in der Übertragung*, aus deren Deutung (Bewußtwerdung) und aus der dadurch ermöglichten Konfrontation der (infantilen) Imagines mit der inzwischen veränderten Lebensrealität des (erwachsenen) Patienten. Die Begegnung von Analytiker und Patient ist somit eine artifizielle Neuauflage als auch Korrektur infantiler Beziehungserfahrungen. Diese Funktion der analytischen Therapie ist bei *Kindern* jedoch nur dann gefordert, wenn das zentrale pathogene Konfliktgeschehen in zeitlich zurückliegende Objektbeziehungsmuster eingebettet ist, die tatsächlich einer weitgehenden Verdrängung anheimgefallen sind. In vielen Fällen werden hingegen die inneren Konflikte von Kindern, auch wenn sie schon seit längerer Zeit andauern sollten, durch Aspekte der aktuellen Objektbeziehungen laufend „gespeist" und am Leben erhalten. Das bedeutet aber nicht nur eine große Durchlässigkeit zwischen unbewußten und bewußten seelischen Inhalten – wodurch auch die

---

[2] Kinder mit neurotischen Symptomen i.e.S., also gelungenen Kompromißbildungen im Dienste der Anpassung, bekommen wir meist erst in der Adoleszenz oder noch später, als Erwachsene, zu sehen, denn sie fallen in der Latenz oder frühen Pubertät der Umwelt meist nicht negativ auf: Zwängliche Kinder sind im bestehenden Schulsystem privilegiert (vgl. Fürstenau 1979; trotz vieler Unterrichtsreformen kann diese Feststellung auch heute noch Gültigkeit beanspruchen); hysterische Kinder landen beim Organmediziner; und Depressionen schlagen sich in scheinbar kognitiven Defiziten (Konzentrationsprobleme, Lernmotivation), „schlechten Gewohnheiten" (v.a. Fernseh-„Sucht") nieder oder werden aggressiv abgewehrt.

Abwehr „unverläßlich" oder „brüchig" ist (s.o) –, sondern läßt auch die (theoretisch definierbare) Grenze zwischen „Erlebnisreaktionen" (W. Spiel 1967), „passageren neurotischen Symptomen" (A. Freud 1965) und neurotischen Symptomen i.e.S. verschwimmen. Vor allem aber bedeutet der Umstand, daß die Beziehungen, innerhalb welcher das Kind zu neurotischen Abwehrmaßnahmen greift, nach wie vor existieren, daß eine *Veränderung dieser Beziehungen* auch zu einer *Veränderung der Abwehrdynamik* zu führen vermag. Oder anders ausgedrückt: Wenn die primär besetzten „Original"-Objekte in der Lage sind, dem Kind andere, weniger bedrohliche Erfahrungen zu ermöglichen, bedarf es keines ersatzweisen „Übertragungs"-Objekts – also eines Analytikers –, um therapeutisch wirksame Erfahrungen zu machen (vgl. dazu auch Figdor 1995).

Somit hängt alles an der Frage, ob eine solche Veränderung von zentralen Objektbeziehungsaspekten angesichts der Beteiligung des Unbewußten an den erzieherischen Handlungen und Haltungen der Eltern möglich ist, ohne diese selbst einer analytischen Therapie zu unterziehen.
Aber müßte man diese Frage nicht anders stellen? Wenn wir davon ausgehen, daß es sich bei der Konflikt-Abwehr-Dynamik um kein krankhaftes Geschehen, sondern um das Modell eines zentralen Aspekts psychischer Aktivität schlechthin handelt und somit auch klar ist, daß es keine psychische Manifestation gibt, an welcher nicht auch unbewußte Determinanten beteiligt sind, gibt es folgerichtig auch keine Kommunikation zwischen Menschen, in welcher nicht auch unbewußte seelische Regungen angesprochen und aktiviert würden. Das gilt aber auch dort, wo es Menschen gelingt, andere (oder sich selbst) zu beeinflussen, zu motivieren oder zu verändern und zwar ganz unabhängig davon, ob sie das wissen oder wollen. So gesehen ist das psychoanalytische Setting nur eine besondere Form intersubjektiver Beeinflussung. Was sie auszeichnet ist nicht der Umstand, *daß* sich in ihrem Vollzug die Dynamik und Ökonomie der Relation von unbewußten und bewußten Inhalten im Hinblick auf bestimmte seelische Manifestationen („Symptome", „Charakter") verändert, denn das geschieht allemal, selbst im gewöhnlichen Alltagsgespräch. Was die Psychoanalyse anderen Beziehungs- und Kommunikationsformen – auch allen anderen Therapiemethoden – voraus hat, ist, daß sie für eine solche Veränderung die besten Bedingungen schafft, die ihr mithin auch dort gelingt, wo die Abwehr besonders stark und demnach die unbewußten Widerstände gegen Veränderungen besonders groß sind. Dies ist aber bei problematischen Erziehungshaltungen oder Beziehungsgestaltungen von Eltern/Erziehern gegenüber Kindern – auch wenn sie unbewußt (mit-)determiniert sind – keineswegs die Regel! Die Übertragung infantiler Objektbeziehungsmuster auf die Kinder, narzißtische Projektionen, Aggressionen oder Schuldgefühle, die Verschiebung libidinöser, sexueller Bedürfnisse auf die Kinder bzw. die Abwehr solcher Regungen bilden zwar den dynamischen

Kern so gut wie aller, gegen herkömmliche Beratung resistenten[3] „Erziehungsfehler", doch handelt es sich dabei *erstens* so gut wie immer um nur sehr oberflächlich abgewehrte, mehr vorbewußte als unbewußte Regungen der Eltern, die, um bewußt werden zu können, oft nur eines kleinen Anstoßes benötigen[4]; zweitens handelt es sich dabei meist nicht um „primäre" neurotische Symptome, das heißt: Die derzeitigen (neurotischen) Beziehungsgestaltungen – also die „pädagogische Symptomwahl" – sind im Hinblick auf die „Grundneurose" der Eltern *nicht zwingend*, die Abwehr der bedrohlichen infantilen Konflikte wäre auch auf eine andere Weise in der Beziehung zu den Kindern unterbringbar. Oder anders ausgedrückt: Das „pädagogische Symptom" ist sehr oft hinreichend flexibel, um einen günstigeren Kompromiß zwischen elterlicher Neurose und den Entwicklungsinteressen des Kindes zu ermöglichen.

3. Der Begriff der „pädagogischen Geister"

Die Begriffsschöpfung „pädagogische Geister"[5] verfolgt zwei theoretische Absichten. Erstens sollen mit Hilfe dieses Begriffs i.w.S. neurotische Handlungen und Haltungen von Eltern/Pädagogen im Sinne einer Arbeitshypothese in der „Psychopathologie des pädagogischen Alltagslebens" angesiedelt, also in gewisser Weise *ent*pathologisiert werden.
Zweitens soll der Begriff helfen, ein Handeln theoretisch zu begründen, das sich als *psychoanalytisch* versteht, ohne jedoch psychoanalytische *Therapie* (bzw. Psychoanalyse i.e.S.) zu sein.
Die Wortschöpfung ist nicht ganz neu, schon 1980 sprach Fraiberg von den „Geistern im Kinderzimmer", worunter sie die elterlichen Projektionen eigener Introjekte auf die Kinder verstand. Darüber hinaus soll mit dem Konzept der „pädagogischen Geister" ganz allgemein *der psychodynamische Anteil der Erwachsenen an den sozialen, emotionalen, neurotischen und Entwicklungsproblemen von Kindern* begrifflich erfaßbar werden.

Was ist nun mit diesem Begriff gemeint? Bei den sogenannten *pädagogischen Geistern* handelt es sich
1.) um bewußte oder vorbewußte *kognitive Konzepte* von Eltern/Pädagogen über die eigene Person, das Kind, dritte Objekte, über die gegenseitigen Beziehungen und handlungsrelevante Theorien über Erziehung und Entwicklung.
2.) Um als Geist bezeichnet zu werden, muß es sich dabei um kognitive Konzepte handeln, die von der Realität der betreffenden Personen *bedeutsam abweichen* – also etwa das, was Adler (z.B. 1912) als tendenziöse Apperzeption

---

[3] Zum Scheitern herkömmlicher Erziehungsberatung vgl. Figdor 1999.
[4] S.u. die Ausführungen zur *psychoanalytisch-pädagogischen Aufklärung*.
[5] Siehe dazu Figdor 1995, 1999 und (im Hinblick auf typische Geister von Scheidungseltern) 1994 und 1998.

bezeichnet – bzw. um pädagogische, entwicklungs-psychologische Theorien, die, wissenschaftlich gesehen, schlicht *Irrtümer* darstellen[6].

3.) Zum pädagogischen „Geist" wird ein Irrtum aber erst, wenn es sich nicht bloß um eine kognitive Fehleinschätzung von Aspekten oder Zusammenhängen im pädagogischen Feld handelt (etwa aufgrund von Fehlinformationen oder Wissensdefiziten), sondern wenn der „Irrtum" zugleich eine *Abwehrfunktion* erfüllt und somit das gegenwärtige psychische Gleichgewicht der Erwachsenen sichert (ungeachtet eventuellen Leidensdruckes). Pädagogische Geister sind Fehleinschätzungen, die es erlauben, konfliktbehaftete Triebbedürfnisse zu befriedigen, Phantasien auszuleben und unangenehme Gefühle zu vermeiden, ohne sich diesen Regungen bewußt aussetzen zu müssen. Aus dieser Abwehrfunktion gewinnen sie ihre Macht, die bloß kognitiv ausgerichtete Aufklärungs- bzw. Beratungsversuche zumeist scheitern läßt.

4.) Nämliches gilt freilich vom neurotischen Symptom. Um sich als *pädagogischer Geist* vom neurotischen *Symptom* zu unterscheiden, müssen die abgewehrten Bedürfnisse, Phantasien, Gefühle nahe der Bewußtseinsebene angesiedelt sein, gewissermaßen in einem Zwischenbereich zwischen Vorbewußtem und Unbewußtem, mit einem starken Drang, ins Bewußtsein vorzudringen. So gesehen sind die pädagogischen Geister kognitive Konzepte, die den mächtigen Drang, bewußtseinsnahe, konfliktbehaftete Motive zu agieren, *rationalisieren* oder abwehren helfen.

5.) Damit der Begriff auch seine pragmatische Funktion (s.o.) einlöst, bedarf es eines weiteren Kriteriums, damit unzutreffende kognitive Konzepte, die der (oberflächlichen) Abwehr bewußtseinsnaher Konflikte dienen, als „pädagogische Geister" zu bezeichnen sind. Die Schattenwesen der Überlieferung und des Aberglaubens und die allnächtlichen Geister der Kinder sind zwar bedrohlich und mächtig, aber sie sind – im Gegensatz zur Phobie oder zum Wahn – auf Urwälder, Dunkelheit, Mitternacht angewiesen und lösen sich bei Licht und unter Menschen in Nichts auf. Mit den *pädagogischen* Geistern ist das so ähnlich, auch sie sind relativ leicht zu vertreiben. Das entsprechende „lichtbringende" Vorgehen nennen wir psychoanalytisch-pädagogische Aufklärung, eine Technik, die dem Beratungssetting angemessen ist und auch von Nichtanalytikern erlernt werden kann. Sollte die „Geistervertreibung" mittels Aufklärung nicht gelingen, müssen wir zur Kenntnis nehmen, daß es sich – trotz der Bewußtseinsnähe – um Ausarbeitungen eines zentralen Symptoms handelt und eventuelle Veränderungen nur im Rahmen eines psychoanalytisch-*therapeutischen* Settings erwartet werden können. (Freilich hat die Beratung auch in diesen Fällen häufig einen nicht unbedeutenden Erfolg erzielt: Die entsprechenden Selbstanteile werden den Eltern/Pädagogen zu-

---

[6] Als „wissenschaftlich" werden im vorliegenden Problemzusammenhang entweder empirisch gesicherte Erkenntnisse oder – im Bereich kontroversieller Ansichten verschiedener „Schulen" – theoretische Grundannahmen der Psychoanalyse bezeichnet.

nehmend ich-dyston, womit die Grundlage einer Therapiemotivation gelegt ist, wo vorher nur Schuldprojektionen und/oder Pathologisierung der Kinder waren.)

Man könnte auch sagen, „pädagogische Geister" sind periphere Manifestationen der Neurose(n) der Eltern bzw. Pädagogen und daher auch leichter veränderbar als die Neurose selbst.

4. Psychoanalytisch-pädagogische Aufklärung

Psychoanalytisch-pädagogische Aufklärung ist ein Verfahren zur Bewußtmachung unbewußter Anteile von Haltungen, Handlungen und Beziehungsgestaltungen der Eltern bzw. Pädagogen gegenüber den Kindern, soferne es sich dabei um pädagogische Geister und nicht um zentrale Manifestationen der elterlichen Neurose handelt. Psychoanalytisch-pädagogische Aufklärung macht nicht die Eltern/Pädagogen "gesünder", wohl aber deren Beziehungsgestaltung mit den Kindern.

Von der psychoanalytischen *Deutung* unterscheidet sich das Verfahren der *psychoanalytisch-pädagogischen Aufklärung* in zweierlei Hinsicht. Erstens geht es – im Gegensatz zur Deutung im Rahmen des psychoanalytisch-therapeutischen Prozesses – bei der Aufklärung *nicht* in erster Linie um die unbewußten Anteile der Beziehung zwischen Klienten und Berater. Zweitens unterscheidet sich die psychoanalytisch-pädagogische Aufklärung von der Deutung auch in der Art des Umgangs mit den *Widerständen*, welche durch die Bewußtmachung auf Seiten der Klienten provoziert werden können. Solche Widerstände werden nicht gedeutet oder analysiert, sondern der Erziehungsberater versucht, seine Hinweise oder Fragen so zu formulieren, daß sich die *Widerstände mäßigen* und *eine Regression in der Übertragung vermieden wird*. Dies kann geschehen, indem Über-Ich-Einsprüche relativiert, damit Schuldgefühle gemäßigt und Wünsche, Hoffnungen, Phantasien, Gefühle enttabuisiert werden; indem Befürchtungen, aber auch illusionären Hoffnungen durch Erklärungen über psychologische und soziale Zusammenhänge begegnet wird. Es geht also nicht um die Analyse von Ängsten, die bei Deutung/Bewußtwerdung entbunden werden, sondern umgekehrt um den Versuch, psychische Inhalte bewußtseinsfähig zu machen, indem die die Abwehr initiierenden Ängste gemindert werden, um die Notwendigkeit, sie pädagogisch agieren oder in anderer Weise abwehren zu müssen, hinfällig zu machen.

Eine solche aktive Konfliktentlastung ist – anders als viele Deutungen – eher nicht durch knappe Hinweise oder einzelne Fragen zu erzielen. Es handelt sich bei dem, was wir als Aufklärung bezeichnen, meist um ausgedehnte Gespräche zwischen Klient und Berater, in welchen der Klient eingeladen wird, über seine Haltungen, Wertentscheidungen und Motive nachzudenken, und in denen der

Berater mitunter ausführliche Erklärungen abgibt, gleichnishafte Geschichten erzählt, über Erlebnisse und Erfahrungen anderer berichtet, über Ansichten und Werthaltungen laut nachdenkt, durchaus ohne eigene Positionen und Einstellungen zu verbergen.
Bei einem solchen Vorgehen bleiben die tieferen Konflikte des Klienten natürlich weitgehend unberührt. Man könnte auch sagen, die psychoanalytisch-pädagogische Aufklärung strebt eine Abkoppelung pädagogischer Praxis vom neurotischen Kern der Eltern- bzw. Pädagogenpersönlichkeit an.

Ist es gelungen, praxisrelevante pädagogische Geister zu entmachten, fallen auf Seiten der Eltern/Pädagogen Handlungszwänge weg, vor allem aber verändert sich Wahrnehmung, Einschätzung und Bewertung der Kinder, ihrer Wünsche, Verhaltensweisen und Reaktionen. Dadurch aber kommt es zwangsläufig auch zu einer Veränderung der emotionalen Reaktionen und Verhaltensweisen der Erwachsenen, was nicht allein das Resultat des Wegfalls von Übertragungen und Projektionen abgewehrter Konflikte ist, sondern wesentlich damit zusammenhängt, daß die Eltern/Pädagogen die Fähigkeit zu einer psychischen Leistung (wieder)erlangen, die als grundlegende Voraussetzung jeder einigermaßen gelingenden Erziehung[7] anzusehen ist: die Fähigkeit sich mit dem Kind identifizieren zu können.

5. Die Haltung der „Verantworteten Schuld"

Eine der Folgen dieser (wiedererlangten) Fähigkeit ist, daß Eltern und Pädagogen in die Lage kommen, sich mit ihren Kindern auch gegen die eigene Person, also gegen die vom Erwachsenen ausgehenden Frustrationen zu identifizieren, wodurch Gebote, Verbote, Versagungen, Zurechtweisungen, auf die aus pädagogischen, gesundheitlichen Gründen, angesichts sozialer und ökonomischer Zwänge, aber auch aus Rücksicht auf wichtige eigene Bedürfnisse nicht verzichtet werden kann, bedeutend an Aggressivität verlieren: Statt Grenzen und Sanktionen (unbewußt) auch zur Abfuhr, Befriedigung von Ärger, Wut oder Rachegelüsten zu benützen, stellt sich bei den Eltern/Pädagogen angesichts unverzichtbarer Repressionen das Bedürfnis nach Wiedergutmachung bzw. Linderung der von der eigenen Person ausgehenden Enttäuschung ein.
Ich habe diese Haltung „Verantwortete Schuld" genannt. Sind Eltern/Pädagogen erst einmal so weit zu spüren, daß ein Gutteil dessen, was man Erziehung nennt, von den Kindern als Einschränkung, Enttäuschung und Zurückweisung erlebt wird, sie also das, was sie von den Kindern verlangen, in diesem Sinne als „Schuld" an den Kindern begreifen können, ist in vielen Fällen ein wesentlicher

---

[7] Zum normativen Rahmen psychoanalytisch-pädagogischer Erziehungsberatung vgl. Figdor 1995.

Schritt auf dem Weg der Veränderung ihrer pädagogischen Praxis getan. „Verantwortete" Schuld nennen wir diese Haltung, weil diese „Schuld" an den Kindern erstens oft unvermeidbar, ja zum Teil geradezu notwendig ist, und es zweitens – im Hinblick auf die langfristige psychische Entwicklung – gar nicht so sehr darauf ankommt, ob bzw. in welchem Ausmaß Eltern/Pädagogen konkrete, aktuelle *Bedürfnisse* befriedigen: Worauf es nämlich wirklich ankommt, ist, ob die *Entwicklungsbedürfnisse* der Kinder hinreichend befriedigt werden können: sich geliebt, anerkannt und respektiert zu fühlen; hilfreiche Identifizierungsobjekte zur Verfügung zu haben; sich in einem triangulären Beziehungssystem bewegen zu können; Anregungen und Modelle zur Symbolisierung innerer Konflikte vorzufinden u.a.m. Wenn wir also von der Schuld der Erzieher sprechen, meinen wir damit, daß alle Eltern oder Pädagogen den Kindern unweigerlich immer wieder Frustrationen bereiten (müssen), diese Schuld aber verantwortbar ist, weil diese Frustrationen die langfristige gesunde psychische Entwicklung der Kinder nicht gefährden, ja ihr mitunter sogar dienen[8].

6. Erziehungsberatung jenseits der Aufklärung

Mit der Aufklärung der pädagogischen Geister und der dadurch gewonnenen größeren Freiheit von Eltern und Pädagogen, pädagogische Prozesse bewußt zu gestalten, eröffnet sich dem Erziehungsberater nun auch die Möglichkeit, *seine* besondere Fähigkeit, sich in die Situation von Kindern einzufühlen – die sich vor allem seiner analytischen Selbsterfahrung verdankt – sowie seine professionellen und persönlichen Erfahrungen im Umgang mit Kindern einzubringen und i.e.S. *beratend* tätig zu werden[9]. So gesehen könnte man die psychoanalytisch-pädagogische Erziehungsberatung auch als ein methodisches Arrangement definieren, das sich zum Ziel setzt, die Beziehungen zwischen Eltern bzw. Pädagogen und Kindern soweit zu entpathologisieren, daß ein beratender pädagogischer Dialog möglich wird.

7. Übertragung in der Erziehungsberatung

Die Frage nach dem Umgang mit Übertragung und Gegenübertragung stellt sich angesichts des Umstandes nachdrücklich, daß die psychoanalytisch-pädagogi-

---

[8] Auf die sogenannten „Entwicklungsbedürfnisse" wird im Rahmen einer in Vorbereitung befindlichen Publikation näher eingegangen (Arbeitstitel: Figdor, H. et al.: Ein ganz normaler Tag. Psychoanalytische Gruppenpädagogik im Kindergarten. Erscheint voraussichtlich 2001/2002). Zur Haltung der „Verantworteten Schuld" vgl. auch die ausführlicheren Darstellungen in Figdor 1995 und 1999.
[9] Zu den Kriterien, die erfüllt sein müssen, daß ein Mensch einem anderen *raten* und dieser den gegebenen Rat auch *annehmen* kann, vgl. Figdor 1999.

schen Erziehungsberater zwar über eine sehr umfassende Ausbildung verfügen, die auch analytische Selbsterfahrung (s. Teil III) beinhaltet, jedoch eine nur annähernd so intensive Auseinandersetzung mit dem eigenen Unbewußten nicht bieten kann, wie es in einer *Psychoanalyse-Ausbildung* geschieht. Und des öfteren wurde von so manchem Analytiker die Befürchtung geäußert, daß die psychoanalytisch-pädagogische Erziehungsberatung auf eine Schmalspur- Psychoanalyse durch analytisch nicht hinreichend Ausgebildete hinauslaufen könnte, was – psychoanalytisch und ethisch – nicht zu verantworten wäre.

Die bisherigen Ausführungen über Ziele und Technik der „psychoanalytisch-pädagogischen Aufklärung" und ihrer Abgrenzung gegenüber der psychoanalytischen Deutung mögen indes bereits gezeigt haben, daß der Erziehungsberater mit seinen Aktivitäten einen Prozeß intendiert und in Gang setzt, der sich in wesentlichen Punkten von dem Prozeß unterscheidet, der zwischen dem Analytiker und dem Patienten im Rahmen des psychoanalytischen (psychoanalytisch-therapeutischen) Settings stattfindet. Der wichtigste Unterschied besteht darin, daß das beschriebene Vorgehen der psychoanalytisch-pädagogischen Erziehungsberater darauf hinausläuft, die *positive Übertragung* der Klienten aktiv zu stärken, aufrechtzuerhalten und – ganz im Gegensatz zum psychoanalytisch-therapeutischen Vorgehen – die *Regression* in der Übertragung *zu verhindern*. Das geschieht dadurch, daß negative Gefühle gegenüber dem Erziehungsberater von diesem nicht nur angesprochen, sondern die Eindrücke, Befürchtungen oder Enttäuschungen gegebenenfalls sogleich zurechtgerückt (statt analysiert) werden, und zwar stets dann, wenn die Äußerungen oder die Körpersprache der Eltern/Pädagogen eine Gefährdung der (überwiegend) positiven Gefühle zum Berater verraten, aber auch „vorbeugend": etwa durch Fragen, wie die letzte Stunde erlebt wurde, welche Gefühle sich nach einem Gespräch einstellten, das sich um ein affektiv schwieriges Thema drehte usw. Eine solche Behandlung bzw. Vorbeugung negativer Übertragungsregungen setzt natürlich auch eine deutliche Lockerung der dem Klienten abverlangten Abstinenz voraus, die sich darauf beschränkt, daß der Erziehungsberater darauf achtet, die professionelle Beratungs-Beziehung zu sichern: Sexuelle oder andere private Beziehungswünsche, infantile Wünsche nach Körperkontakt müssen natürlich ebenso zurückgewiesen werden wie therapeutische Bedürfnisse, die sich innerhalb der positiven Übertragung zum Berater mitunter entwickeln. Dagegen wird der Erziehungsberater jedoch nicht zögern, den Eltern/Pädagogen Anerkennung zu geben, wo dies angebracht erscheint, Mut zuzusprechen bzw. zu trösten, indem er sich optimistisch zeigt, daß das gemeinsame Bemühen Früchte tragen wird, und auch eigene Ansichten oder Erlebnisse mitteilen, soweit sie geeignet sind, abgewehrte Konflikte zu entlasten[10]. Auch wird er sich bemühen, auf alle Fragen der Klienten einzugehen und sie gegebenenfalls zu beantworten, u.U. auch auf Fragen, die sich auf die Person des Erziehungsberaters richten, weil es bei den Klienten

---

[10] Siehe oben die Abschnitte über die *pädagogischen Geister* und deren *Aufklärung*.

das Gefühl des Ernstgenommen-Werdens und der Gleichrangigkeit stärkt, nämlich nicht nur Befragter zu sein, sondern selbst fragen zu können. Vorsicht ist nur bei jenen Fragen geboten, die eine Gefährdung der positiven Übertragungsbeziehung signalisieren.

Wenn etwa Eltern fragen, ob der Erziehungsberater selbst Kinder hat, ist zunächst zu klären, ob diese Frage nicht einem aufgekommenen Zweifel an dessen pädagogischer Kompetenz und/oder der Abwehr eigener Inkompetenzerlebnisse entsprang. Dann wäre natürlich zunächst die Quelle des Zweifels zu besprechen, bevor der Erziehungsberater die Eltern damit beruhigt, sehr gut zu wissen, wie (schwierig) es ist, mit Kindern zu leben.

Zu den wichtigsten Techniken, die positive Übertragung vor Regression zu schützen, gehört das ständige Bemühen um ein „erwachsenes" *diagnostisches* bzw. *pädagogisches Arbeitsbündnis*[11], indem der Erziehungsberater die Eltern/Pädagogen ermuntert, selbst nachzudenken, ihre Vermutungen zu äußern, und seine eigenen, auf das Kind bzw. die pädagogische Beziehung bezogenen Überlegungen mit ihnen teilt, ein Vorgehen, das zugleich ein hohes Maß an Strukturiertheit der Gespräche mit sich bringt, wodurch Regressionsprozessen ebenfalls entgegengewirkt wird.

Alle diese Interventionen stärken die reale Beziehungsebene zwischen Eltern/Pädagogen und Erziehungsberater zu Lasten der Übertragungsneigung, wodurch die Differenz zur psychoanalytischen Therapie nicht nur eine Sache absichtsvollen Behauptens, sondern durch die Methode garantiert ist.

Zu betonen ist, daß das Bemühen um diese Differenz keineswegs ein bloßes Zugeständnis an mangelhafte analytische Kompetenz der Erziehungsberater ist, sondern sich im Hinblick auf die Voraussetzungen und Ziele der Erziehungsberatung grundsätzlich als sinnvoll und notwendig begründen läßt (also auch von einem ausgebildeten Analytiker, der Erziehungsberatung machen will, zu fordern wäre):

- Da Eltern/Pädagogen die Erziehungsberatung zumeist nicht aufsuchen, um sich selbst zu verändern, sondern Hilfe suchen, um ihre Kinder „verändern" zu können, wird es nur selten gelingen, ein *therapeutisches Arbeitsbündnis* zu schließen. Ohne ein solches muß psychoanalytisch-therapeutisches Arbeiten jedoch scheitern. Hingegen ist die für die psychoanalytisch-pädagogische Aufklärung erforderliche Introspektionsbereitschaft, also das, was wir das diagnostische Arbeitsbündnis bezeichnen, bei den meisten Eltern/Pädagogen gerade deshalb relativ unschwer zu erzielen, weil es *nicht* um Therapie geht (d.h. darum, Therapie „zu brauchen"), sondern die Selbsterforschung funktional auf die pädagogischen Ziele, Wünsche bezogen ist.
- Andererseits wäre die Entwicklung eines therapeutischen Arbeitsbündnisses gar nicht wünschenswert, weil dadurch das Kind mit seinen Entwicklungsin-

---

[11] Siehe ausführlich Figdor 1999.

teressen leicht außer Blick geraten könnte: Ist die Introspektionsbereitschaft auf Seiten der Eltern/Pädagogen einmal da, muß sie vom Erziehungsberater auch immer wieder auf die anstehenden pädagogischen bzw. diagnostischen Probleme und Fragen hin fokussiert werden.
- Die hauptsächlichen Ziele der psychoanalytisch-pädagogischen Erziehungsberatung – den Eltern zu helfen, sich mit ihren Kindern (wieder) identifizieren zu können, die dynamisch zentralen Probleme erkennen und akzeptieren zu können und an neuen, entwicklungsförderlichen Lösungen zu arbeiten – sind innerhalb einer regressiven Übertragungsbeziehung zum Erziehungsberater nicht zu realisieren.
- Schließlich muß bedacht werden, daß Beratungswiderstände, die sich von negativen Übertragungsreaktionen herleiten, ohne therapeutisches Arbeitsbündnis kaum bearbeitbar sind, sondern agiert würden, also entweder den Abbruch der Beratung nach sich zögen oder dazu führten, daß mögliche Erfolge der Beratung von den Eltern/Pädagogen unbewußt boykottiert werden.

8. Gegenübertragung in der Erziehungsberatung

Das Bemühen um die Stärkung der realen Beziehungsebene und die Verhinderung regressiver Übertragungsprozesse hat auch zur Folge, daß sich auf Seiten des Erziehungsberaters die Belastung durch massive Gegenübertragungsreaktionen erheblich verringert[12]. Gegenübertragungsgefühle, die – werden sie nicht als solche erkannt – den Beratungsprozeß stören oder gefährden können, haben daher meist eine andere Herkunft. Erstens, insofern sie von der Person der Klienten ausgehen, handelt es sich meist weniger um eine unmittelbare Reaktion auf die Übertragung der Klienten als um eine Regression des Erziehungsberaters selbst, der unbewußt gegenüber seinen Klienten in die Rolle des Kindes gerät. Solche eigenen Übertragungen werden durch professionelle Unsicherheit (bei Berufsanfängern), durch nicht vollständige Überwindung der eigenen Adoleszenz (bei noch relativ jungen Erziehungsberatern) oder durch bestimmte äußere Eigenschaften oder Persönlichkeitszüge der Klienten ausgelöst, welche unbewußt Reminiszenzen an Beziehungen aus der eigenen Kindheit provozieren. Mitunter heftige Gegenübertragungsgefühle, die es dem Erziehungsberater schwermachen, die Rolle des empathischen Erwachsenen – das heißt zugleich: die Identifizierung mit den Eltern/Pädagogen – aufrecht zu erhalten, stammen aber auch noch aus einer zweiten Quelle, die der Erziehungsberatung gewissermaßen strukturell, also unvermeidbar eingeschrieben ist: Im Gegensatz zur The-

---

[12] Der Begriff Gegenübertragung wurde in der Theoriegeschichte der Psychoanalyse sehr unterschiedlich definiert (vgl. dazu etwa Racker 1968; Thomä, Kächele 1985). Im vorliegenden Problemzusammenhang sollen mit „Gegenübertragung" die Gesamtheit der Gefühle bezeichnet werden, die beim Erziehungsberater in der Begegnung mit den Eltern/Pädagogen ausgelöst werden, unabhängig von deren dynamischer Herkunft.

rapie ist das Kind nicht nur eines von vielen Themen des Gesprächs, nicht nur ein Aspekt des Materials, sondern das Wohlergehen des Kindes bildet ja den zentralen normativen Bezugspunkt der Erziehungsberatung. Will der Erziehungsberater den Eltern/Pädagogen helfen, sich ihrerseits (wieder) mit ihren Kindern identifizieren zu können und will er die Gespräche mit den Eltern/Pädagogen auch diagnostisch nützen, muß er selbst zu dieser Identifizierung fähig sein. Das bedeutet, daß der Erziehungsberater eigentlich doppelt identifiziert sein muß: mit den Eltern/Pädagogen (gegen das Kind) *und* mit dem (abwesenden) Kind gegen die Eltern/Pädagogen. In Anlehnung an Sterba (1929) könnte man hier auch von einer spezifischen professionellen *Ich-Spaltung* des psychoanalytisch-pädagogischen Erziehungsberaters sprechen[13]. Gelingt dem Erziehungsberater diese Doppelidentifizierung nicht, verliert er entweder den inneren Kontakt mit dem Kind – was u.a. dazu führt, daß er sich bald ähnlich hilflos fühlt, wie die Eltern/Pädagogen – oder er kann das Leid der Eltern/Pädagogen nicht fühlen und auch den „Geistern" nicht auf die Spur kommen, die die pädagogische Praxis der Eltern/Pädagogen leiten – was wiederum zu Hilflosigkeit führt. Diesmal ist es jedoch die Hilflosigkeit des Kindes gegenüber den als böse, verständnislos oder rätselhaft erscheinenden Erwachsenen.

Wir können also zwar darauf vertrauen, daß es zwischen den Klienten und dem Erziehungsberater zu keiner dramatischen Verzahnung von regressiven Übertragungsprozessen und daraufffolgenden Gegenübertragungsreaktionen kommen wird, dennoch beinhaltet auch die Erziehungsberatungssituation potentielle Auslöser komplementärer und konkordanter Gegenübertragungs-reaktionen[14], ein Problem, das angesichts des Umstandes, daß der Großteil der Erziehungsberater keine komplette (Lehr-)Analyse hinter sich hat, nicht verleugnet werden darf.

Wie ist nun hinsichtlich dieses Problems den Eltern/Pädagogen und den Kindern gegenüber in analytisch verantwortlicher Weise zu begegnen? Welche Kompetenzen bzw. professionelle Haltungen können dennoch gewährleisten, daß die Erziehungsberater zur Aufrechterhaltung der beraterischen Ich-Spaltung, also der Doppelidentifizierung mit Eltern/Pädagogen *und* den Kindern, um die es geht, befähigt werden? Denn nur dann werden sie sich in ihren Gefühlsreaktio-

---

[13] Der von Sterba geprägte Begriff der „therapeutischen Ich-Spaltung" bezeichnet die technische Aufgabe des Analytikers, sich sowohl mit den abwehrenden Anteilen der Persönlichkeit des Patienten zu identifizieren als auch mit den Anteilen, die Genesung, also Aufhebung der Verdrängung anstreben.

[14] Innerhalb der unbewußten emotionalen Reaktionen des Analytikers können nach Racker (1957, in Anknüpfung an die Darlegungen von Deutsch 1926) *komplementäre* und *konkordante* Gegenübertragungen unterschieden werden. Als *komplementäre Gegenübertragung* wird dabei die unbewußte Identifizierung des Analytikers mit den *Übertragungsobjekten* des Patienten bezeichnet, als *konkordante Gegenübertragung* hingegen die Identifizierung mit dem Patienten gegenüber seinen Objekten. (In der Erziehungsberatung entspräche die komplementäre Gegenübertragung mithin einer unbewußten Identifizierung mit dem Kind, die konkordante Gegenübertragung etwa der Identifizierung mit einer Mutter gegen ihr Kind, gegebenenfalls auch gegen andere Objekte der Mutter wie den Vater, die Lehrerin usw.)

nen nicht verstricken, nur dann werden sie die auch diagnostische Chance ihrer Gegenübertragungen nützen können.

9. Kompetenzen des psychoanalytisch-pädagogischen Erziehungsberaters

a) Kompetenzen im Hinblick auf den kontrollierten Umgang mit Übertragungs- und Gegenübertragungsprozessen
- Die Fähigkeit, sich in eine emotionale Beziehung einzulassen, Identifizierungen wechseln und eigene Gefühlskonflikte und Abwehrneigungen spüren zu können, bildet ein zentrales Kriterium bei den Aufnahmegesprächen.
- Mindestens drei Jahre psychoanalytische Selbsterfahrung (Gruppe oder Einzeltherapie) ist Voraussetzung für die Erlangung des Zertifikats. (In der Praxis liegt das Ausmaß an Selbsterfahrung bei fast allen Erziehungsberatern weit über dieser Mindestanforderung).
- In der sogenannten Lehrberatung erleben die Lehrgangsteilnehmer den Beratungsprozeß aus der Position des Klienten.
- Die Baby-Observation (nach dem Tavistock-Modell) bildet – neben den anderen Funktionen dieses Ausbildungsmoduls – ein (mitunter schmerzvolles) Training, Ohnmachtsgefühle zu ertragen und diese nicht in Form von (letzten Endes aggressiven) Interventionsstrategien zu agieren.
- Die Methode der psychoanalytisch-pädagogischen Erziehungsberatung ist in hohem Maße strukturiert. Die *Beherrschung der Methode* und das großzügige *Supervisionsangebot* – als integraler Bestandteil der Beratertätigkeit – gibt selbst Berufsanfängern ein gewisses Maß an Sicherheit und Vertrauen in die eigene Kompetenz, wodurch sich die Gefahr regressiver Übertragungen auf Seiten des Beraters – etwa Versagensängste, Angst vor Liebesverlust, vor fehlender Anerkennung durch die „Klienten-Eltern", vor Verlassen-Werden (Abbruch) – vermindert.
- In der Supervision, aber auch im Rahmen des Theoriekurses wird großes Augenmerk darauf gelegt, die (werdenden) Erziehungsberater auf ihre *„Allergiepunkte"* hinzuweisen: Beziehungskonstellationen, Persönlichkeitsmerkmale von Klienten oder spezielle Themen, die bei dem/der Betreffenden starke Gegenübertragungsgefühle auslösen. Sie sollen ihre Empfindlichkeiten kennen und ihre spontanen Gefühlsreaktionen spüren lernen. Einige *technische Regeln* erleichtern den Umgang mit diesen Gefühlsreaktionen auch dann, wenn sie nicht sofort analysiert werden können.
- Eine weitere Gruppe *technischer Regeln* dient – über die Fähigkeit der Berater, sich mit den Klienten zu identifizieren, hinaus – der Erhöhung der Wahrscheinlichkeit, die *Übertragung der Klienten positiv zu halten* und *Regressionen zu verhindern*.

b) Kompetenzen im Hinblick auf die Arbeit mit Eltern- bzw. Erziehergruppen
Mit Übertragungs- und Gegenübertragungsprozessen kontrolliert umgehen zu können, hilft natürlich auch bei der Arbeit mit Gruppen. Dazu kommt die Kenntnis gruppendynamischer Prozesse und die für die Beratung von Gruppen notwendigen Modifikationen der Beratungsmethode. Im Gegensatz zur klassischen Balintgruppenarbeit (die ausgebildeten Analytikern überlassen bleiben muß), steht in der psychoanalytisch-pädagogischen Gruppenberatung (wie schon in der Einzelberatung) die „psychoanalytisch-pädagogische Aufklärung" – über das Erleben der Kinder und über die „Geister" der Erwachsenen (vgl. Kap. 3 und 4) – im Mittelpunkt.

c) Diagnostische Kompetenzen
Wenn im Zusammenhang mit psychoanalytisch-pädagogischer Erziehungsberatung von „Diagnostik" die Rede ist, geht es um weit mehr als die fallweise Anwendung bzw. Beherrschung gängiger projektiver und kognitiver Testverfahren bzw. der diagnostischen Eltern-Kind-Beobachtung bei Babys und Kleinkindern. Psychoanalytisch-pädagogische Diagnostik unterscheidet sich in einigen Punkten von der herkömmlichen klinisch-psychologischen Diagnose-Praxis:
- Erstens ist von den Beratern gefordert, sich prinzipiellen methodologischen Schwierigkeiten der Auswertung projektiver Tests zu stellen. Diese betreffen die Unsicherheit, Aussagen über die Topik seelischer Regungen, die Grammatik des Testmaterials und den Anteil von Realitätsresten am Testmaterial zu machen.
Mit der „Topik" von Seelenregungen ist die Frage gemeint, ob es sich um bewußte oder unbewußte Regungen handelt. Mit der fraglichen „Grammatik des Testmaterials" ist der Umstand angesprochen, daß wir oft nicht wissen, ob den vom Kind produzierten Inhalten, Szenen oder Einfällen die Aussage „Ich *wünsche* mir..." oder „Ich *fürchte*..." oder „Es *ist so*..." voranzustellen ist. Der Ausdruck „Realitätsreste" schließlich lehnt sich an die „Tagesreste" (des Träumens) an: Da wir die Kinder zu ihrem Testmaterial nicht frei assoziieren lassen können, besteht die Gefahr eines Auswertungs-Schematismus, der jenen Verkürzungen der psychoanalytischen Methode nahekommt, die Freud als „wilde Analyse" brandmarkte.
Dieses methodologische Problem ist nur über Auskünfte, die uns die Eltern/Erzieher geben können, lösbar. Aus diesem Grund finden Testuntersuchungen erst statt, wenn sich der Berater im Laufe mehrerer Sitzungen ein hinreichend plastisches Bild vom Kind (etwa von seinem Alltagsverhalten, seinen manifesten Wünschen, Gedanken, Phantasien – soweit den Erwachsenen bekannt –, seinen diversen Symptomen bzw. Veränderungen der Symptomatik in den letzten Jahren u.a.m.) machen konnte.
- Gut begründete Hypothesen über die Topik, die Grammatik und eventuelle reale und subjektive Bedeutungen von Motiven des Testmaterials sind die Voraussetzung dafür, einen zentralen Anspruch jeder Psychodiagnostik, die

sich als psychoanalytisch verstehen will, zu erfüllen: *die Rekonstruktion* der zentralen *inneren Konflikte* und ihrer *Abwehr*. Dabei geht es nicht nur um den dynamischen, sondern auch um den *ökonomischen Aspekt*, also um die Frage, wie stark der Konflikt, wie massiv die ausgelösten Ängste und wie „tief" versus „brüchig" die gewählte Abwehr ist – ein ganz zentrales Kriterium für die spätere Indikationsstellung, insbesondere im Hinblick auf die Frage, ob bzw. in welchem Ausmaß gesunde Veränderungen der Psychodynamik auch über Veränderungen der äußeren Realität – v.a. des Handelns der Eltern/Erzieher – erwartet werden können oder analytisch-therapeutische Interventionen unumgänglich sind.

- Eine besondere Rolle spielt das diagnostische Arbeitsbündnis (Figdor 1999): Die Besänftigung eventueller Widerstände der Eltern gegen mögliche diagnostische Erkenntnisse hat nicht nur ein höheres Maß an Ehrlichkeit zur Folge, jene Informationen preiszugeben, die wir für die Auswertung (s.o.) benötigen. Sie ist auch eine wichtige Voraussetzung dafür, daß sie diese Erkenntnisse annehmen können und an der Realisierung empfohlener Maßnahmen tatsächlich mitarbeiten. (Nur allzu oft bleibt in der herkömmlichen klinischen Praxis die Diagnostik eine professionelle Alibihandlung, die zu keinen wirksamen Veränderungen führt.)
- Die der eigentlichen Testdiagnostik vorangehende intensive Beschäftigung mit den Eltern/Erziehern erlaubt die Arbeit an einer weiteren, pädagogisch höchst relevanten diagnostischen Aufgabe: die Entwicklung gut begründeter Hypothesen über den ätiologischen und dynamischen Zusammenhang zwischen der *inneren Psychodynamik* des Kindes und seiner *äußeren Lebensbedingungen*. An den „äußeren Lebensbedingungen" hat das reale Verhalten der Objekte natürlich einen entscheidenden Anteil, und dieses wiederum ist von den Einstellungen, Haltungen, Gefühlen und nicht zuletzt von den pädagogischen Geistern (s.o.) abhängig.

Erst diese Zusammenschau von Innen- und Außenwelt setzt den Berater in die Lage, psychodiagnostisch gestützte Beratungsperspektiven zu entwickeln. Andererseits geht bereits die Diagnostik mit bedeutsamen Veränderungen der Haltungen von Eltern/Erziehern gegenüber dem Kind einher, so daß Beratung und Diagnostik Hand in Hand gehen. In diesem Sinne kennzeichnet der Begriff „Diagnostik" auch keine abgeschlossene Phase der Erziehungsberatung. Die Testverfahren mit den Kindern stellen lediglich eine methodische Variante, ein zusätzliches, zu einem bestimmten Zeitpunkt sinnvolles oder notwendiges Hilfsmittel für Berater *und* Klienten dar. Dieses *gemeinsame Forschen* steht im Dienst des Bemühens, Eltern/Erzieher emotional und kognitiv *zum Verstehen der Kinder zu befähigen* und bildet ein zentrales Anliegen der Beratung überhaupt.

d) Kompetenzen im Hinblick auf die pädagogische/entwicklungspsychologische Bewertung des Verhaltens und der Psychodynamik des Kindes
Die Beherrschung diagnostischer Methoden reicht nicht aus. Der Erziehungsberater muß über ein großes entwicklungspsychologisches, pädagogisches Wissen und ausreichend Erfahrung im Umgang und Zusammenleben mit Kindern haben, um einerseits beurteilen zu können, welche Symptome und/oder innerpsychischen Regungen und Konflikte, andererseits welche Beziehungskonstellationen zwischen Eltern/Pädagogen und Kindern im Hinblick auf eine chancenreiche Entwicklung unbedenklich oder besorgniserregend sind, wann man zuwarten, wann man Maßnahmen in Erwägung ziehen oder wann man unter Umständen sofortige Krisenintervention leisten muß. Besonders ernstgenommen wird in diesem Zusammenhang Anna Freuds Mahnung, daß der psychoanalytische Helfer eine umfangreiche Erfahrung auch mit sogenannten gesunden Kindern haben muß, um überhaupt in der Lage zu sein, Pathologien bzw. Entwicklungsgefährdungen feststellen zu können. (Z.B. bildet das Testen solcher unauffälligen Kinder einen wichtigen Bestandteil in der diagnostischen Ausbildung.)

e) Kompetenzen im Hinblick auf die Beratungsaufgabe i.e.S.
- *Erstens* die Fähigkeit, unbewußte Determinanten elterlicher, pädagogischer Haltungen, die „Geister", aufzuspüren und die „technische" Beherrschung ihrer Aufklärung, mithin ihrer Entmachtung – eine Kompetenz, die theoretisch-methodisch erworben werden muß, ebenso jedoch voraussetzt, daß sich der Berater in die Eltern bzw. Pädagogen einfühlen, sich mit ihren zumeist enormen emotionalen Problemen und Ambivalenzen identifizieren kann (vgl. Kap. 4 und 5).
- *Zweitens* sind theoretische Kenntnisse, persönliche Erfahrung und die Fähigkeit, sich in kindliches Alltags- und Beziehungserleben hineinzuversetzen, vonnöten, um die durch das diagnostische und pädagogische Arbeitsbündnis, die diagnostischen Erkenntnisse und die Aufklärung pädagogischer Geister sich eröffnende Chance nützen zu können, mit den Erziehern/Pädagogen strukturell wirksame Veränderungen des Umgangs bzw. der Beziehungsgestaltung mit den Kindern zu entwerfen (vgl. Kap. 6).

f) Kommunikative und rhetorische Kompetenzen
Der Umstand, daß eine hinreichend positive Übertragung der Klienten in der Erziehungsberatung kaum Zeit hat, sich allmählich zu entwickeln, sondern sich möglichst schnell einstellen sollte, setzt ein gewisses Maß an *Ausstrahlung* voraus, die *Kompetenz verspricht* und *Vertrauen schafft*. Das Ausbildungs-Komitee muß bei der Auswahl der Lehrgangsteilnehmer abschätzen, ob sich das erforderliche „Auftreten" des Bewerbers durch die (eventuell noch ausstehende) analytische Selbsterfahrung, durch die größere persönliche Sicherheit, die durch die Ausbildung erworben wird oder durch den schlichten Umstand, daß der Bewerber, wenn er zu arbeiten beginnt, drei bis vier Jahre älter sein wird, noch entwik-

keln wird. Ein gewisses Mindestmaß an „natürlicher" Ausstrahlung und Sicherheit im Umgang mit Erwachsenen muß jedoch von Anfang an gegeben sein und bildet daher ebenfalls ein Aufnahmekriterium. Der aktive Charakter der psychoanalytisch-pädagogischen Beratungsmethode erfordert ferner die Fähigkeit, mitunter auch komplizierte und komplexe psychologische Zusammenhänge *einfach und verständlich* und darüber hinaus so *zu formulieren*, daß beim Klienten *emotionale Betroffenheit* entstehen kann. Diese Kompetenz ist auch für die Einzelberatung wichtig, ganz besonders aber für die Arbeit mit Gruppen oder für Vorträge vor größerem Publikum, weshalb sie im Rahmen des Ausbildungslehrganges auch speziell trainiert wird.

g) Kompetenzen in angrenzenden Wissensgebieten
- Dazu zählen vor allem Grundkenntnisse in Psychiatrie, Medizin und Sonderpädagogik, um eventuelle organische oder primär kognitive Determinanten von Anlaßsymptomen, die jenseits neurotischer Störungen, Erlebnisreaktionen oder pathogener Beziehungsgestaltungen bzw. pädagogischer Umgangsformen liegen, nicht zu übersehen.
- Zweitens Grundkenntnisse in Körperpflege und Ernährung, vor allem von Babys und Kleinkindern.
- Drittens eine umfassende Kenntnis über die verschiedenen Formen psychotherapeutischer und heilpädagogischer Hilfen, ferner über das Angebot (in Einzelfällen mitunter sinnvoller) symptomorientierter Methoden aus dem medizinischen und paramedizinischen Bereich (psychopharmazeutische Therapien, Entspannungstechniken, Akupunktur, Homöopathie).
- Schließlich eine gute Kenntnis einschlägiger Institutionen bzw. Fachleute, an die – im Falle einer entsprechenden Indikation – weiterverwiesen werden kann.

h) Kompetenzen im Hinblick auf spezielle pädagogische Problemsituationen
Immer wieder werden die Erziehungsberater mit speziellen Problemsituationen konfrontiert, die nicht nur besondere Kenntnisse, sondern auch wichtige Modifikationen des Settings und des methodischen Vorgehens in der Beratung erfordern. Die wichtigsten sind:
- die Beratung von Eltern, die sich trennen oder getrennt haben (vgl. dazu Figdor 1994, 1998);
- die Beratung von Eltern behinderter Kinder;
- die ambulante und „nachgehende" Arbeit mit Multiproblemfamilien (die überdies von den Klienten nicht freiwillig in Anspruch genommen, sondern vom Jugendamt verordnet wird) (vgl. Doppel 1999);
- die pädagogische Arbeit mit ausländischen Familien bzw. Angehörigen fremder Kulturen.

10. Schlußbemerkung

Das vorliegende Konzept ist natürlich nicht das Produkt eines theoretischen Entwurfes. Es entstand als Ergebnis einer mehr als 15-jährigen Erfahrung in der psychoanalytischen Arbeit mit Eltern und Pädagogen und meines Bemühens, mir allmählich darüber klar zu werden, was in dieser Arbeit – bei den Klienten, bei mir und zwischen uns – eigentlich passiert. Das Konzept ist lediglich der Versuch, diese Prozesse erstens begrifflich zu erfassen und zweitens so weit zu operationalisieren, daß die Entwicklung eines Curriculums möglich wurde. 1991-1994 fand der erste Lehrgang zum psychoanalytisch-pädagogischen Erziehungsberater statt, 1995-1998 der zweite. Im Zuge der praxisbegleitenden Supervision der Absolventen ließ sich gut ermessen, in welchen Bereichen die Ausbildungsziele erreicht wurden, ebenso offenbarten sich auch Schwächen der Ausbildung, die durch Fortbildungsangebote wettzumachen versucht wurde. In das vorliegende Curriculum, das die Grundlage des derzeit laufenden 3. Lehrganges darstellt, wurden diese Erfahrungen so weit als möglich eingearbeitet. Es bildet, wie wir hoffen, einen guten Kompromiß zwischen dem Anspruch, den Lehrgangs-Teilnehmern eine so hohe Qualifikation zu ermöglichen, daß sie den vielen Schwierigkeiten der Praxis gut gerüstet begegnen können, und dem Wissen darum, daß wirkliche Kompetenz sich erst über jahrelange Erfahrung entwickelt.

Literatur:

Adler, A. (1912): Über den nervösen Charakter. Fischer: Frankfurt/M., 1972
Balloff, R. (1992): Kinder vor Gericht. Opfer, Täter, Zeugen. Beck: München
Bittner, G. (1996): Kinder in die Welt, die Welt in die Kinder setzen. Kohlhammer: Stuttgart, Berlin, Köln
Bittner, G., Ertle, Ch. (Hrsg.) (1985): Pädagogik und Psychoanalyse. Königshausen + Neumann: Würzburg
Datler, W. (1995): Bilden und Heilen. Auf dem Weg zu einer pädagogischen Theorie psychoanalytischer Praxis. Grünewald: Mainz
Datler, W., Figdor, H., Gstach, J. (Hrsg.) (1999): Die Wiederentdeckung der Freude am Kind. Psychoanalytisch-pädagogische Erziehungsberatung heute. Psychosozial: Gießen
Deutsch, H. (1926): Okkulte Vorgänge während der Psychoanalyse. In: Imago 12, 418-433
Doppel, R. (1999): „Und willst Du nicht mein Bruder sein, so schlag ich Dir den Schädel ein." Über Konflikte zwischen Professionisten in der Arbeit mit Multiproblemfamilien und die Institutionalisierung fachlicher Kooperation. In: Datler, Figdor, Gstach 1999, 196-219
Eggert-Schmid Noerr, A., Hirmke-Wessels, V., Krebs, H. (Hrsg.) (1994): Das Ende der Beziehung. Grünewald: Mainz

Figdor, H. (1993): Wissenschaftstheoretische Grundlagen der Psychoanalytischen Pädagogik. In: Muck, Trescher 1993, 63-99

Figdor, H. (1994): Zwischen Aufklärung und Deutung. Zur Methode und Technik psychoanalytisch-pädagogischer Beratung von Scheidungseltern. In: Eggert-Schmid Noerr, Hirmke-Wessels, Krebs 1994, 133-167

Figdor, H. (1995): Psychoanalytisch-pädagogische Erziehungsberatung. Die Renaissance einer klassischen Idee. Sigmund Freud-House-Bulletin 19/2/13, 21-87 (Wiederaufgelegt als APP-Schriftenreihe Bd. 2/1998)

Figdor, H. (1998): Scheidungskinder. Wege der Hilfe. Psychosozial: Gießen

Figdor, H. (1999): Aufklärung, verantwortete Schuld und die Wiederentdeckung der Freude am Kind. Grundprinzipien des Wiener Konzeptes psychoanalytisch-pädagogischer Erziehungsberatung. In: Datler, Figdor, Gstach 1999, 32-60

Fraiberg, S. (1980): Clinical Studies in Infant Mental Health. The First Year of Life. Tavistock Publications: London, New York

Freud, A. (1960): Die Kinderpsychiatrische Beratungsstelle als Zentrum der Vorbeugung und Aufklärung. In: Die Schriften der Anna Freud, Bd. VII. Kindler: München, 1980, 1877-1894

Freud, A. (1965): Wege und Irrwege in der Kinderentwicklung. In: Die Schriften der Anna Freud, Bd. VIII. Kindler: München, 1980

Freud, A. (1974): Diagnose und Bewertung von Störungen in der Kindheit. In: Die Schriften der Anna Freud, Bd. X. Kindler: München, 2657-2677

Freud, S. (1933a): Neue Folge der Vorlesungen zur Einführung in die Psychoanalyse. In: G.W. 15. Fischer: Frankfurt/M., 1979

Fürstenau, P. (1979): Zur Theorie psychoanalytischer Praxis. Klett-Cotta: Stuttgart

Jopt, U.-J. (1992): Im Namen des Kindes. Rasch und Röhring: Hamburg

Kierein, P., Pritz, A., Sonneck, G. (1991): Psychologengesetz, Psychotherapiegesetz. Kurzkommentar. Orac: Wien

Muck, M., Trescher, H.-G. (Hrsg.) (1993): Grundlagen der Psychoanalytischen Pädagogik. Grünewald: Mainz

Racker, H. (1959): Übertragung und Gegenübertragung. Reinhardt: München, Basel, ²1982

Spiel, W. (1967): Therapie in der Kinder- und Jugendlichenpsychiatrie. Thieme: Stuttgart, ²1976

Sterba, R. F. (1929): Zur Dynamik der Bewältigung des Übertragungswiderstandes. In: Int. Z. Psychoanal. 15, 456-470

Thomä, H., Kächele, H. (1985): Lehrbuch der psychoanalytischen Therapie. Bd. 1. Springer: Berlin et al.

Trescher, H.-G., Büttner, Ch. (Hrsg.): Jahrbuch für Psychoanalytische Pädagogik, Bde. 1 und 2. Mainz: Grünewald, 1991, 1992

Heiner Hirblinger

Ein „Organ für das Unbewußte" auch für Lehrer?
Der Beitrag der psychoanalytischen Pädagogik zur Frage der Professionalisierung in der Lehrerbildung

> „Für kaum einen anderen Beruf ist diese Einrichtung des Mittagsschlafs so kennzeichnend wie für den Lehrer. Er wirkt wie eine ‚cordon sanitaire' oder eine Schleuse zwischen Berufs- und Privatsphäre, zwischen der strukturverlogenen pädagogischen Kampfstätte Schule und der Schutzbedürftigkeit des eigenen Seelenlebens."
>
> ULRICH OEVERMANN

1. Professionalisierung aus der Sicht einer pädagogischen Praxeologie

In seiner „Theoretischen Skizze zu einer revidierten Theorie professionalisierten Handelns" unternimmt Oevermann (1996) den Versuch, ein Konzept zur Professionalisierung in der Lehrerbildung aus der Sicht des praxeologischen Denkens zu begründen.[1] – Praxeologie versteht sich dabei als eine Theorie, die sich immer wieder der Dialektik von *Handeln und Reflexion* stellt, um die *Einheit von Wahrnehmung, Erleben, Tun und Reflexion* auch in Krisen zu erhalten.

Eine solche *Theorie*, die eigentlich keine Theorie ist, orientiert sich gleichwohl an theoretischen Konzepten und Modellen „aus der Praxis für die Praxis", sozusagen „vor Ort" und bezogen auf das Erlebniskontinuum der Betroffenen. Im Gegensatz zum herkömmlichen Verständnis von Theorie geht es im praxeologischen Denken dabei nie um eine „Anwendung" von Theorie auf die Praxis im Sinn einer deduktiven Zuordnung oder einer Aufklärung über empirische Regelmäßigkeiten. Das Theoretische an dieser Theorie ist vielmehr aufgehoben in der Form eines vorgängig wirksamen, z.T. vorbewußten Reflexionswissens, das im Unterricht in einer Einstellung konkordanter und komplementärer Identifikation mit Schülern oder im Erfahrungshorizont von Supervision und Fallrekonstruktion dann entsprechend wirksam werden kann.

---

[1] Die Zuordnung der Professionalisierungstheorie Oevermanns zum Typus des praxeologischen Denkens in der Pädagogik kann hier aus Platzgründen leider nicht weiter begründet werden. Auf den Theoriediskurs, der sich inzwischen in Auseinandersetzung mit Oevermanns „radikalisierter" Professionalisierungskonzeption im Praxisfeld der Sozialpädagogik entwickelt hat (Somm 2001, 675ff), kann ich an dieser Stelle nur verweisen.

Oevermann unterscheidet nun, bezogen auf die Struktur dieses praxeologischen Denkens, zwei polare Konstellationen, in denen sich die systematische Erzeugung solchen Reflexionswissens durch Krisenbearbeitung vollziehen kann. Da die bloße Anwendung erfahrungswissenschaftlichen Wissens die „Funktionen der autonomen Lebenspraxis" (ebd., 79) verfehlen würde, muß man sich die Vermittlung von Theorie und Praxis in *zwei phasisch* relativ klar zu trennenden Konstellationen vorstellen:

- In einer *primären Phase* bleibt praxeologisches Denken im Horizont „aktivpraktischer Entscheidung" (ebd., 82), die eine Aktion in Gang bringen, „die immer auch eine spontane, reflexartige, intuitive, von Richtigkeit überzeugte Entschließung ist" (ebd., 82).

- Erst in einer *zweiten Phase* entwickelt sich hierzu dann das Pendant: „Je mehr in einer sich rationalisierenden Gesellschaft die Wissensverwaltung und -bearbeitung spezialisiert ausdifferenziert worden ist, desto mehr ist es möglich, Krisenkonstellationen methodisch zu simulieren und innerhalb dieser Simulation generierte, praktisch folgenreiche Krisenlösungen antizipativ zu rekonstruieren" (ebd., 83). – Die Simulation dient dann zunächst dazu, in der Form der „stellvertretenden" (ebd., 83) Deutung Geltungskrisen und charismatische Momente einer Selbstermächtigung des Lehrers in den aktiven Handlungsphasen zu hinterfragen und gegebenenfalls wieder zu neutralisieren.

Oevermann geht dabei davon aus, daß essentielle Aspekte der „Strukturlogik des professionellen Handelns" (ebd., 85) mehr in die zweite Phase mit einer Tendenz zur „eigenständigen Bearbeitung von Geltungsfragen" (ebd., 85) verankert werden müssen. Nur so kann die letztlich unauflösliche Differenz von „Routine-Exekution" und „Krisenbewältigung" (ebd., 82) sowie der Dualismus zwischen „stellvertretender Entscheidung" und „eher kontemplativer, stellvertretender, deutender Problematisierung von Geltungsansprüchen" (ebd., 85) als lebendige Einheit erhalten bleiben; und nur so ist vorstellbar, daß die in praktische Handlungsvollzüge Verstrickten ihre „Autonomie" auch in Krisen immer wieder zurückgewinnen.

Bezogen auf institutionelle Gegebenheiten und Rahmenbedingungen von pädagogischen Aus- und Weiterbildungsprozessen ergibt sich dann mit Blick auf diese Vorüberlegungen zunächst die Forderung, daß Aus- und Weiterbildungseinrichtungen durch entsprechende *Rahmenbedingungen* sicher stellen müßten, daß sich diese Polarisierung in charismatisch begründeter Durchsetzung des Lehrerwillens einerseits und reflexiver Ent-Charismatisierung der Lehrerrolle andererseits tatsächlich als produktives Wechselspiel ereignen kann. M.a.W. in allen Aus- und Weiterbildungseinrichtungen der Schule müßte zum Erwerb pädagogischer Professionalität ein genügend großer „Freiraum" existieren, damit die Rede über die Begründungen und Folgen von pädagogischer Machtausübung zum „Diskurs" werden kann, der sich um Aufklärung des Unbestimmten – also z.b. des blinden Flecks in der Wahrnehmung oder über unbewußte Motive im Handeln – erfolgreich bemühen kann. Der latente Sinn des Scheiterns müßte sich zumindest ex post und als Erfahrungszugewinn erschließen lassen – der „Sündenfall der Vertreibung aus dem Paradies" würde dann zum „Befreiungsfall zur Autonomie" (Oevermann 1996, 81).

2. Methodenkompetenz und psychische Strukturbildung

Die Vermutung der empirischen Lehrerforschung, es sei das Festhalten an der eigenen „Selbstwirksamkeitsüberzeugung" (Hertramph, Herrmann 1999, 49ff), das einerseits den Kompetenzerwerb in pädagogischen Aufgabenfeldern *fördert*, andererseits aber auch Lehrer daran *hindert*, ihre Selbstwahrnehmung und ihr Selbstkonzept selbstkritisch weiterzuentwickeln, trifft also vermutlich einen ganz wesentlichen Aspekt des Professionalisierungsproblems in der Schule. Das Konzept der „Selbstwirksamkeitsüberzeugung" steht hier aus der Sicht einer psychoanalytischen Pädagogik für eine zu starke Fixierung im *aktiven Pol* der Professionalität und zeigt die habituelle Abwehr der reflexiven und analytischen Einstellungen der Lehrerrolle.

Daß Lehrer – wie übrigens auch andere Berufe – in einer teilweise unbewußten narzißtischen Orientierung befangen bleiben und diese im Kontext ihrer Rollenausübung dann entsprechend agieren, ist sicher zutreffend. Das Konzept der „Selbstwirksamkeitsüberzeugung" deckt sozusagen die Effekte einer unfreiwillig „halbierten Professionalisierung" auf, durch die sich auch im System der Schule die „passion imaginaire" im Sinne Lacans ungebrochen erhalten kann. Psychische Einstellungen und psychische Strukturbildungen, die mit der „Selbstwirksamkeitsüberzeugung" assoziiert sind, lassen sich dann jedoch sicher nicht einfach durch externe oder interne Formen der Evaluation korrigieren.

In einem Seminar mit Referendarinnen im Fach *Mathematik*, das ich erst im dritten Ausbildungsabschnitt von einer Kollegin übernahm, zeigte sich relativ rasch eine praktisch vollkommene Abwehr gegen alle Fragen, die sich auf Schüler, Beziehungen zu einer Klasse, emotionale Konflikte im Unterricht usw. bezogen. Gleichzeitig informierten mich die Fachseminarlehrer über die erheblichen Probleme der Referendarinnen, sich in Klassen mit Pubertierenden durchzusetzen. Als ich durch den anhaltenden Widerstand der Referendare, wohl inzwischen selbst ungeduldig geworden, die angehenden Lehrerinnen nun mit ihren zum Teil nichtssagenden, z.T. zynisch wirkenden Floskeln im Umgang mit pädagogischen Fragen konfrontierte, entstand zunächst nachhaltige Irritation; dann nach einer Phase der Unsicherheit und Verlegenheit schließlich als erster Konter einer Referendarin: „Sie müssen schon verstehen, daß wir uns mit emotionalen Fragen schwer tun, schließlich denken wir ja aufgrund unserer Fachausbildung in Mathematik *immer nur in 'idealen geistigen Zuständen'"*. –

Die „idealen geistigen Zustände", also die Kalküle der Mathematik, waren – so begann ich zu verstehen – für die Referendare zum *Schutzschirm* geworden gegen emotionale und affektive Zumutungen, mathematisches Denken im Unterricht pubertär agierenden Schülern zu vermitteln. Die narzißtische Überschätzung der *Fachkompetenz* wurde zum latent wirkenden Hindernis für tatsächliche pädagogische Erfahrung. Das von den Referendarinnen an der Universität mühsam erkämpfte professionelle Ich-Ideal, also die von unserer Gesellschaft doch sehr hoch geschätzte Kompetenz, „Mathematik" zu beherrschen, wird unter dem Ansturm extremer emotionaler Belastungen im Unterricht als „letzte Bastion" genutzt. Im Zusammenspiel zwischen persönlicher Belastbarkeit und Ausbildungsschicksal setzt sich wiederum erneut die bereits früher erworbene Disposition zur psychischen Abwehr durch und verwandelt sich unter dem Eindruck traumatischer Erfahrungen in routinierte Selbstbezogenheit.

Eine psychoanalytische Pädagogik, die sich auf diese Fragen einläßt, beschreitet allerdings in der Deutung solcher Prozesse Neuland. Sie muß vertraute Horizonte hinter sich lassen, denn das Junktim von „Heilen und Forschen" müßte sich nun auf der Ebene von *Erfahrungen mit psychoanalytisch-pädagogischer Methodenkompetenz* erst bewähren.

Zu fragen ist in dieser Hinsicht natürlich bereits, ob der Begriff „Kompetenz" noch angemessen ist, oder ob er nicht bereits Verwirrung stiftet. Zu unterscheiden ist nämlich zwischen zumindest *zwei* grundverschiedenen Auffassungen von „Methode" und den mit diesen Auffassungen notwendig verbundenen Vorstellungen von „Kompetenz" (sh. hierzu Gaertner 1993, 239ff).

- Die instrumentelle Beratung fördert die *technische Methodenkompetenz*, die sich im Horizont einer empirisch ausgerichteten Sozialtechnologie entwickelt.
- Die selbstreflexive Beratung fördert *psychische Strukturen und innerpsychische Kommunikation*, in denen sich ein neues *professionelles Ich-Ideal* entwickeln soll.

Es ist sicher ein grundlegender Unterschied, ob Methodenkompetenz unter dem Gesichtspunkt äußerlich überprüfbarer Erfolgskontrolle vermittelt wird, oder ob ihr Ziel ein neues verinnerlichtes Paradigma von Wahrnehmungs- und Erlebnisverarbeitung ist. Im ersten Fall geht es um Kompetenzen im Bereich konkretoperationalen Handelns und den damit verbundenen Fähigkeiten; im zweiten Fall um „psychische Strukturbildungen", die kompetenz-förmige Effekte hervorbringen, deren *Sinn jedoch nicht von überprüfbaren empirischen Effekten in äußerlichen Handlungsabläufen abhängt*. Entwicklungen im Bereich psychischer Strukturbildungen können daher an solchen Effekten auch nicht gemessen werden.

Ich gebe zu, daß mich selten eine Frage so in Verlegenheit brachte, wie die nach *meiner* eigenen „Professionalisierung". – Die Schwierigkeiten hierbei, an eigene Erfahrungen anzuknüpfen, wollten schier kein Ende nehmen. – Auf der *einen Seite* standen eine Reihe sehr nüchterner Feststellungen, die den Skeptikern recht gaben: Welche Formen der Aus- und Weiterbildung, die mir in den letzen dreißig Jahren in der Schule begegneten, ließen sich denn ernsthaft als „Professionalisierungsprozeß" bezeichnen? – An welche Anregungen zur technischen Bewältigung meiner Berufstätigkeit aus meiner Zeit als Referendar oder aus späteren Fortbildungsveranstaltungen als Lehrer und Seminarlehrer könnte ich denn dabei anknüpfen? – In welcher Hinsicht ging denn meine Ausbildung zum Lehrer über eine schlichte Überprüfung oder Indienstnahme bereits vorhandener Fähigkeiten hinaus? – Traf nicht eigentlich auch für mich genau das zu, was Oelkers in einem Satz kürzlich sehr treffend zusammenfaßte: „Der Nutzen von Lehrerbildung für die Praxis von Schulen bestand in der Vergangenheit im wesentlichen darin, mit zwei Staatsexamen für den Zugang zu sorgen." (Oelkers 2000, 128)? – Auf der *anderen Seite* entstand dann aber auch eine gewisse Verärgerung über weit verbreitete Mißverständnisse in Bezug auf des eigentliche Strukturproblem der Lehrerausbildung: Denn offensichtlich hat doch die Unbestimmbarkeit und das Widerständige im Umgang mit dem Konzept „Professionalisierung" im Lehrerberuf viel zu tun mit dem zentralen Aufgabenbereich der Schule. – Ging es mir denn im Umgang mit Kindern und Adoleszenten nicht tagtäglich zunächst immer darum, deren „Unberechenbarkeit auszuhalten", den Lernprozeß „zu öffnen" zu einem Objekt, das eben nie „Objekt" ist. – Von den etwa 250 Schulklassen, die ich bisher unterrichtete, hatte doch keine einzige eine identische „Matrix". Von den mehr als 5000 Schülern könnte ich keinen benennen, dessen Entwicklung sich durch „Anwendung von pädagogischen Theorien" hätte fördern lassen. Keine der unzähligen Unterrichtsstunden glich – auch nicht bei identischem Thema, bei gleichem Stoff, am selben Tag in derselben Klassenstufe gehalten – einer anderen! – Wie könnte denn dann ein Konzept zur Professionalisierung aussehen, das auf soviel *Unbestimmbarkeit* vorbereitet? Nicht die *gelungene Anwendung* von professionellem Know-how war doch für mich seit vielen Jahren der Motor für die berufliche Weiterentwicklung, sondern eher das genaue Gegenteil: das „Mißlingen", die „Enttäuschung", der „psychische Schmerz". –

Die psychoanalytisch-pädagogische Auffassung von Methodenkompetenz verabschiedet sich also zunächst von der leitenden Phantasie einer *technischen* Herstellbarkeit. Im Kern ginge es in Professionalisierungsprozessen im Bereich der psychoanalytischen Pädagogik der Schule um ein ähnlich schwieriges Kunststück, das auch die psychoanalytischen Ausbildungsinstitutionen vollbringen müssen. Die Vermittlung psychoanalytischer Kompetenz würde angestrebt als ein Kompositum, das nicht ganz einfach zu beschreiben ist. Die Kunst solcher Vermittlung psychoanalytischer Wahrnehmungs- und Handlungskompetenz bestünde dann darin, in Prozessen psychoanalytischer Professionalisierung *mehrere* Komponenten in *einem* Bildungsprozeß zu integrieren: Das *Wissen* um theoretische Konzeptualisierungen zu dynamisch-unbewußten Prozessen läßt sich nämlich nur dann subjektiv aneignen, wenn es gelingt, dieses Wissen mit praktischer *Selbsterfahrung*, d.h. mit der Erkenntnis und Analyse unbewußter Komplexe aus eigener Biographie zu assoziieren; nur in solcher „Legierung" könnte sich die psychoanalytische „Kompetenz" dann im pädagogischen Praxisfeld bewähren.

In dieser Perspektive führt nun W. Flitners (1950) Übersicht zu historischen Stufen und Auffassungen des Methodenerwerbs in professionellen Kontexten ein Stück weiter. W. Flitner unterscheidet im Wesentlichen drei Stufen des Methodenerwerbs, in denen sich auch Stufen der Entwicklung des Individuums nachweisen lassen:

(1) Der Erwerb von Methodenkompetenz erfolgt auf einer sehr frühen Stufe durch *magische Rituale*: „In der Regel war damit eine asketische Ordnung der Lebensführung verbunden. Sie wirkte als eine Methode zur Sammlung im Geiste und zur Selbstbeherrschung. ... Nachahmung und Beteiligung ist das methodische Geheimnis" (ebd., 137). – Methodenkompetenz wird auf dieser Stufe durch magische Praktiken, asketische Übungen und Initiationsriten vermittelt.

(2) Der Erwerb einer Methodenkompetenz erfolgt jedoch bereits in der Antike durch „methodische Analyse der Denkform und der Sprache", also durch ein *dialogisches, mäeutisches, reflexives Verfahren*, das die innere Ordnung des Erlebens klären und fördern soll: „Es bildet sich die methodische Analyse der Denkformen und der Sprache, sowie die Selbsterforschung des Gewissens, die rationale Lebensorientierung" (ebd., 138). Leitende Orientierung für diese Form des Methodenerwerbs ist „das dialogische und suchende Eindringen in die erkennende Klarheit, das aufhellende Fragen und Forschen, das Verstehen aller Sprache und menschlichen Lebenskundgebungen, sowie der menschlichen Werke" (ebd., 138).

(3) Erst seit der Französischen Revolution existiert in unserem Kulturkreis die Vorstellung vom Erwerb der Methodenkompetenz auf der Grundlage einer *rationalen und technischen Bildung*: „Eine kunstvolle rationale und technische Grundbildung für jedermann wird notwendig ... [D]ie überlieferten Bildungswege blieben noch hundert Jahre nach der Französischen Revolution erhalten, sie werden aber mehr und mehr von dem neuen System der einheitlichen Funktionsgrundbildung aufgesogen" (ebd., 139).

Allen drei Formen des Methodenerwerbs ist zueigen, daß sie psychische Strukturbildungen hervorbringen, die langfristig wirken. Flitner spricht von der „produktiven Lebendigkeit, die den geformten Menschen auszeichnet" und die das „Ziel aller grundlegenden Bildungsprozesse" sein müsse. „Der Bildungsprozeß ist dem einmaligen Aufziehen einer Uhr vergleichbar, die Bildung selbst dem laufenden Uhrwerk. Jener erste Vorgang leitet einen zweiten ein, der bis zum Tod weitergehen soll, durch alle Lebensalter hindurch. Die produktive Lebendigkeit, die alle geformten Menschen auszeichnet, ist das Ziel aller grundlegenden Bildungsprozesse" (ebd., 134).

In Flitners Perspektive läßt sich nun die Sonderstellung des *psychoanalytischpädagogischen* Junktims von „Forschung und Heilung" oder „Forschung und Bildung" genauer erläutern. Im Gegensatz zu *magischen Praktiken* eines esoterischen Methodenerwerbs oder zu den späteren *technischen* Verfahrensweisen, mit denen versucht wird, die Mitglieder einer Massengesellschaft in Analogie zu industriellen Produktionsprozessen mit vorgefertigten „Triebfedern" auszustatten, kommt dem *analytischen* Verfahren sicher eine Schlüsselfunktion zu, wenn es darum geht, „Autonomie" und „Selbstorganisation" in Professionalisierungsprozessen zu fördern. – Dennoch müssen Lehrer natürlich zunächst lernen, *wie* etwas gemacht wird, bevor sie sich dem „Schmerz" begrenzter Wirksamkeit stellen können.

Unter dem Gesichtspunkt psychischer Strukturbildung zeigt sich zudem eine gewisse Entwicklungslogik. Die (1) magische Stufe des Methodenerwerbs knüpft an Stufen des Denkens in frühester Kindheit an; (2) die rationaltechnische Stufe des Methodenerwerbs setzt das Entwicklungsniveau des konkret-operationalen Denkens voraus, also ein durch ödipale Triangulierung erworbenes Regelbewußtsein; (3) die Fähigkeit zur Analyse und Selbsterforschung, also zur Ausbildung eines professionellen Ich-Ideals und Gewissens, wäre hingegen auf die Kultivierung des *inneren Realitätsprinzips* angewiesen; diese bildet sich jedoch im voll entwickelten Sinn erst auf der Stufe des „formalen Denkens", also in der Adoleszenz.

Es scheint sinnvoll, von solchen Vorannahmen aus den Erwerb der Methodenkompetenz auch für Lehrer neu zu diskutieren. Mit Blick auf neuere sozialpsychologische Studien zum Lehrerverhalten ist nämlich zu vermuten, daß sich die Wahrnehmungs-Handlungs-Organisation von Pädagogen im Alltag der Berufsroutine überwiegend auf dem Niveau des „konkret-operationalen Denkens" bewegt. Die Beobachtungen, die K. Ulich (2001) zum professionellen und methodischen Vorgehen der Lehrer im Unterricht zitiert, entsprechen in etwa denen, die Katzenbach (2000) in seiner Analyse des „Püppchen-Spiels" bei Kindern nachweisen kann: Lehrer begegnen Schülern zunächst spontan mit stark magisch getönten Erwartungsbildern, denen entsprechende wahrnehmungstypische Erklärungsschemata dann korrespondieren. In Vergleichsprozessen, die sich mit dem abweichenden Verhalten von Schülern befassen, versuchen sie dann zunächst fast immer die *Regel* gegen die Ausnahmen durchzusetzen. Diese Methode der Wahrnehmungsverarbeitung und des pädagogischen Denkens basiert, wie Katzenbach plausibel machen konnte, auf dem Erwerb des „semantischen Nein" und ist strukturell der Stufe der ödipalen Triangulierung zuzuordnen. In früheren Formen der Triangulierung tritt dann möglicherweise die Spaltung in Gut und Böse noch stärker in den Vordergrund; auf reiferem Strukturniveau der Triangulierung wird ein Lehrer versuchen, in Vergleichsprozessen die Integration von Widersprüchen anzustreben.

Die im Zentrum des hier vertretenen Professionalisierungskonzepts geforderte *analytische Methodenkompetenz* setzt hingegen eine Stufe des Denkens voraus, die erst im Zusammenhang mit adoleszenter *Identitätsbildung* und der Entwicklung des adoleszenten Ich-Ideals vorausgesetzt werden kann. Der Erwerb einer analytischen Methodenkompetenz für Lehrer wäre, so gesehen, gleichbedeutend mit der Wiederbelebung, Durcharbeitung und Stärkung von Erlebnisformen, die auch Lehrer erst im Zuge adoleszenter Entwicklungsprozesse erworben haben. Erst Adoleszente verfügen über die voll entwickelten Formen des dialektischen Denkens, der Introspektion, des Umgangs mit triadischen Gemütszuständen usw. – Daß Lehrer möglicherweise wegen ungelöster adoleszenter Konflikte ihren Beruf ergreifen, wäre also zugleich *Hindernis* und *Chance* für ihre Professionalisierung. Die erneute Begegnung mit Menschen, die gerade diese Konflikte wiederum durchlaufen, muß dann als Herausforderung *angenommen* werden – darf nicht immer und immer wieder in frühere Lösungen einmünden.

Lehrer haben es nicht mit „zwei Kindern" (Bernfeld 1925) zu tun, sondern in späteren Jahrgangsstufen stets mit „zwei Adoleszenten": den Adoleszenten *vor* ihnen und dem Adoleszenten *in* ihnen. In den spezifischen Herausforderungen, die sich durch diese Wechselwirkungen zwischen den beiden Formen einer Subjektivität und der psychischen Strukturbildung ergeben, sehe ich den wirklich grundlegenden Aspekt der pädagogischen Professionalisierung und einer analytischen Methodenkompetenz in der Schule.

3. Methodenerwerb und Arbeit mit dem Widerstand

Freuds Junktim von „Forschung und Heilung" begründet also nicht nur einen *neuen Theorietyp*, sondern auch eine *gänzlich anders geartete Auffassung von Professionalisierung*. Der neue Theorietyp, der oben mit dem Konzept der „Praxeologie" charakterisiert wurde, hat – wie eingangs dargestellt – Konsequenzen. Das Junktim von „Forschung und Heilung" ist der Kern der psychoanalytischen Methode und wird zugleich Modell des Professionalisierungsprozesses *selbst*, der über die Ausbildung eines entsprechenden professionellen Ichideals sicherstellen muß, daß die Synthese immer wieder gelingt.

Ausgearbeitet wurde dieses Konzept zu einer Professionalisierung im Bereich der Psychoanalyse bekanntlich von Karl Abraham und Max Eitington: „(E)iner

Technik, die mit Monaten oder Jahren Behandlungsdauer rechnete und die keine Zuschauer vertrug, waren die herkömmlichen Unterrichtsmuster nicht angemessen. Für sie mußten geeignete Formen neu entwickelt werden. Am Berliner Psychoanalytischen Institut entstand die Trias von *Lehrveranstaltung, Selbsterfahrung und Supervision*, die zum Vorbild aller möglichen Ausbildungsgänge für Psychotherapeuten geworden ist" (Schröter 2001, 729). Eine Übertragung dieser Auffassung von „Professionalisierung" auf den Bereich der „Psychoanalytischen Pädagogik" wurde erstmals von Leber (1985) vorgeschlagen.

Drei Bausteine müßten demnach als letztlich unaufhebbare Einheit auch in der Aus- und Weiterbildung von Lehrern zur Wirkung kommen können, um in vorgängiger Praxis die „Kompetenz" zur „Rollenumkehr" in der Lehrer-Schüler-Beziehung (oder im Sinne Oevermanns die „Ent-Charismatisierung") als habituelles Moment der neuen Rollenauffassung zu fördern:

- *Seminare und Lehrveranstaltungen* müßten der Reflexion von Theorie und Praxis durch theoriegeleitete Erfahrungsdiskurse dienen (d.h. durch das In-die-Schwebe-Bringen von Erfahrungskonzepten);
- *Selbsterfahrung* müßte durch Analyse der biographischen Voraussetzungen den Prozeß der hermeneutischen Sinnexplikation und damit die Trennung von Subjektivem und Objektivem im „szenischen Verstehen" von Unterrichtssituationen anbahnen;
- *Supervision* würde dann der Kontrolle von Anwendungen im spezifischen Praxisfeld des Unterrichts oder des schulischen Umfelds dienen, das durch jeweils spezifische Rahmen- und Situationsbedingungen geprägt ist und eine entsprechende Modifikation der methodischen Bausteine einer psychoanalytischen Pädagogik erforderlich macht.

Die analytische Auffassung vom „Weg des Methodenlernens" würde sich dabei sicher *grundlegend* von allen bisher dominierenden Formen des Methodenerwerbs in der Lehrerausbildung unterscheiden.[2]

---

[2] Stellvertretend für viele Forderungen, die in den letzten Jahren zur Seminardidaktik erhoben wurden, seien in diesem Zusammenhang die „Tübinger Thesen zur Lehrerbildung" (BAK 1997, 164ff) zitiert. – Sie fordern in einem Sinn, der dem hier vertretenen Konzept zur Professionalisierung sehr entgegenkommt, bereits die „tendenzielle Kongruenz ... von Lerninhalten und Lernmethoden ... einerseits und Seminar-Idealen und Unterrichtswirklichkeit andererseits" (ebd., 166) und benennen dazu auch wichtige Bedingungen der Realisierung dieses Konzeptes: (1) Die Vermittlung einer Methodenkompetenz muß sich auf allen Ebenen der Ausbildung (Unterricht, Seminarausbildung, Ausbildung der Seminarlehrer) weitgehend *kongruent* vollziehen (ebd., 166); (2) diese Vermittlung läßt sich nur über „projektorientiertes Arbeiten", „Fallbesprechung" und „Teamarbeit" (ebd., 166) *realisieren*; (3) der Umgang mit Reflexion in der Fallrekonstruktion setzt auf der Ebene der Lehrerausbildung oder einer internen Lehrerfortbildung die *Trennung von Beurteilung und Schulaufsicht* auf der einen Seite und *pädagogischer Erfahrungsbildung und Supervision* auf der anderen Seite voraus (ebd.,

Ich möchte nun an einem Fallbeispiel aus eigener Praxis der Frage nachgehen, welche Chance der Erwerb von methodischen Einstellungen im Sinne einer psychoanalytischen Pädagogik bereits jetzt, d.h. unter den *derzeitigen Rahmenbedingungen der Seminarausbildung* haben könnte. – Auch Methodenlernen kann sich nur in einer prekären Balance von Entwicklung und Widerstand entfalten. Wenn sich eine Lerngruppe beim Versuch, Methodenkompetenz zu erwerben, auf ein bestimmtes methodisches Arrangement eingelassen hat, nutzt sie dieses Arrangement immer zugleich auch *für die eigene psychische Abwehr* und nicht nur, um neue Erfahrungen mit dieser Methode zu sammeln. – In dieser Perspektive zeigt sich dann am konkreten Material, welch enge Grenzen dem Erwerb einer psychoanalytisch-pädagogischen Methodenkompetenz im Rahmen schulischer Lernprozesse vorgegeben sind:

1. Sitzung (20.2.01) – Montag, der erste Tag der Seminarausbildung für die Studienreferendare. – Meine Stunde liegt unmittelbar nach einer Fachsitzung in „Schulkunde" und der Fachsitzung in „Deutsch".

Bereits beim Betreten des Seminarraumes ist die depressive Verstimmung aller Seminarteilnehmer nicht zu übersehen. Die Gruppe tut so, als wäre ich nicht im Raum. – Ich erlebe das Verhalten der Anwesenden als einen Versuch in „Nicht-Anwesend-Sein". – Die Referendare nehmen zunächst keinerlei Blickkontakt auf, bleiben abgewandt oder schauen weiter zum Fenster hinaus.

Ich stelle mich vor und beginne mit allgemeinen Hinweisen zum Fach „Pädagogik" unter den Gesichtspunkten einer praxisorientierten Ausbildung. – Das Eis bricht erst nach ca. fünf Minuten, als ich den Anwesenden mit ironischem Unterton ankündige, zu Beginn einer Sitzung künftig nach der „emotionalen Befindlichkeit" zu fragen. – Unter schallendem Gelächter verteidigt sich eine Referendarin spontan: „Noch sind wir gar nicht richtig aggressiv!"

Für die Vorstellungsrunde lassen sich alle viel Zeit. – Es wird deutlich, daß die Teilnehmer bereits Erfahrungen mit pädagogischen und sozialen Arbeitsfeldern mitbringen und auch durchaus sehr selbstbewußt in der Gruppe auftreten können. In einer Atmosphäre wachsenden Interesses moderiere ich dann die Frage der „thematischen Orientierungen" im Seminar.

Alle wesentlichen Schwerpunkte werden von den Seminarteilnehmern selbst entwikkelt: Geäußert wird der Wunsch nach Abkehr von Theorie-Seminaren, das Interesse über „Selbstreflexion" und „Erfahrung" nun zu lernen. Als Methoden werden bevorzugt: *Fallbesprechung, Rollenspiel, Besprechung der eigenen Erfahrungen, des Erlebten usw.*

---

166). Es ist also bereits angedacht, daß es in der Schule einen „*beurteilungsfreien Raum*" geben muß, um die methodische Einheit von Wahrnehmung, Erleben, Handlung und Reflexion auch für Prozesse der Professionalisierung zu wahren. – Durch Fallrekonstruktion am authentischen Material würde dann möglicherweise sogar eine pädagogische Orientierung gefördert, die sich dem Konzept einer psychoanalytisch-pädagogischen Methodenkompetenz durchaus bedeutsam annähert.

2./3. Sitzung (5.3.01) – Ein Szenario-Test zu einer beobachteten Szene im Unterricht führt vor Augen, wie komplex das Problem der pädagogischen Wahrnehmung letztlich ist. Schicht um Schicht wird an einem selbst gewählten Fallbeispiel deutlich, daß in der beobachteten Episode das Problem weder beim *Schüler* noch bei der *Lehrerin*, sondern offensichtlich in einem Beziehungsfeld *zwischen beiden* und auch hier vor allem in den verfestigten Strukturen und *längst eingeschliffenen Ritualen* einer sehr typischen Lehrer-Schüler-Szene liegt.

Die „Hausaufgabe", Kinder nach dem Modell der „Infant Observation" möglichst „gleichschwebend und ohne Vorerwartungen" zu beobachten und eine kurze Protokollskizze zu schreiben, finden alle interessant.

4./5. Sitzung (13.03.01) – Bereits gestern lagen die „Beobachtungsprotokolle" zur Kinderbeobachtung in meinem Fach.

Das Seminar wirkt heute nicht depressiv, sondern eher etwas über-angepaßt. Bereits lange *vor* Beginn halten sich alle im Raum auf, *zu* Beginn setzen sich alle sofort und diszipliniert wie Schüler auf ihre Plätze. Die Erstarrung löst sich wiederum etwas, als von den „Protokollnotizen" zur Kinderbeobachtung die Rede ist, deren Anfertigung interessant erschien. Auch das nun einsetzende Gespräch verläuft angeregt und offen ...

In befremdendem und merkwürdigem Kontrast hierzu dann allerdings das Ende der Sitzung: Ich ließ zunächst die Frage: „Hat die Besprechung der Protokolle das Verständnis und die Wahrnehmung *'gefördert'....'nicht gefördert'*" durch Punkte bewerten. Fünf Teilnehmer votieren für „nicht gefördert", eine einzige Referendarin im positiven Bereich, eine weitere Referendarin in der Mitte der Skala.

Ich frage – etwas überrascht – vorsichtig, ob noch Interesse an der Besprechung von Beobachtungsprotokollen zu Schülern *im Unterricht* bestehe; und nun zeigen sich scheinbar unüberwindliche Probleme. Auch die Idee jener Teilnehmerin, man könne doch „zumindest rückblickend Szenen aus dem Unterricht protokollieren", wird von allen mit der Begründung abgelehnt, alle diese Szenen würden doch sowieso bereits ausreichend „mit den Fachseminarlehrern" besprochen.

6./7. Sitzung (20.03.01) – Ich erinnere die Seminarteilnehmer noch einmal an das „ungelöste Problem" der Arbeit am Thema der „pädagogischen Wahrnehmung". Mein Vorschlag, in den kommenden Wochen zumindest zu *einer* „ausgewählten Episode", in der „eine gewisse Irritation" oder „ein Nichtverstehen der Schüler" spürbar sei, Protokollnotizen anzufertigen (ca. eine halbe Seite lang) stößt scheinbar auf Interesse und wird als Kompromiß im Konflikt von allen scheinbar akzeptiert.

8./9. Sitzung (27.03.01) – *„Mit dem Widerstand arbeiten!"* rate ich mir nun vor der *Sitzung selbst.* – Die Gruppe bleibt weiterhin freundlich, aber unerbittlich im Umgang mit neuen Erfahrungen oder mit Experimenten. Ich versuche zu verstehen: Ist es die schwache Kohäsion in der Gruppe, die diese rigide Angstabwehr begründet? – Daß sich alle vorerst als Einzelkämpfer fühlen, ist nicht zu übersehen. Die Ebene der horizontalen Übertragung ist stark negativ belastet und es entsteht keine spontane Gesprächsbereitschaft unter den Seminarteilnehmern.

Das Thema: Besprechung der ersten eigenen Unterrichtsentwürfe. – Die ersten beiden Vorträge von Seminarteilnehmern behandeln lyrische Gedichte und zeigen einen relativ ähnlichen stereotypen Aufbau, der offenbar bereits in Fachsitzungen verinnerlicht wurde. Die sinnvolle Anwendung von „Unterrichtsprinzipien", die dabei aus der Sicht einer Pädagogik erfolgen könnte, wird dabei *weder sachgemäß noch schülergemäß*, sondern *überwiegend routiniert und deduktiv durch die überkommene „Logik des Stundenaufbaus"* begründet. Ein „Bild" soll jeweils die Schüler motivieren. – Dann folgt die „Elementarisierung"; darunter verstehen die Referendare, daß die Gedichte „zerlegt" werden sollen. Die „Strukturierung" dient ausschließlich der „Sache", um die es geht. Angebote zur „Selbsttätigkeit" der Schüler werden jeweils als „Zugabe" verstanden, sozusagen als „Bonbon", wenn die eigentliche Arbeit nach Plan getan ist. – Schematisch wird jeder Phase ein „Unterrichtsprinzip" (richtig oder falsch verstanden) zugeordnet.

Frau P. präsentiert nun noch ihren Standardunterricht für *Latein, in dem sich scheinbar alle Reflexionen über die Anwendung von Unterrichtsprinzipien erübrigen*. Der Ablauf ist streng ritualisiert: Einstieg, Wiederholung, Rechenschaftsablage, Neudurchnahme, Einübung ..., das Thema für den Ablauf ohne Bedeutung. Der Stoff wird als Anhängsel zur Methode behandelt. Es ist nicht zu klären, was im Lateinunterricht „Sachgemäßheit" sein soll, was „Schülergemäßheit" sein könnte, welche Formen der „Selbsttätigkeit" sinnvoll erscheinen ...

Mein Eindruck nach dieser Stunde: Überkommene Muster und Vorstellungen von Stundenaufbau sind in dieser Phase der Ausbildung im Hintergrund wirksamer als alle methodischen Gestaltungsimpulse. Der Erwerb von methodischen Einstellungen, die von der Routine abweichen, führt zu starker Angstentwicklung und wird bereits auf der Ebene der praktischen Erprobung abgewehrt. – Forderungen nach mehr „Schülergemäßheit", nach „Selbsttätigkeit" oder „Öffnung des Unterrichts" werden als „Abweichungen" von routinierten Standardmustern erlebt. Es entsteht sofort die – möglicherweise von den Seminarlehrern suggerierte – sorgenvolle Frage, ob denn dafür „Zeit" sei; ob der Lehrplan dann „noch eingehalten" werden könne usw. – Jede eigenständige Begründung für didaktisches Handeln wird durch die Orientierung an der Routine vorerst völlig blockiert.

10./11. Sitzung (03.04.01) – *Ich gewinne erstmals den Eindruck, die „Arbeit mit dem Widerstand" lohnt sich. – Man darf ihr nur nicht aus dem Weg gehen. –*
Heute bitte ich zunächst noch einmal um ein Feedback zur letzten Sitzung. „Was ist hängen geblieben ....?" – Ich bin nun sehr positiv überrascht: „Daß Bilder am Anfang einer Stunde nicht automatisch Motivation erzeugen". Die Rede ist dann auch vom schwierigen „Spagat zwischen Schülergemäßheit und Sachgemäßheit". – „Der enge Spielraum im Umgang mit Unterrichtsprinzipien im Fach Latein", sei nun doch klar geworden". ... Schweigen ... . Ich spüre den wachsenden Widerstand und frage nach: „Gibt es auch etwas Ärgerliches?" Frau B. wütend: „Daß mir die Stunde über Unterrichtsprinzipien nichts gebracht hat!!" – Die erste Äußerung *offener Kritik* im Seminar ...

Die Gruppe experimentiert nach der Schilderung eines Fallbeispiels aus der eigenen Praxis zum Unterrichtsprinzip „Visualiserung" nun noch selbst mit Kreidezeichnungen zu Kafkas Parabel „Kleine Fabel". Erstmals werden wichtige Aspekte des emotionalen Erlebens in Bildern sichtbar: Katze und Maus sitzen relativ harmonisch und gemeinsam auf einem sich verengenden Weg; am Ende des Weges steht (abweichend zu Kafkas Parabel) eine *Guillotine*, die Maus ist (abweichend zum Text) *blind*, Pfeile, die vom Weg wegführen, sollen andeuten, daß die Maus „flüchten könnte, wenn sie wollte".

12./13. Sitzung (24.4.01) – Nach den Osterferien sollen die Referendare erstmals *eigenen Unterricht* halten. *Ein erster Höhepunkt der Angstentwicklung*: Widerstand und Abwehr auch im Seminar schnellen plötzlich wieder hoch. Der vorherrschende Abwehrmodus wie in den ersten Wochen: Unterwerfung und Anpassung.
Die Stunde beginnt damit, daß ich die Seminarteilnehmer um 13.30 unter Hinweis auf den Beginn der Sitzung in „Pädagogik" vom Tisch des Fachseminarlehrers abholen muß. Erst nach dem dritten Hinweis meinerseits lösen sich die Seminarteilnehmer – immer noch sehr erregt – aus der organisatorischen Besprechung. – Ich kann mir den Hinweis nicht verkneifen, daß bei allem Verständnis für die hierarchische Ordnung der Seminarfächer (Fachseminarsitzungen „ganz oben", Pädagogische Psychologie und Pädagogik „ganz unten") das Fach „Pädagogik" trotzdem nicht für organisatorische Fragen eines Fachseminarlehrers zur Verfügung steht.
Die Stunde beginnt nun sehr zäh.
Ich lasse abschließend klären, ob das Thema der nächsten Sitzung „Pädagogische Konflikte im Unterricht" nun „*theoriebezogen*" (als bloße Wissensvermittlung) oder „*praxisbezogen*" (durch Rollenspiel, Fallbesprechung usw.) behandelt werden soll. – Die Gruppe entscheidet sich für die „theoretische Behandlung" von pädagogischen Konflikten im Unterricht; nur zwei Teilnehmer votieren für „Fallbesprechung" und „Rollenspiel".

Ich versuche nach der Sitzung, diese Szenen zu verstehen: Die Gruppe kann vermutlich bis heute keinen „Schonraum" etablieren und erlebt sich offenbar völlig defensiv den systemischen Mechanismen ausgeliefert. Das Problem dürfte sein, daß die „Mülltonne" „Seminar Pädagogik", zu der die Ausbildung in diesem Fach inzwischen geworden ist, noch nicht als „Container" wirksam werden kann. Vermutlich dominiert die (unbewußte) Phantasie, das Fach Pädagogik lasse sich *als Erfahrungsraum* beliebig zerstören (ist z.B. beliebig verschiebbar, bietet keinerlei Halt und keine Orientierung im Überlebenskampf usw.). – Die verborgene Dramatik und das Agieren der Teilnehmer ließe sich dann deuten als „Kampf um einen haltenden Rahmen". Hinter dem Agieren mit dem Rahmen steht der Wunsch, nach einem „Setting", das (durch seine raum-zeitliche Ordnung und den haltgebenden psychischen Rahmen) einen wenigstens hinreichenden Vertrauensschutz und Halt bietet.

17./18. Sitzung (19.6.01) – Die Seminarteilnehmer erfahren von meinem Versuch, im Rahmen der Seminarlehrerbesprechung einen „beurteilungsfreien Raum" gegen das omnipräsente Beurteilungsverfahren sinnvoll abzugrenzen. –
Ich zitiere zu Beginn noch einmal die Formulierung des letzten Protokolls zu dieser Frage, in dem ich klarstellen konnte, *daß alle Inhalte der Fallbesprechung und die „im Unterricht erlebten Erfolge und Mißerfolge" aus der Beurteilungspraxis herausgenommen werden ...*
Bei der Bearbeitung von pädagogischen Konflikten bestehe ich nun – ohne Rücksicht auf das Votum der Seminarteilnehmer – darauf, daß diese in der Form von Rollenspielen und in der Methode der Fallbesprechung behandelt werden.

21./22. Sitzung (3.7.01) – Frau B. kommt vor der Sitzung etwas außer sich zu mir und möchte die Stunde „verschieben". Ihre Begründung: Die vor 14 Tagen angesagte „Lehrprobe" soll morgen stattfinden; zudem sei sie durch Korrekturen sehr belastet. – Ich sehe keine Möglichkeit, die Stunde zu verschieben.
Die Sitzung beginnt wieder mit entsprechenden Spannungen. Frau B. wirkt sehr „unter Druck", auch andere Teilnehmer zeigen wieder Anzeichen von Depression und wirken extrem unkonzentriert.
Die abgesprochene Fortsetzung des Rollenspiels zu weiteren Aspekten des „Autoritätskonzeptes" kommt nur sehr mühsam in Gang. Die emotionale Verstimmung und die gegenabhängigen Phantasien (vom Machtkampf) sind heute wieder sehr ausgeprägt; die ersten 45 Minuten werden von unbewußten Gegenaktionen stark beherrscht. Ich kenne die Ursachen und kann diesmal mit Verständnis reagieren. Langsam wird bei allen dann der Kopf wieder etwas freier und auch das Rollenspiel zu Schülerkonflikten wird wieder produktiver. – Lediglich Herr F. kommt heute aus der Haltung verbitterter Gegenabhängigkeit nicht heraus.
Die Spannung löst sich erst in der letzten halben Stunde, als ich – auf Wunsch der Seminarsprecherin – über „Postersession" das Thema „Pädagogische Situation der Referendare in der Ausbildung" bearbeiten lasse.
Es entstehen in zwei Gruppen zwei Bilder:
- Vier Teilnehmer (zwei Referendarinnen und zwei Referendare) zeichnen sichtlich amüsiert ein *Strichmännchen mit Kopf in einem Schraubstock*. Der Schraubstock wird von zwei Federn zusammen gepreßt. Beim Zeichnen dieser Federn assoziiert Frau P: „Du zeichnest wie Schüler bei Schreibübungen in der 1. Klasse". – Der von oben auf den Kopf einschlagende Hammer und eine von unten kommende Boxerfaust, werden belustigt kommentiert. Ein roter Teppich unter den Füßen des Strichmännchens wird gerade zusammengerollt. – Rechts oben im Bild entschweben zwei Engel wie Seelen aus dem Mund eines Toten. Die Engel führen zwei Wolken mit sich: das „Privatleben" und die „Kreativität".
- Drei Teilnehmer (zwei Referendarinnen und ein Referendar) zeichnen zunächst einen relativ kleinen Rahmen mit festen Umrissen und dem Namen der Schule. Dann zunächst graue amorphe Gestalten in einem eigens abgegrenzten dreieckigen Feld. Die gesichtslosen Umrisse werden später als „Schülerköpfe" identifiziert. Sie sollen die „zur anonyme Masse" erstarrten Schüler darstellen. – Aus einer Wolke, unter der ein Strichmännchen „im Regen" steht, fallen Tropfen. Auf Nachfrage ergibt sich, daß nicht der „Regen", sondern „das Graue" und „Bedrückende" das Entschei-

dende an dieser Wolke sei. Die Wolke selbst bleibt leer, rechts neben der Wolke zusätzlich „ein Feuerlöscher". –
Die Referendare entschuldigen sich nun nach dem Zeichnen sofort – selbst vom Ergebnis etwas verblüfft –, daß die Bilder möglicherweise eine Woche später bereits „nicht mehr so kraß" ausgefallen wären; dann nämlich hätten alle „ihre Lehrproben hinter sich".
Beim Gespräch über die Bilder breitet sich nun aber doch zunehmend Betroffenheit und auch Trauer aus. Frau F., bisher sehr still, bricht in Tränen aus. – Die spontane Solidarisierung unter den Referendaren wird von allen positiv erlebt.
Ich frage nur zur Sicherheit, ob das Thema in der nächsten Stunde noch weiter behandelt werden soll. – Zögern, dann aber ein deutliches Interesse.

23. / 24. Sitzung (10.07.01) – Die *Bearbeitung des Widerstandes* ist möglich: Ich fordere die Referendare auf, die Bilder der letzten Sitzung, die an der Tafel hängen, nun zu „verbalisieren" ...

27. /28. Sitzung (15.10.01) – 1. Seminartag – Die Referendare arbeiten nun nicht mehr in der Seminarschule, sondern eigenverantwortlich im sog. „Zweigschuleinsatz". – Thema der Doppelstunde: Offener Unterricht – erster Teil.
Die Seminarteilnehmer entwickeln spontan zu drei von mir vorgegebenen Aspekten des reformpädagogischen Konzeptes zahlreiche Einfälle. Es entsteht ein angeregtes und sich *zu den tieferen Schichten* des Problems vorarbeitendes Gespräch. Die Referendare entdecken nun nicht nur ihre *eigene emotionale Befindlichkeit* im Unterrichtsprozeß in *Abhängigkeit von Schülern*, sondern formulieren auch spontan erste Einsichten in *Probleme der Abwehr* von Lerngruppen.
Bezogen auf die Beziehungsebene werden folgende Gesichtspunkte benannt:
- Schüler finden sich im offenen Unterricht mit ihren Interessen wieder.
- Der Lehrer wird nicht mehr „als der alles Bestimmende" gesehen.
- Die Beziehung zwischen Lehrern und Schülern wird durch die Öffnung des Unterrichts intensiviert.
- Es gelingt vermutlich nicht, das Thema „Barock" zu Schülern einer 9. Klasse hin „zu öffnen".
- Nach einer Phase des Eingehens auf die Schüler wird deutlich, daß Schüler nun allerdings die offene Struktur des Unterrichts benutzen „um Zeit zu schinden".
- Manche Schüler können ihre *rigiden Erwartungen* an die Lehrerrolle nicht revidieren.
- Offenheit kann bei *Antipathie* zwischen den Schülern und dem Lehrer sicher nicht erzwungen werden.

Bezogen auf die Effekte der didaktischen Struktur werden folgende Gesichtspunkte benannt:
- Es gibt immer wieder Raum für Teamarbeit.
- Es gibt auch Raum für projektbezogenes Arbeiten.
- In der Methode „Lernen durch Lehren" erklären Schüler zwar sehr eigenmotiviert ihren Mitschülern Vokabeln, doch die Lernzielkontrolle zeigt, daß nun wesentlich mehr Fehler gemacht werden.

- Schüler bereiten selbst die Rechenschaftsablage vor, doch die Benotung der Ergebnisse ist nicht mehr möglich.
- Auch szenisches Spiel stößt an die Grenzen der konservativen Schülererwartungen.
- Der Schüler als „Assistent des Lehrers" spielt die Lehrerrolle oft übertrieben und extrem streng.

Verabredet wurde, daß die Seminarteilnehmer weiter mit Formen des offenen Unterrichts experimentieren sollten, um in der kommenden Sitzung über den Erfahrungsprozeß zu sprechen.

Der Weg zum Verständnis methodisch kontrollierter Gestaltung des Unterrichts „als offenem Unterricht" läßt sich nach dieser Sitzung dann wie folgt zusammenfassen:
- Im Falle fehlender Sympathie zwischen Schülern und Lehrern gelingt offener Unterricht grundsätzlich nicht.
- Kann sich ein Lehrer aber mit einem Vorschlag zu Arbeitsformen im Unterricht durchsetzen, die eine gewisse Öffnung und Eigeninitiative ermöglichen, wird die Beziehung zwischen dem Lehrer und den Schüler automatisch intensiver; dadurch wird die Lehrerarbeit nicht nur lebendiger, sondern auch anstrengender (mehrere Teilnehmer erleben das jedoch als *„Belastung"*).
- Ein zu starker Situationsbezug (z.B. 11. September 2001 im Fach Sozialkunde) führt möglicherweise zu einer *irritierenden Inflation* des Motivationspotentials im Unterricht; die überstarke Motivation baut sich dann auf schwer zu balancierende Weise in den folgenden Stunden ab.
- Im Normalfall ist ein solcher Motivationsschub durch den „Situationsbezug des Unterrichtsthemas" nicht zu erwarten, und es gelingt daher auch selten, alle Schüler für ein „Projekt" zu interessieren; die Gruppe spaltet sich dann, und die Restgruppe bildet einen Widerstand gegen das Projekt aus.
- Auch bei optimaler Entwicklung in der Anfangsphase eines schülerbezogenen Projektes nützen Schüler dann kurz später diese offenen Strukturen im Unterricht aus, um – am gewohnten Habitus festhaltend – nun *gegen* das Projekt zu arbeiten und ihren Widerstand gegen Lernen und Erfahrung erneut wirkungsvoll zu agieren.

Die Aussprache über Spannungen und unbewußte Konflikte im Setting der Seminarausbildung selbst wurde zum signifikanten Umkehrpunkt in der Arbeit mit diesem Seminar. Erst der Wunsch, über „Probleme der Seminarausbildung" zu sprechen, und der Vorschlag, diese Schwierigkeiten in einer Poster-Session zu visualisieren, brachte die psychische Abwehr etwas in Bewegung. Zusätzlich unterstützt wurde dieser Wandel natürlich durch die neue Ausbildungssituation. Daß erst eine hinreichend *akzeptierende Lernatmosphäre*, in der auch bisher stark kontrollierte (unbewußte) Konfliktspannungen zur Sprache kommen konnten, die *Öffnung für Methodenfragen bewirkte,* war jedoch mit Blick auf den gesamten Erfahrungsprozeß im Seminar hinreichend plausibel.

4. Zusammenfassung

In dem Aufsatz „‚Lehrer' – Experte und Autodidakt?" faßt Herrmann (1999) eine Definition zu „Professionalität" wie folgt zusammen: „*Professionell* ist ein Lehrer, weil es ihm gelingt, die sozial-emotionale, kognitiv-intellektuelle und die geistig-moralische Entwicklung der Heranwachsenden durch *deren* Selbstwahrnehmung, Selbstkonzeptbildung, Selbstkontrolle und Selbstwirksamkeit zu fördern, vor allem durch eine allfällige Korrektur seiner *eigenen* Selbstwirksamkeitsüberzeugungen" (Herrmann 1999, 47). – In die Terminologie der psychoanalytischen Pädagogik übersetzt könnte man sagen: „Professionell ist ein Lehrer, der psychische Strukturbildung im Bereich adoleszenter Identitätsbildung aus der Sicht des gesellschaftlichen Bildungsauftrags fördern kann, indem er sich immer wieder aus *unbewußt-magischer Fehlerwartung* löst, *seine Gegenübertragung analysiert* und zur Wahrnehmung des *Schülers als eines ‚objektiven Objektes'* fähig wird." –

In dieser Perspektive läßt sich nun der mögliche Beitrag der psychoanalytischen Pädagogik zum Professionalisierungsproblem in der Schule so zusammenfassen:

1. Bestimmung und Berufung
Im engeren Sinn ergibt sich das Problem der Professionalisierung erst mit der „Berufsidee" der europäischen Neuzeit. Mit ihr erst entsteht jene Konstellation, die den Professionalisierungsbedarf im Sinne der psychoanalytisch-pädagogischen Konzeption generiert als die Wahl eines Berufes im Sinne einer „inneren Berufung" und jenseits von automatischer Zuschreibung über den sozialen Status. „Die Wahl des Berufs ruht auf einer inneren Berufung auf, die später als ‚Anlage', ‚Begabung' etc. säkularisiert werden kann. An die Stelle der durch kommunikative Prozesse vollzogenen Zuschreibung eines sozialen Status in einem Stand tritt also die Wahl und die ‚Zuschreibung' eines Berufes, die eine ‚Zuschreibung' insofern ist, als man sie als objektives (wenn auch inneres) Faktum in der Selbstbeobachtung entdeckt. Diese Entdeckung wiederum kann durch auf Wahrnehmungen dieses Typs spezialisierte Fremdbeobachter befördert werden" (Stichweh 1996, 51). –
Professionalisierung auf der Grundlage „innerer Berufung" setzt also immer zugleich voraus, daß sich in einem Aus- oder Weiterbildungssystem zugleich *reflexive Instanzen* bilden, die diesen Selektions- und Berufsfindungsprozeß dann organisieren. Stichweh spricht daher sehr treffend von einer notwendigen „*reflexiven Handhabung der Berufsidee*" (ebd., 51). M.a.W., die psychoanalytisch-pädagogische Ausbildung der Lehrer müßte mit der psychoanalytisch-pädagogischen Ausbildung der Ausbilder beginnen!

2. Die innere und äußere Seite des Professionalisierungsproblems

Aus dem Konzept einer „reflexiven Handhabung der Berufsidee" (Stichweh 1996, 51) ergibt sich mit Notwendigkeit ein doppelter Fokus des Professionalisierungsproblems: Die Unterscheidung in eine *innere* und eine *äußere* Seite des Hineinwachsens in den Beruf. –

Zur *inneren* Seite kann die psychoanalytische Pädagogik durch die Entwicklungslehre und Charakterlehre viel beitragen. Mithilfe des psychoanalytischen Konzepts der psychischen Strukturbildungen könnte verständlich werden, was bislang als „Anlage" oder „Begabung" oft mit vorbestimmtem „Schicksal" gleichgesetzt wurde. Indem der Lehrer wesentliche Aspekte dieses „Schicksals" erkennt, gelingt es ihm möglicherweise, die Effekte, die von diesen Strukturbildungen ausgehen, besser zu handhaben. Für die *äußere* Seite der Professionalisierung liefern die Aus- und Weiterbildungseinrichtungen der Psychoanalyse selbst ein ausgezeichnetes Modell: Selbsterfahrung, Reflexionswissen und praktische Supervision müssen als gelungene Einheit wirksam werden können, damit sich jene „Kompetenz" entfalten kann, die eine kontrollierte Anwendung der psychoanalytisch-pädagogischen Methode möglich macht.

3. Die Methode des Methodenerwerbs

Die Notwendigkeit von Professionalisierungsprozessen ergibt sich auch in der Schule durch das „funktionale Zuständigkeitskonstrukt" (Combe 1996, 21), also entlang von *Krisensituationen, die bei der Bewältigung gesellschaftlicher Aufgaben entstehen*, welche ohne „Experten" nicht mehr lösbar sind.

Geht man von den drei historisch gewachsenen *Wegen des Methodenerwerbs* aus, die W. Flitner als die drei Methoden des Kompetenzerwerbs charakterisiert, so ergibt sich, daß *allein die Fallrekonstruktion* als Arbeit an einem professionellen Ichideal und an der Freisetzung von Eigenverantwortung und Autonomie den neuzeitlichen Anforderungen an einen *verinnerlichten* Kompetenzerwerb entspricht. Das *reflexive* Moment im Sinne einer im Diskurs erarbeiteten „stellvertretenden Deutung" müßte in einer künftigen Aus- oder Weiterbildung gleichberechtigt neben alle Formen einer Ausbildung treten, die Lehrer zur *aktiven* Bewältigung der unterrichtlichen Aufgaben befähigen. Im Zentrum des Professionalisierungskonzeptes steht dabei die von Oevermann beschriebene widersprüchliche Einheit von „Spezifität" und „Diffusität", die auch dem „pädagogischen Arbeitsbündnis" im Unterricht zugrunde liegt (ebd., 119).

4. Die Interaktionsebene des Professionalisierungsproblems

Anders als in vielen anderen Professionen dürfte die „Mitwirkung" der „Klienten" im Bereich der Pädagogik eine wesentliche Seite des Professionalisierungsproblems ausmachen. Selbst Luhmann unterscheidet zwischen „Leistungs-" und „Komplementärrollen" (Stichweh 1996, 59). Auf der einen Seite entwickeln sich Professionen nur, wenn sich durch „funktionale Ausdifferenzierung" jeweils „binäre Schematismen" entwickeln (Combe 1996, 12); andererseits hat es Erziehung stets mit Personen zu tun, die sich einer Technologie eben *nicht subsumieren* lassen. Daraus ergibt sich: Professionelle Praxis ist in einem sehr hohen Maße eben „durch ein Technologiedefizit" und durch einen in praktisch jede pädagogische Situation hereinwirkenden „Ungewißheitshorizont" belastet (Combe 1996, 12). – Zum Konzept der Professionalisierung im pädagogischen Feld gehört also essentiell, daß der Klient in irgendeiner Form *mitarbeitet*. Combe (1996, 41) spricht vom „Strukturmoment der Ungewißheit", Rabe-Kleberg (1996, 293) von „Arbeiten mit Ungewißheitsstrukturen".

5. Struktur der Ungewißheit

Sich auf adoleszente Bildungsprozesse im schulischen Lernen einzulassen, heißt, sich dieser Struktur der Ungewißheit tagtäglich auszusetzen. Combe fordert diesbezüglich die „Suspendierung eines abstrakten Vorwissens" (ebd., 41). Neben dem pädagogischen „Arbeitsbündnis" ist der Aspekt der Übertragung und Gegenübertragung (Oevermann 1996, 119) zu berücksichtigen.
Als Kern des professionellen Handelns wird so ein Bereich sichtbar, in dem sich in polarer Ausdifferenzierung aus einer monolithischen Kultur bloßer Routine-Exekution des bürokratisch-pädagogischen Handelns der Wechsel von *aktiv-charismatischen* Entscheidungen und *passiv-reflexiver* Ent-Charismatisierung realisieren müßte. Es geht dabei darum, den Sinnverlust in Grenzen zu halten, den selbstbezogene pädagogische Machtausübung im Unterricht immer wieder erzeugt. Nur in dieser doppelten Dialektik kann sich dann jener „Spielraum" bilden, der für die Bearbeitung von Problemkapazitäten im Sinne einer „Selbsterneuerungskraft durch minimale Gewährleistung von Pluralität" (Oevermann 1996, 87) nötig ist.

Der eigentliche *Ort* für den Erwerb dieser praxeologischen Kompetenz kann allerdings – mit Blick auf das obige Fallbeispiel – vermutlich nur eine Form der „Weiterbildung" *nach* Abschluß der Ausbildung in den staatlichen Seminarschulen sein.

Literatur:

BAK (Hrsg.) (1997): Perspektiven der Lehrerbildung in Baden-Württemberg. Tübinger Thesen. In: BAK – Bundesarbeitskreis der Seminar- und Fachlehrer/innen (Hrsg.) (1997): Seminar – Lehrerbildung und Schule. H. 4, Schneider: Hohengehren, 164-191

Bernfeld, S. (1925): Sisyphos oder die Grenzen der Erziehung. Suhrkamp: Frankfurt a. M., 3. Auflage 1979

Combe, A., Helsper, W. (1996): Einleitung. Pädagogische Professionalität. Historische Hypotheken und aktuelle Entwicklungstendenzen. In: Combe, A., Helsper, W. (Hrsg.): Pädagogische Professionalität. Untersuchungen zum Typus des pädagogischen Handelns. Suhrkamp: Frankfurt, 9-48

Flitner, W. (1950): Allgemeine Pädagogik. Klett-Cotta: Stuttgart, 15. Auflage 1997

Gaertner, A. (1993): Supervision und Institutionsanalyse. In: Muck, M., Trescher, H.-G. (Hrsg.) (1993): Grundlagen der Psychoanalytischen Pädagogik. Grünewald: Mainz, 237-258

Herrmann, U. (1999): „Lehrer" – Experte *und* Autodidakt? Bemerkungen zu den strukturellen Möglichkeiten und Grenzen der „Professionalität" und der „Professionalisierbarkeit" des Lehrers und seiner beruflichen Praxen. In: Carle, U., Buchen, S. (Hrsg.): Jahrbuch der Lehrerforschung, Bd. 2. Juventa: Weinheim, 33-48

Hertramph, H., Herrmann, U. (1999): „Lehrer" – eine Selbstdefinition. Ein Ansatz zur Analyse von „Lehrerpersönlichkeit" und Kompetenzgenese durch das sozialkognitive Modell der Selbstwirksamkeitsüberzeugung. In: Carle, U., Buchen, S. (Hrsg.): Jahrbuch der Lehrerforschung, Bd. 2. Juventa: Weinheim, 49-72

Katzenbach, D. (2000): Kognition, Angstregulierung und Entwicklung der Abwehrmechanismen. Ein Beitrag zum Verständnis behinderter Lernfähigkeit. In: Datler, W. u.a. (Hrsg.): Jahrbuch für Psychoanalytische Pädagogik 10. Psychosozial: Gießen, 124-145

Leber, A. (1985): Wie wird man „Psychoanalytischer Pädagoge"? In: Bittner, G., Ertle, C. (Hrsg.): Pädagogik und Psychoanalyse. Königshausen & Neumann: Würzburg

Oelkers, J. (2000): Probleme der Lehrerbildung: Welche Innovationen sind möglich? In: Cloer, E., Klika, D., Kunert, H. (Hrsg.): Welche Lehrer braucht das Land? – Notwendige und mögliche Reformen der Lehrerbildung. Juventa: Weinheim, München, 126-141

Oevermann, U. (1996): Theoretische Skizze einer revidierten Theorie professionalisierten Handelns. In: Combe, A., Helsper, W. (Hrsg.): Pädagogische Professionalität. Untersuchungen zum Typus des pädagogischen Handelns. Suhrkamp: Frankfurt a. M., 70-182

Rabe-Kleberg, U. (1996): Professionalität und Geschlechterverhältnis. Oder: Was ist „semi" an traditionellen Frauenberufen? In: Combe, A., Helsper, W. (Hrsg.): Pädagogische Professionalität. Untersuchungen zum Typus des pädagogischen Handelns. Suhrkamp: Frankfurt a. M., 276-302

Schröter, M. (2001): Psychoanalyse und ärztliche Psychotherapie. Zur Geschichte eines schwierigen Verhältnisses. In: Psyche 55, H. 7, 718-737

Somm, I. (2001): Eine machtanalytische Revision von Oevermanns Professionalisierungstheorie aus sozialpsychologischer Perspektive. In: Zeitschrift für Pädagogik 47, H. 5, 675-691

Stichweh, R. (1996): Professionen in einer funktional differenzierten Gesellschaft. In: Combe, A., Helsper, W. (Hrsg.): Pädagogische Professionalität. Untersuchungen zum Typus des pädagogischen Handelns. Suhrkamp: Frankfurt a. M., 49-69

Ulich, K. (2001): Einführung in die Sozialpsychologie der Schule. Beltz: Weinheim, Basel

Franz-Josef Krumenacker

Professionalisierung im pädagogisch-therapeutischen Milieu

Der Beitrag skizziert das Modell von Professionalisierung, wie es an der Orthogenic School, dem stationären Behandlungszentrum für emotional gestörte Kinder an der Universität von Chicago, unter ihrem langjährigen Leiter Bruno Bettelheim (1903-1990) entwickelt und praktiziert wurde. Die Professionalisierung von neuen MitarbeiterInnen fand dort in Form eines intensiven mehrjährigen ‚In-Service-Trainings' statt. Mit seiner Hilfe sollten neue, in der Regel akademisch, nicht aber psychotherapeutisch vorgebildete MitarbeiterInnen befähigt werden, ihre pädagogisch-therapeutischen Aufgaben im eigengesetzlichen Milieu der Schule zu erfüllen. Bei dem hier vorzustellenden Verständnis von Professionalisierung handelt es sich um ein radikales, mitunter eigenwillig anmutendes Modell, das quer zu herkömmlichen Vorstellungen liegt und zum Widerspruch geradezu herausfordert. Darüber hinaus ist es eng mit den theoretisch-konzeptionellen Grundsätzen der stationären kinder- und jugendpsychiatrischen Einrichtung verknüpft, an der es entwickelt wurde. Aus diesem Grund sollen hier einleitend drei zentrale inhaltlich-konzeptionelle Leitlinien benannt werden, ohne die das dort praktizierte Modell von Professionalisierung unverständlich bliebe.

1. Aufhebung des Gegensatzes von Betreuung und Therapie im Konzept des „therapeutischen Milieus"

Zu nennen ist an erster Stelle die Aufhebung der Spaltung zwischen pädagogischer Betreuung und psychotherapeutischer Arbeit in Bettelheims Konzept eines therapeutischen Milieus. In der traditionellen Perspektive schien die Aufgabe der Pädagogik lediglich darin zu bestehen, die zwischen den therapeutischen Sitzungen liegenden Zeiten zu überbrücken. Fritz Redl brachte dies pointiert in der Wendung vom Alltag als „cold storage" zum Ausdruck (zit. nach Bettelheim 1987, 226). Das für die Rehabilitation der Kinder eigentlich Bedeutsame sollte sich in der einen täglichen Behandlungsstunde ereignen. Im therapeutischen Milieu wurde hingegen ein von den Kindern und Betreuerinnen gemeinsam gelebter, tiefenpsychologisch reflektierter und gestalteter Alltag als wichtiges Medium der Therapie konzeptionalisiert. Die Art, in der ein Kind gefüttert, gebadet und zur Toilette begleitet wurde, wie man mit ihm beim Aufstehen und Schlafengehen umging, wurde als genauso wichtig angesehen wie die täglichen Psychotherapiesitzungen. Mehr noch: Wurden alltägliche Ereignisse mit Verstand und Geschick gestaltet, so konnten sie sich sogar als wichtiger als das erweisen, was in der individuellen Behandlungsstunde erreicht werden konnte (Bettelheim, Sanders 1979, 219). Das Ziel der Professionalisierung der MitarbeiterInnen an der Orthogenic School bestand daher primär darin, pädagogisch-therapeutische Handlungskompetenz in der Unübersichtlichkeit des stationären Alltags zu entwickeln. Haltungen und Kenntnisse mußten verinnerlicht und somit integraler Bestandteil der jeweiligen Persönlichkeit werden, schon deshalb, damit sie auch in Situationen, die wenig Zeit zur Reflexion ließen und spontane Entschlüsse erforderten, auch tatsächlich zur Verfügung standen (Bettelheim 1975, 296). Diese Orientierung auf „Alltag" und „Handlung" mag auch erklären, warum Bettelheim den Wert einer zuvor absolvierten Psychoanalyse der MitarbeiterInnen vergleichsweise gering einschätzte.

Mit der beträchtlichen Aufwertung „der anderen 23 Stunden" (Trieschman) gegenüber der einen täglichen Therapiestunde ging zugleich ein erhöhter Status der den Alltag mit den Kindern lebenden BetreuerInnen einher. Da sie die meiste Zeit mit ihren Schützlingen verbrachten und nicht selten die engsten Beziehungen zu ihnen unterhielten, wurden sie auch als die zentralen Personen für deren Therapie und Rehabilitation angesehen. Dieser Bedeutung wurde auch dadurch Rechnung getragen, daß die BetreuerInnen über alle die Belange „ihrer" Kinder betreffenden Kompetenzen verfügten.

2. Empathie als Königsweg zum Verständnis emotional gestörter Kinder

Als zweites für die Arbeit an der Orthogenic School charakteristisches Element soll hier die Bedeutung der professionellen Grundhaltung genannt werden. Nach Bettelheims eigener Einschätzung bildet die spezifische professionelle Haltung und nicht besondere Wissensbestände oder Methodenkenntnisse den paradigmatischen Kern seines Ansatzes: „Den Kern unserer Arbeit bildet also nicht ein besonderes Wissen oder ein bestimmtes Verfahren, sondern eine innere Einstellung zum Leben und zu den Menschen, die in den Lebenskampf ebenso verwickelt sind wie wir" (Bettelheim 1989, 13). Sich des gemeinsamen Menschseins bewußt zu sein oder zu werden, bildete mithin die entscheidende Voraussetzung für die von Bettelheim gelehrte Grundhaltung und zugleich ihr erstes, normatives und situationsunabhängiges Kennzeichen. Das zweite, im ersten bereits enthaltene, Merkmal bestand in der Einstellung, daß zwischen den MitarbeiterInnen und den PatientInnen kein essentieller sondern lediglich ein gradueller Unterschied bestehe (Bettelheim 1975, 279). Jedes Gefühl der Überlegenheit auf Seiten der BetreuerIn störte die Begegnung und Kommunikation, weil es vom Kind als Kränkung erlebt wurde. Zum dritten resultierte die Haltung aus der Überzeugung, daß die Kinder für alles, was sie tun, ihre guten Gründe haben. Auch den befremdlichsten Verhaltensweisen liegt ein rekonstruierbarer Sinn zugrunde. Erst die gefühlsmäßige Verinnerlichung dieser drei Überzeugungen ermöglichte eine konstruktive Grundhaltung, die ihrerseits eine notwendige Bedingung für die nach Bettelheim wichtigste Kompetenz einer MitarbeiterIn darstellte: die Fähigkeit zu einfühlendem Verstehen.

Jahre bevor Heinz Kohut (1903-1987) seine Selbstpsychologie aus dem Konzept der Empathie entwickelte, bildete sie für Bettelheim die Basis milieutherapeutischer Praxis (Frattaroli 1994, 404). Die Akzentuierung des empathischen Verstehens gründet in der Überzeugung, daß psychiatrische Patienten – zumal Kinder – dringender als theoretisches Verstehen von Symptomen und Krankheitsbildern Personen benötigen, die fähig und bereit sind, mit ihnen in krisenhaften Lebenssituationen *als Mensch* in Kontakt zu stehen (Bettelheim 1975, 88).[1] Rationale und emotionale Erkenntnis, Menschlichkeit und Wissenschaftlichkeit, stehen für Bettelheim in einem Spannungsverhältnis. Theoretische Kenntnisse erscheinen ihm als nützliches, jedoch sekundäres Wissen. Es muß zu der aus der unmittelbaren Einfühlung stammenden Erkenntnis hinzutreten. Das Verstehen einer PatientIn sollte jedoch stärker aus der unmittelbaren Erfahrung als aus nachträglicher Überlegung resultieren. Den Vorrang emotionaler vor rationaler Erkenntnis spitzt Bettelheim apodiktisch in dem folgenden Satz zu: „"Was [ein] Mitarbeiter fühlt ..., ist wesentlich wichtiger für seine Arbeit, als was er ... weiß" (a.a.O., 313). Professionalisierung an der Orthogenic School meint daher in erster Linie Entwicklung einer empathischen Haltung und Einstellung, die in Übereinstimmung mit dem Ethos der Institution steht, und *nicht* das Erwerben umfassenden Fachwissens und methodischer Kenntnisse.

3. Wechselseitig bedeutsame persönliche Beziehungen

Das dritte theoretisch-konzeptionelle Element besteht in der großen Bedeutung, die der Beziehung zwischen BetreuerInnen und Kindern im Prozeß der Therapie und Rehabilitation beigemessen wurde. Die Beziehungen wurden als der wichtigste Teil des therapeutischen Milieus der Schule angesehen. Sie vermögen, was keine noch so ideale Umwelt vermag, daß die Kinder ihr Selbstbild ändern und ihre Selbstachtung und ihr Selbstvertrauen wiedergewinnen oder erstmals entwickeln können. Das zentrale Kriterium für die therapeutische Wirksamkeit von Beziehungen ist für Bettelheim, ob es sich um eine für beide Seiten bedeutsame Beziehung handelt. Nur dann wirken Beziehungserfahrungen wirklich wachstumsfördernd. Daß die BetreuerInnen, wenn es gelingt, die Kinder dazu zu bewegen, ihre Isolation sukzessive aufzugeben, für die Kinder zu bedeutsamen Personen werden, erscheint nahezu zwangsläufig. Wie aber läßt sich auch der umgekehrte Prozeß, eine Bedeutsamkeit des Kindes für die BetreuerInnen erreichen? Wie gelangt man dahin, daß „somebody has got to be

---

[1] Ausführlich behandelt habe ich diesen Aspekt in „Zerstört Theorie die Menschlichkeit? Zum Wissenschaftsverständnis Bruno Bettelheims" (Krumenacker 1997).

crazy about that kid" (Bronfenbrenner; zit. n. Winkler 1993, 283). Bettelheims Antwort: Das gelingt nur, wenn die persönliche Weiterentwicklung der MitarbeiterIn aufs engste an die Erfüllung ihrer pädagogisch-therapeutischen Arbeit geknüpft wird. So eng, daß an der Orthogenic School nur zwei Resultate möglich sind: im positiven Fall erlangte das Kind auch für die BetreuerIn höchste Bedeutsamkeit; im negativen Fall zwang dieses Junktim von Berufsarbeit und Persönlichkeitsentwicklung jene MitarbeiterInnen, die diese Anforderungen – trotz Unterstützung – nicht erfüllen konnten oder wollten, sehr bald zum Ausscheiden. Diese enge Verknüpfung der Geschicke von MitarbeiterInnen und PatientInnen wurde an der Orthogenic School institutionell verankert, indem die PatientIn ausdrücklich das „persönliche Projekt" (Bettelheim 1975, 351) der jeweiligen MitarbeiterIn darstellte und sie in den ungeteilten Genuß aller narzißtischen Befriedigungen kam, die aus den Fortschritten „ihres" Kindes resultierten.

4. Das Grundprinzip von Professionalisierung an der Orthogenic School: Reintegration der Mitarbeiter durch und mit den Patienten

Mit dem Stichwort „die PatientIn als persönliches Projekt" der jeweiligen MitarbeiterIn und dem „Junktim von Berufsarbeit und Persönlichkeitsentwicklung" ist das Grundprinzip von Professionalisierung an der Orthogenic School bereits benannt. Den Hintergrund bildete die Erfahrung, daß die intensive Arbeit mit psychiatrischen PatientInnen, d.h. eine dauerhafte und intensive Konfrontation mit dem primärprozeßhaften Verhalten der Kinder die Integration der Persönlichkeiten der BetreuerInnen bedrohte. Durch die unweigerliche Reaktivierung von unverarbeiteten Kindheitserlebnissen der Betreuerinnen trat eine partielle Desintegration ihrer Persönlichkeiten ein. Die dadurch aufbrandenden Gefühle mußten abgewehrt oder integriert werden. An ihrer Abwehr wurden die MitarbeiterInnen durch kollegiale Beratung durch erfahrene MitarbeiterInnen und durch intensive Einzel- und Gruppensupervisionen gehindert. Sie mußten daher Wege und Möglichkeiten finden, die durch die Primärprozesse ausgelösten Gefühle zu integrieren. Auch dabei wurden sie durch das intensive Kommunikations- und Reflexionssystem der Institution unterstützt. Durch die Desintegration und Reintegration unbewältigter eigener Erfahrungen erlangten die MitarbeiterInnen durch ihre Berufsarbeit eine höhere Integration der eigenen Persönlichkeiten.[2,3] Die persönliche Weiterentwicklung der BetreuerInnen wurde allerdings nicht als Selbstzweck betrieben, sondern war eher ein Nebenprodukt und eine notwendige Bedingung zur Rehabilitation der Kinder (vgl. den Abschnitt 6.: Pädagogisch-therapeutische Induktion).

---

[2] Vgl. dazu ausführlicher den Abschnitt „Durch pädagogisch-therapeutische Arbeit eigene Konflikte lösen" in Krumenacker 1998, 194ff.
[3] Zu Bettelheims Konzept der höheren Integration vgl. Wunsch (1998).

Auch wenn sich die Persönlichkeitsintegration der MitarbeiterInnen im therapeutischen Milieu als gegenseitige Erziehung und Therapie von Kindern und Mitarbeitern darstellte, muß hier, um Mißverständnissen vorzubeugen, betont werden, daß die Interaktionen zwischen Betreuerinnen und Kindern *immer* und *ausdrücklich* im Zeichen der Probleme bzw. der Möglichkeiten der Kinder standen. Die entscheidenden Anregungen zur eigenen Persönlichkeitsentwicklung erhielten die MitarbeiterInnen in den zahlreichen informellen und formellen Besprechungen und Supervisionen. Es handelte sich also um eine gegenseitige Erziehung und Therapie in getrennten Sphären.

5. Der Prozeß der Professionalisierung – ein Drei-Phasenmodell

Wie aber verlief dieser Prozeß von Desintegration und Reintegration konkret? Bettelheim charakterisiert ihn als einen dreiphasigen Entwicklungsprozeß, dessen Phasen hierarchisch aufeinander aufbauen und nacheinander (sequenziell) bewältigt werden müssen. Wie im bisherigen Verlauf der Darstellung schon deutlich geworden ist, hing die Bewältigung der einzelnen Phasen nicht nur von den jeweiligen MitarbeiterInnen, sondern auch von der ihnen zuteil werdenden institutionellen Unterstützung ab.[4] Der dreiphasige Entwicklungsprozeß verlief nicht linear aufsteigend, sondern krisenhaft mit Höhen und Tiefen und Rückfällen in Haltungen, die nur vorübergehend aufgegeben waren. Eine BetreuerIn konnte sich in einem Augenblick bei einer Tätigkeit mit einer bestimmten PatientIn gemäß der ersten Phase verhalten und in einer anderen Situation oder bei einer anderen PatientIn gemäß der zweiten oder dritten. Die Erfahrung lehrte ferner, daß trotz sorgfältiger Auswahl nicht sämtliche neuen MitarbeiterInnen alle drei Phasen durchliefen und damit die geforderte Professionalität erlangten. Einige blieben in einzelnen Phasen stecken und entwickelten sich nicht weiter. Die volle Entwicklung der an der Orthogenic School geforderten Professionalität erforderte nach Angaben Bettelheims in etwa vier bis fünf Jahre (Bettelheim 1975, 382).

5.1 „BeobachterIn" oder „Eindringling" – Die erste Phase

Bettelheim zufolge stellte der Beginn des intensiven „In-Service-Trainings" eine kritische Phase dar, die bis zu einem Jahr dauern konnte. Insgesamt war die erste Phase in der Regel durch einen zu großen Selbstschutz der neuen MitarbeiterIn gekennzeichnet. Dieser fand seinen Ausdruck in zwei gegensätzlichen Rollenverständnissen: der einer reinen „BeobachterIn" oder der eines „Eindringlings" (Bettelheim 1975, 376). Gemeinsam war beiden Formen, daß die MitarbeiterIn zu Beginn kurze Zeit verwirrt war und zunächst immer unsicherer wurde. Die

---

[4] Vgl. dazu ausführlicher den Abschnitt „Soziale Solidarität" in: Krumenacker 1998, 154ff.

selbstgewählte Aufgabe erschien ihr plötzlich viel anspruchsvoller als erwartet und sie überkam das Gefühl, weniger darauf vorbereitet zu sein als erwartet. Kindheitsprobleme, die sie bewältigt wähnte, wurden wieder wach und andere wurden über jede Erwartung hinaus intensiviert. Ihr Selbstbild als Erwachsene, die pädagogisch-therapeutisch arbeiten möchte, erschien bedroht. Sie fühlte sich der Situation nicht gewachsen. Durch die Arbeit wurde die MitarbeiterIn in eine Elternrolle gedrängt und die daraus resultierenden Gefühle waren meistens höchst überraschend und unerwartet erschreckend. Die Erfahrungen an der Orthogenic School zeigten, daß neue MitarbeiterInnen innerhalb weniger Tage, spätestens aber nach ein paar Wochen, auf eine der folgenden Weisen reagierten:

- Sie behielten die Abwehrhaltung gegenüber der bedrohlichen Realität ihrer neuen Arbeit bei und traten von der selbstgewählten Aufgabe zurück. Die typische Erklärung lautete: „Dem bin ich nicht gewachsen."
- Sie agierten gegen das Interesse der PatientInnen, ohne sich dessen bewußt zu sein: sie bestraften oder unterdrückten sie, oder sie duldeten es, daß sich die PatientInnen gegenseitig verletzten. An der Orthogenic School wurde dies als Ausdruck des unbewußten Wunsches interpretiert, die Institution zu veranlassen, sie im Interesse der PatientInnen um ihr Ausscheiden zu bitten. Unbewußt ging es den neuen MitarbeiterInnen darum, sich vor der Gefahr persönlicher Desintegration zu schützen.
- Sie versuchten, der Herausforderung der Integration ihrer neuen Erfahrungen gewachsen zu sein. Sie stürzten sich in die Arbeit, beschlossen durchzuhalten und alles, was sie zu bieten hatten, in diese Aufgabe zu investieren. Meistens halfen sie sich selbst, indem sie den PatientInnen halfen, gewöhnlich ohne zu erkennen, daß dies ihr eigentliches Ziel war.

War der Initial-Schock überwunden und hatte die BetreuerIn beschlossen, trotz aller Ängste und Nöte weiterzuarbeiten, begann für gewöhnlich die kritischste Phase. Ihre unbewältigten Kindheitserfahrungen wurden durch die Arbeit immer stärker aktiviert. Die MitarbeiterIn geriet in einen zunehmenden Gefühlsaufruhr. Seine Auswirkungen konnte ihre Arbeit mit den PatientInnen ernsthaft gefährden. Gerade in dieser Phase benötigte die MitarbeiterIn die besondere Unterstützung von erfahreneren KollegInnen.

In diesem ersten Stadium identifizierte sich die MitarbeiterIn womöglich in neurotischer Art und Weise mit ihrer PatientIn oder mit einigen ihrer Symptome. Unbewußt tendierte sie dazu, die Motive der PatientIn und ihr Verhalten nach ihren eigenen Bedürfnissen zu interpretieren. Dies spürte sie vage, mochte gleichzeitig aber auch ehrlich den PatientInnen helfen und befürchtete, dabei zu versagen. In der Folge versuchte sie, auf eine defensive und unsichere Art, reife Verhaltensweisen aufrecht zu erhalten und den Abstand zwischen sich als normalem Erwachsenen und den PatientInnen zu vergrößern. Dadurch war der enge Kontakt ausgeschlossen, der sie und ihre PatientIn zu einer höheren Integration hätte führen können.

Während dieser Phase erlebte die neue MitarbeiterIn ihre Verantwortung in erster Linie als fast unerträgliche Belastung und bezog nur wenig Befriedigung daraus. Ihre ganze emotionale Kraft benötigte sie, um die immer stärker werdenden, weitgehend unbewußten Vorgänge in ihrem Inneren in Schach zu halten. Die Abwehr erschwerte jede Handlung. Aus diesem Grund konnte die jeweilige MitarbeiterIn zeitweilig völlig erschöpft und mit Ihrer Aufgabe zutiefst uneins sein.

Im Umgang mit desintegrierenden Gefühlen wählten neue MitarbeiterInnen entweder einen aktiven oder einen passiven Modus der Bewältigung. Sie wurden zu „Eindringlingen" oder „BeobachterInnen". Letztere waren durch ihr minimales Engagement gekennzeichnet. Durch passives und abwartendes Verhalten hofften sie, ihre bedrohte Integration zu bewahren. Die „BeobachterIn" neigte dazu, ihr Wissen auf Kosten ihres Tuns zu betonen und leugnete die Auswirkungen der Arbeit auf sie. Auch erfahrene BetreuerInnen nahmen in bestimmten Situationen zuweilen die Rolle der „BeobachterIn" ein. Dies geschah aber nur vorübergehend und zu einem gänzlich anderen Zweck. Sie beobachteten, um zu einer adäquateren Analyse zu gelangen und den PatientInnen besser helfen zu können. Die beobachtende neue MitarbeiterIn hingegen wollte sich gegen menschliche Beziehungen abschirmen.

Im Gegensatz zur „BeobachterIn" verhinderte der „Eindringling" emotionales Engagement durch hektische Aktivität. Charakteristisch war etwa, daß die neue MitarbeiterIn die PatientInnen zu Aktivitäten antrieb, mit Vorliebe zu solchen, die keine persönlichen Beziehungen zuließen. Ihr Ideal permanenter Aktivität verhinderte, daß sie ihre eigenen Motive und Handlungen hinterfragte. Durch ihre Rastlosigkeit versuchte sie sich zu demonstrieren, daß sie sich jetzt und auch zukünftig im Griff habe. Ebenso wie eine erfahrenere BetreuerIn situationsangemessen und zeitweilig die Rolle einer „BeobachterIn" einnehmen konnte, konnte es auch sinnvoll sein, daß PatientInnen von einer erfahrenen BetreuerIn zu Aktivitäten aufgefordert wurden. Dies geschah allerdings im Interesse der PatientInnen und im Rahmen einer bereits etablierten intensiven Beziehung zwischen BetreuerIn und PatientIn. Die erfahrene BetreuerIn intervenierte in einem bestimmten Augenblick unter Berücksichtigung der besonderen Bedürfnisse der PatientIn und nicht, um die eigenen Ängste zu bekämpfen oder den emotionalen Kontakt mit der Realität der PatientIn zu vermeiden.

Auch an der Orthogenic School entwickelten sich einige MitarbeiterInnen nicht über das Stadium der „BeobachterIn" oder des „Eindringlings" hinaus. Nach

Bettelheim beherrschten sie zwar die Technik der pädagogisch-therapeutischen Arbeit, ihrem Handeln fehlte aber die volle Wirksamkeit, weil sie sich dem Menschen im Patienten entzogen, während sie sich durchaus der ‚therapeutischen Aufgabe' hingeben konnten. In typischer Diktion schreibt Bettelheim: „Sie machen den Patienten nicht zu ‚ihrem' Patienten. Sie sind nicht fähig, sich selbst aufs Spiel zu setzen, damit der Patient sein Leben gewinnt" (Bettelheim 1975, 380).

5.2 „TeilnehmerIn" – Die zweite Phase

Mit zunehmender Reintegration der eigenen Persönlichkeit konnte es sich die neue BetreuerIn immer mehr erlauben, den jeweiligen Bedürfnissen der PatientInnen und ihren mitunter bizarren Verhaltensweisen mit einfühlsamer Teilnahme zu begegnen. Ihr defensiver Selbstschutz verlor langsam an Bedeutung. War dieser Punkt erreicht, so trat die neue MitarbeiterIn in die zweite Phase der Professionalisierung ein. Aus einer „BeobachterIn" oder einem „Eindringling" wurde eine „TeilnehmerIn".

Hatte die MitarbeiterIn vor Eintritt in diese Phase versucht, eine Barriere zwischen sich als „normalem" Erwachsenen und den „kranken" PatientInnen zu errichten, um ihr bedrohtes Selbstbild zu schützen, so begannen in der zweiten Phase die Ich-Grenzen zwischen BetreuerIn und PatientIn zu verschwimmen. Die MitarbeiterIn neigte dazu, die PatientInnen zu bestimmten Handlungen zu veranlassen, die eher mit den unintegrierten Problemen ihrer eigenen Persönlichkeit als mit realen Bedürfnissen der PatientInnen zu tun hatten. Jetzt gab die MitarbeiterIn häufig alle intellektuellen Ziele vorübergehend auf und setzte sich punktuell auch über das Ethos der Institution hinweg. Unter dem Vorwand, der PatientIn nahe sein zu wollen, konnte es auch vorkommen, daß die MitarbeiterIn zusammen mit der PatientIn destruktive Impulse ausagierte. Unüberlegte Handlungen nahmen den Platz gut durchdachter, aus verständnisvoller Einfühlung resultierender Reaktionen ein. Gleichwohl erschien die „TeilnehmerIn"-Phase als ein notwendiger Übergang. Unerledigte Probleme der Persönlichkeit der MitarbeiterIn kamen offen zum Ausdruck und konnten dadurch bearbeitet und letztlich integriert werden. Diese Phase konnte bis zu zwei Jahre dauern. Zwei Jahre, in denen nur sehr wenige MitarbeiterInnen ausschieden. Mit zunehmender eigener Integration verminderte sich auch das Bedürfnis der MitarbeiterIn zur Teilnahme. Schließlich partizipierte sie nur noch im Interesse der PatientIn und nicht länger im eigenen. Die MitarbeiterIn kehrte zum Erwachsenenstatus zurück und konnte den PatientInnen jetzt als reife, erwachsene Persönlichkeit beistehen.

5.3 „Teilnehmende BeobachterIn" – Die dritte Phase

Eine BetreuerIn wurde in dem Maße zur „teilnehmenden BeobachterIn", in dem sie die unerledigten Erfahrungen ihrer eigenen Biographie bewältigte und integrierte. Die erlangte höhere Integration ermöglichte der gereiften Persönlichkeit der MitarbeiterIn, selbst stark gestörten PatientInnen zunehmend mit einfühlsamem Verständnis zu begegnen und eine Haltung maximaler Symptomtoleranz einzunehmen. Da die Symptome der Kinder an Bedrohlichkeit verloren hatten und nicht gleich die eigene Integration auf dem Spiel stand, konnten die Symptome der Kinder in immer größerem Ausmaß als ihre höchsten Leistungen gewürdigt werden (Bettelheim 1989, 220). Die therapeutische Einstellung und das therapeutische Handeln der MitarbeiterIn gründeten sich jetzt auf einfühlsames Verständnis der Vergangenheit der PatientIn, ihre gegenwärtigen Bedürfnisse und die langfristigen, realistischen therapeutischen Ziele. Hatte eine MitarbeiterIn sich nach drei bis fünf Jahren eine solche Professionalität erarbeitet, verlor diese Berufstätigkeit oft ihren Reiz und wurde aufgegeben. Mit der höheren Integration entfiel für diese BetreuerInnen an der Orthogenic School ein wichtiges unbewußtes Motiv für die Arbeit mit psychiatrischen Patienten: der unbewußte Wunsch, die eigenen emotionalen Probleme zu bearbeiten. Bei anderen hingegen überwog die Befriedigung, die eine erfolgreiche Arbeit mit psychiatrischen PatientInnen vermitteln konnte. Diese BetreuerInnen entwickelten ihre Kompetenzen weiter, indem sie mit ihrem Erfahrungsschatz und Einfühlungsvermögen jüngere KollegInnen einarbeiteten.

6. Pädagogisch-therapeutische Induktion

Die Reintegration der MitarbeitInnen durch und mit ihren PatientInnen war an der Orthogenic School Mittel zum Zweck der Rehabilitation der Kinder. Ein Fortschritt auf seiten der BetreuerIn bedeutete zugleich auch für das jeweilige Kind einen Fortschritt. Entwicklung begann in der BetreuerIn. Ihre Entwicklung induzierte eine Entwicklung auf Seiten des Kindes (Bettelheim 1975, 343). Daher konnte Bettelheim behaupten: Das Wohl der Kinder hängt von der persönlichen Weiterentwicklung der Mitarbeiter ab.

Je massiver die Störung der Kinder, desto offensichtlicher trat diese Beziehung zutage. Die Intensität dieser Auswirkung, die Bettelheim als „fast mirakulös" charakterisiert (1975, 343), kommt auch in dem nachfolgenden Satz noch einmal pointiert zum Ausdruck: „Wenn wir uns aber selbst ändern um eines anderen willen, so ist das der stärkste Einfluß, den wir auf ihn ausüben können" (Bettelheim, Karlin 1984, 202). Illustriert werden kann dieses Prinzip, das ich hier als pädagogisch-therapeutische Induktion bezeichnen möchte, an einer Episode aus der Zusammenarbeit zwischen dem Mädchen „Marcia" und ihrer Betreuerin

(1975, 242 f)⁵. In ihrer Arbeit mit dem Mädchen hatte diese Mitarbeiterin u.a. gelernt, wie wichtig es für „Marcia" war, täglich den Fußboden unter Wasser zu setzen. Sie versuchte dadurch, die eigene jahrelange „Überschwemmung" durch Klistiere zu bewältigen. Der Mitarbeiterin war es nicht nur gelungen, diese Wasserspiele hinzunehmen, sie konnte sie auch ohne Vorbehalte mit positiven Gefühlen akzeptieren, auch wenn sie und ihre Kleidung dabei naß wurden. Da die Überschwemmungen über einen längeren Zeitraum immer wieder stattfanden, beschwerten sich die Hausmeister, daß sie im Anschluß immer die Böden aufwischen mußten. Eine Intervention der Leitung konnte diesen Konflikt eine Zeit lang hinausschieben. Schließlich weigerten sich die Hausmeister aber, weiterhin die Böden trockenzulegen. Die Wasserspiele des Mädchens einzuschränken, erschien zu diesem Zeitpunkt aus therapeutischen Erwägungen heraus nicht ratsam und die Mitarbeiterin war zunächst auch von sich aus nicht bereit, diese zusätzliche Arbeit zu übernehmen. Offenbar war sie mit ihrem Selbstbild als Pädagogin und Therapeutin nicht ohne weiteres zu vereinbaren. An diesem Konflikt, schreibt Bettelheim, wurde deutlich, daß diese Mitarbeiterin bis dahin und im Gegensatz zu ihrer eigenen Überzeugung sich keineswegs voll für „Marcia" engagiert hatte. Sie hatte die mit dem Verhalten des Mädchens verbundenen Folgen nie tragen müssen und schreckte davor zurück, wenn nur sie selbst noch für diese Arbeit in Frage kam. Weil ihr „Marcias" Besserung gleichwohl sehr am Herzen lag, beschloß die Betreuerin schließlich, diese, der pädagogisch-therapeutischen Arbeit auf den ersten Blick wesensfremde, Aufgabe zu übernehmen. Dieser Entschluß blieb nicht ohne Wirkung auf das Mädchen. Wenige Tage, nachdem die Betreuerin ihre Entscheidung getroffen und sie auch schon mehrmals in die Tat umgesetzt hatte, beschränkte „Marcia" ihre Überschwemmungen spontan auf das Waschbecken. Sie tat dies offenbar nicht bewußt und ohne daß sie jemand darum gebeten hätte. Die große Bedeutung, die das Spiel für sie hatte, litt indessen nicht unter dieser Beschränkung.

Von ähnlichen „Austauschprozessen" zwischen TherapeutIn und PatientIn berichtet auch Rauchfleisch aus seiner Arbeit mit dissozialen Kindern, Jugendlichen und Erwachsenen. Er weist darauf hin, daß eine sorgfältige Gegenübertragungsanalyse sowie die intensive Reflexion der Übertragungsdisposition des Patienten bei diesen eine Verhaltensänderung herbeiführen könne, ohne daß die Übertragung in der Therapie thematisch geworden zu sein braucht. Er erklärt dieses Phänomen mit der starken empathischen Regression, die bei der Therapie von Menschen mit schweren Persönlichkeitsstörungen beim Therapeuten zumindest zeitweilig auftreten kann. In diesem Zustand komme es zu einem intensiven Gefühlsaustausch zwischen Patient und Therapeut. Die im Therapeuten dabei stattfindenden Prozesse stellten eine Art averbale Intervention auf empathischer Ebene dar (Rauchfleisch 1993, 210 f).

---

⁵ Die gesamte Behandlungsgeschichte von „Marcia" findet sich in Bettelheim 1989, 200-301.

7. Das zugrunde liegende Verständnis von Professionalisierung

Das hier dargelegte Verständnis von Professionalisierung im therapeutischen Milieu erscheint in mindestens dreierlei Hinsicht anstößig und herausfordernd. Zum einen, weil es Professionalisierung in erster Linie als emotionalen Lernprozeß konzeptionalisiert. Im Zentrum steht die intensive Schulung der empathischen Fähigkeiten der MitarbeiterInnen. Sie nimmt ihren Ausgangspunkt in jenen älltäglichen Erfahrungen mit den Kindern, in denen empathisches Verständnis und eine darauf basierende Intervention der jeweiligen MitarbeiterIn gerade nicht möglich waren. Nicht das Verhalten der Kinder wird problematisiert, sondern die Schwierigkeiten der Professionellen im Umgang damit. Die aufgetretenen Probleme werden in verschiedenen, unterschiedlich stark formalisierten, immer aber institutionell geförderten und verankerten Settings durchgearbeitet. An dieser oftmals schmerzhaften Arbeit an der zwischenmenschlichen Verständigung imponiert nicht zuletzt der Grad, in dem pädagogisch-therapeutisches Handeln der Reflexion und solidarischen Kritik zugänglich gemacht wird. Herausfordernd erscheint das vorgestellte Verständnis von Professionalisierung – zweitens –, weil es über das berufliche Handeln hinausgeht und die jeweiligen Persönlichkeiten einbezieht. Die hier interessierende Form von Professionalität ist nicht allein – und vielleicht nicht einmal vorwiegend – das Ergebnis der Aneignung von fachlichen und methodischen Kenntnissen. Sie stellt sich vielmehr als das Resultat von durch die beruflichen Herausforderungen initiierter und institutionell unterstützter Persönlichkeitsentwicklung dar. In dieser Perspektive führt der Gegensatz von Privatperson hier und Fachkraft dort in die Irre. Professionalität in dem hier gemeinten Sinne ist unteilbar. Sie weist über ein nur berufsrollengemäßes Handeln hinaus und schließt das Engagement des Professionellen als Mensch ein. Nach Bettelheims Überzeugung bringt allein der Einsatz der ganzen Persönlichkeit einer MitarbeiterIn positive Veränderungen bei emotional schwer gestörten Kindern hervor. Ein nur berufsrollengemäßes, professionelles Handeln vermag das niemals zu leisten (a.a.O., 230). Letztlich ist es Bettelheim um ein tiefes persönliches Engagement für die Kinder zu tun (a.a.O., 228, 246). Es muß einerseits über die Berufsrolle hinausweisen, darf sie aber andererseits nicht verlassen.[6] Nicht zufällig erscheint der Begriff von Professionalität bei Bettelheim nahezu identisch mit einem hochfachlichen totalen Engagement. Bezeichnend an dem dargestellten Verständnis von Professionalisierung erscheint mir – drittens –, daß in ihm Professionalität nicht nur als individuelle, sondern ausdrücklich als institutionelle Größe gefaßt wird. Die Institution stellt nicht nur für die Kinder, sondern auch für die MitarbeiterInnen eine fördernde und haltende Umgebung im Sinne Winnicotts zur Verfügung. Dieser sichere Rückhalt erlaubt es Kindern und MitarbeiterInnen gleichermaßen, sich auf ähn-

---

[6] Wie dies konkret aussehen kann, wird an einem Fallbeispiel besonders anschaulich, das Bettelheim und Rosenfeld (1993, 206ff) unter diesem Gesichtspunkt diskutieren.

lich anstrengende und oftmals schmerzliche Prozesse einzulassen: hier der Gesundungs- bzw. Rehabilitationsprozeß, dort der Prozeß der Professionalisierung.

Literatur:

Bettelheim, B. (1975): Der Weg aus dem Labyrinth. Leben lernen als Therapie. Klett-Cotta: Stuttgart
Bettelheim, B. (1987): The Therapeutic Milieu. In: Zeig, J.K. (Hrsg.): The Evolution of Psychotherapy. Brunner/Mazel: New York, 223-231
Bettelheim, B. (1989): The Empty Fortress. Erfolgreiche Therapie autistischer Kinder. Fischer: Frankfurt/M.
Bettelheim, B., Karlin, D. (1984): Liebe als Therapie. Gespräche über das Seelenleben des Kindes. Piper: München
Bettelheim, B., Rosenfeld, A.A. (1993): Kinder brauchen Liebe. Gespräche über Psychotherapie. Dt. Verlags-Anstalt: Stuttgart
Bettelheim, B., Sanders, J. (1976): Milieu-Therapy: The Orthogenic School Model. In: Noshpitz, J. (Ed.): Basic Handbook of Child Psychiatry, Vol. 3. Basic Books: New York, 216-230
Bettelheim, B., Wright, B. (1955): Staff Development in a Treatment Institution. In: American Journal of Orthopsychiatry, 25, 705-719
Frattaroli, E. (1994): Bruno Bettelheims unrecognized contributions to psychoanalytic thought. In: Psychoanalytic Review, Vol. 81, No. 3, 377-409
Krumenacker, F.-J. (1997): Zerstört Theorie die Menschlichkeit? Zum Wissenschaftsverständnis Bruno Bettelheims. In: Neue Sammlung, 37. Jg., H. 4, 651-671
Krumenacker, F.-J. (1998): B. Bettelheim. Grundpositionen seiner Theorie und Praxis. UTB: München
Rauchfleisch, U. (1993): Psychotherapie mit aggressiven, dissozialen Kindern, Jugendlichen und Erwachsenen. In: Heinemann, E., Rauchfleisch, U., Grüttner, T. (1993): Gewalttätige Kinder. Psychoanalyse und Pädagogik in Schule, Heim und Therapie. Fischer: Frankfurt/M.
Roazen, P. (1992): The Rise and Fall of Bruno Bettelheim. In: Psychohistory Review, 20. Jg., H. 3, 221-250
Winkler, M. (1993): Entdramatisierung der Heimerziehung. In: Jugendwohl, 74. Jg., H. 6, 268ff
Wunsch, R. (1998): Das Konzept der höheren Integration. Eine pädagogische Studie über den Zusammenhang von Gesellschaft, Psychopathologie und Erziehungsinstitution in den Schriften Bruno Bettelheims. Münster

Annelinde Eggert-Schmid Noerr

Über Humor und Witz in der Pädagogik

1. Das Verschwinden des Humors aus der Pädagogik

Unter Humor wird die Fähigkeit verstanden, die Widersprüche des Lebens auf die Ebene einer höheren Heiterkeit zu heben, ohne dabei den Blick für den Ernst einer Situation zu verlieren. „„Humor' umschreibt eine seelische Grundhaltung heiterer Gelassenheit, in welcher der Mensch die Gegebenheiten seines Lebens gleichsam beruhigt von einer höheren Warte aus betrachtet. So, von oben gesehen, kann eine einzelne Tatsache klein und im Zusammenhang mit anderen komisch oder verrückt wirken, als hätte sie die Sonne der Heiterkeit in einen anderen Blickwinkel versetzt oder an einen anderen Ort gerückt." (Bühler, Rapp 1990, 3). Im Humor nimmt der Mensch seine Situation so an, wie sie ist, gewinnt aber Abstand zu ihr.

Humorlos wird er dagegen dort, wo die drängenden Fragen und Probleme seines Lebens ihn umklammern und beherrschen. Er kann dann entweder mit Entrüstung, Verärgerung, Wut unmittelbar auf das Bedrängende losgehen, oder mit den subtileren Waffen von Witz, Ironie, Spott kämpfen. Oder er verlegt sich darauf, das Bedrängende zu verleugnen und die Situation umzudeuten. Oder er verfällt in Resignation und Apathie. Witz, Ironie und Spott sind zwar mit Humor verwandt; sie zielen aber, wie auch die Aggression, vorwiegend auf *andere* Menschen, während der Humor wesentlich das *eigene Selbst* mit einbezieht. Damit hält der Humor die Mitte zwischen Witz und Verleugnung, in denen das Selbst über die Realität die Oberhand zu gewinnen sucht, und Resignation, in der das Selbst sich der Realität unterwirft.

Diese Ausgleichs- und Vermittlungsstellung hat den Humor seit je her schätzenswert erscheinen lassen. Schon im 12. Jahrhundert wird die Fähigkeit der heiteren Gelassenheit von Johannes Tauler – wie wir heute sagen können: humorvoll – beschrieben. „Das Pferd macht Mist im Stall, und obgleich der Mist Unflat und Stank an sich hat, so zieht doch dasselbe Pferd den Mist mit großer Mühe auf das Feld, und daraus wächst dann schöner Weizen und der edle, süße Wein, der niemals wüchse, wäre der Mist nicht da. Also trage deinen Mist." (zit. n. Müller 1991, 132)

Das Wort „Humor" ist seit dem 16. Jahrhundert aus der lateinischen Gelehrtensprache, vermischt mit fremdsprachlichen Bezügen zum Französischen und Englischen, ins Deutsche übernommen worden. Die Linie seines Bedeutungswandels läßt sich grob in vier Stadien unterteilen: *erstens* lateinisch „humores": die Körpersäfte der antiken und mittelalterlichen Medizin; *zweitens* französisch „humeur": allgemein die Laune, der Gemütszustand (guter Humor, schlimmer Humor); *drittens* (seit Mitte des 18. Jahrhunderts) Humor als Übersetzung des englischen „humour": *gute* Laune, scherzhafte Stimmung; *viertens* (im Laufe des 19. Jahrhunderts bis heute) Humor als *besondere* Form der guten Stimmung im Unterschied zu Witz, Ironie usw. und als *andauernde* Charaktereigenschaft im Unterschied zur bloß situativen Komik. Diese zunehmende Eingrenzung der Bedeutung von „Humor" macht verständlich, warum er erst mit seiner modernen Version auch zum Thema der Pädagogik werden konnte.

Welchen Stellenwert hat nun das Thema des Humors in der Pädagogik? Schaut man sich in der diesbezüglichen wissenschaftlichen Literatur um, dann kommt man sehr bald zu zwei Feststellungen:

Erstens: Humor *war* einmal ein durchaus zentrales Thema in der Pädagogik, und zwar in der Geisteswissenschaftlichen Pädagogik Hermann Nohls und Otto Friedrich Bollnows, die in engem Zusammenhang mit der hermeneutischen Philosophie und phänomenologischen Anthropologie entfaltet wurde. Auf der Grundlage der Anthropologie Max Schelers, Helmuth Plessners und Arnold Gehlens ließ sich der Humor als Wesensmerkmal des Mensch-Seins und Mensch-Werdens bestimmen. Humor ist nach den Worten Theodor Haeckers der letzte, weiteste und höchste geistige Raum des Humanen.
Daraus ergab sich auch seine fundamentale Bedeutung für die Erziehung. „Die Fröhlichkeit der Kinder", schreibt Nohl (1933, 35), „ist das Kriterium jeder gelungenen pädagogischen Leistung. Aber das gilt auch für den Lehrer selbst und seine innere Freiheit, die sich als Humor über alle Hindernisse erhebt und ihn darum nicht mißmutig oder keifend werden läßt." Und Bollnow (1964, 69): „Humor ist im Umgang mit dem noch hilflosen Kind die Gabe der leichten Hand." Oder Philipp Lersch: „Humor ist das Salz der Erziehung." (zit. nach Wolf 1986, 2)

Zweitens: Ganz im Gegensatz zu dieser Einschätzung kommt das Thema „Humor" in der *gegenwärtigen* pädagogischen Theorie kaum noch vor. Seine Randständigkeit läßt sich offenbar bereits spätestens in die 1960er und 70er Jahre datieren, eine Zeit, in der sich die fortgeschrittene Theorie bekanntlich vor allem gesellschaftskritisch orientierte. In dieser Zeit finden sich Publikationen, deren Titel und Untertitel darauf hinweisen, daß es sich beim pädagogischen Humor um etwas Verschwundenes oder Vergessenes handle, etwa so: „Am Anfang war das Lächeln. Der fast vergessene Humor in der Erziehung" (Jahn 1971) oder: „Humor in der Erziehung. Bemerkungen über eine pädagogische Rarität" (März 1967). Andere vereinzelte Publikationen bemühen sich darum, Form und Inhalt zu verbinden und selbst humorvoll zu sein, was aber den Effekt hat: man spürt die Absicht, und man ist verstimmt. Oder im Gegensatz dazu unterwerfen sie ihren Gegenstand völlig der akademischen Methodologie und sind in einem so zähen Ton gehalten, daß es qualvoll ist, sie zu lesen.

Wenn aber der Humor derart grundlegend für die pädagogische Beziehung ist, wie die Geisteswissenschaftliche Pädagogik behauptete, wie ist dann sein Verschwinden aus der Theorie zu erklären? Und wie sollen wir dies bewerten?

Über den Humor in der Sozialen Arbeit konnte ich nur einen einzigen Zeitschriftenartikel im *Sozialmagazin* (1996) finden. Der Autor, Alfons Limbrunner, beklagt dort die Humorlosigkeit der deutschen SozialarbeiterInnen. Sind wir eine Berufsgruppe ohne Witz? fragt er im Blick auf die Witzeabteilung der Buchhandlungen, denn dort gäbe es zwar „Feuerwehr-, Mediziner-, Politiker-, Prominentenwitze, Humor hinter Klostermauern, Humor in Uniform, Psychowitze usw." (ebd., 76), aber keine Publikation zum sozialpädagogischen Witz. Tatsächlich könne die Sozialarbeit nicht lachen. In ihrer Praxis habe sich durch das Ziel, marktwirtschaftlich organisierte Dienstleistungen anzubieten, neben der neuen Fachlichkeit bloß eine „neue Weinerlichkeit" entwickelt. In dem Beitrag wird dann ein Übungsweg zum Humor beschrieben, wobei als ein Unterpunkt der Besuch der Sozialarbeiter-Revue der „Häßlichen Helfer" und besonders deren Programm „Vom Müsli zum Manager" empfohlen wird. Der Aufsatz enthält eine Aufforderung zum Lachen: „Lächeln, lachen wir über uns, über die Situation, über den Beruf und die unmöglichen Klienten!" (ebd., 80)

Ich empfand angesichts dieser Aufforderung zum Lachen ein Unbehagen. Mir schien, daß sie vor allem Distanz zu den Klienten, zu sich selbst, zur Situation schafft, Distanz, die vielleicht notwendig, überlebens-notwendig ist, aber doch aus einer Abwehr heraus erfolgt, die gegen eine objektive Überforderung in der Praxis der Sozialen Arbeit gerichtet ist. Dann aber ist zu fragen: Erhalten in dieser Auffassung von Humor die angrenzenden Reaktionsformen von Witz und Spott bis zur Verleugnung nicht ein zu starkes Gewicht? Ginge es nicht, anstatt um ein Lachen *über* sich selbst und die Klienten, viel mehr um ein Lachen *mit* diesen, über eine gemeinsame Situationsdeutung vielleicht, über eine freche Antwort auf übergriffige Anforderungen, über eine findige Lösungsmöglichkeit für ein Problem? Verfehlt der Autor die wahre Bedeutung des Humors in der pädagogischen Praxis? Oder verfehlt er sie gerade nicht, sondern deckt nur, freilich ohne es zu wollen, eine insgeheim resignative Seite des Humors auf?

Solche Fragen führen vielleicht auf eine erste Spur, um das Verschwinden des Humors aus der Pädagogik zu erklären. Ich möchte meinen eigenen Versuch einer Antwort darauf in zwei Thesen formulieren, in denen ich das Ergebnis meiner nachfolgenden Überlegungen zusammenfasse:

(1) Das Humorkonzept der Geisteswissenschaftlichen Pädagogik ist vergessen worden, weil es einen im Rahmen der zunehmenden Professionalisierung der pädagogischen Berufe nicht mehr vertretbaren Anspruch formuliert: es ist auf die Persönlichkeit des Erziehers im Ganzen ausgerichtet. Demgegenüber wird in der heute vorherrschenden pädagogischen Professionalisierungstheorie das Anforderungsprofil der Erzieher dadurch bestimmt, daß einzelne Handlungsformen und Maßnahmen personenunabhängig instrumentell einsetzbar werden. Der Humor der Geisteswissenschaftlichen Pädagogik war das Ideal einer spirituellen Haltung vollendeter Humanität. Es war ein *Humor ohne Witz*.

(2) Auch in der zeitgenössischen Pädagogik gibt es das Thema der Situationsumdeutung durch Lachen. Es handelt sich hier aber in der Tat nicht um eine Fortsetzung des Humorkonzepts der Geisteswissenschaftlichen Pädagogik, sondern eher um dessen Umkehrung. Professionalisierte Handlungsformen lassen sich am erzielten Effekt messen. Das Lachen ist dann das Anzeichen einer gelungenen Intervention. Was viele Modelle der modernen Pädagogik anbieten, ist somit eher *Witz ohne Humor*.

2. Humor ohne Witz

Beginnen wir mit der ersten These, nach der die klassische Auffassung die eines Humors ohne Witz war. Bei den Klassikern der Pädagogik, etwa Herbart, Schleiermacher, Fröbel oder Pestalozzi, sucht man einen konzeptimmanenten Hinweis auf den Humor vergebens. Rousseau, der als Entdecker der kindlichen Subjektivität gilt, besaß zwar immerhin eine wichtige Voraussetzung für Humor, nämlich – wie in seinen *Bekenntnissen* deutlich wird – Selbstkritik. Aber bei genauem Hinsehen läuft auch diese eher auf eine Anklage der Verhältnisse und nicht auf Humor hinaus. Pestalozzis Stanser Brief enthält Passagen des Mitleids mit den verwaisten Kindern, aber ob er jene „höhere Heiterkeit" als pädagogisches Ziel proklamierte, ist unbelegt. Einzig bei den praktisch tätigen Pädagogen der Klassik lassen sich Hinweise auf den pädagogischen Humor finden: Giovanni Don Bosco soll in seiner Erziehungspraxis mit jugendlichen Straftätern sehr humorvoll gewesen sein: „Man sah ihn stets lachen, aber man hörte ihn nie." Auch über Georg Kerschensteiner gibt es entsprechende Episoden zu berichten, und mit Sicherheit verfügte Janusz Korczak über viel Humor, was ihm offenbar half, nicht nur mit der bedrängenden Situation im jüdischen Ghetto zurecht zu kommen, sondern sogar dazu, seine Waisenhauszöglinge ins tödliche Konzentrationslager zu begleiten.

In der Geschichte der Pädagogik stellt der romantische Dichter Jean Paul, der auch selbst eine Erziehungslehre geschrieben hat, eine Art von kulturgeschichtlichem Wegweiser hin zur modernen pädagogischen Auffassung des Humors dar. In seiner Erzählung „Leben des vergnügten Schulmeisterlein Maria Wuz in Auenthal" beschreibt er das Lebensgefühl seiner Titelfigur als das eines humorvollen Menschen. „Der Charakter unseres Wuz hatte ... etwas Spielendes und Kindisches; aber nicht im Kummer, sondern in der Freude." Dem folgenden Zitat voran geht die Schilderung der Internatsschule, deren Pädagogik mit „hundert ägyptischen Plagen" verglichen wird. Sodann heißt es über Wuz: „Bloß dem Schulmeisterlein hatte diese Kreuzschule wenig an; den ganzen Tag freute er sich auf oder über etwas. ‚Vor dem Aufstehen, sagt' er, freu' ich mich auf das Frühstück, den ganzen Vormittag aufs Mittagessen, zur Vesperzeit aufs Vesperbrod und Abends aufs Nachtbrod – und so hat der Alumnus Wuz sich stets auf etwas zu spitzen.' Trank er tief, so sagt' er: ‚das hat meinem Wuz geschmeckt' und strich sich den Magen. Niesete er, so sagte er: ‚helf Dir Gott, Wuz'. – Im fieberfrostigen Novemberwetter setzte er sich auf die Gasse mit der Vormalung des warmen Ofens und mit der närrischen Freude, daß er eine Hand um die andre unter seinem Mantel wie zu Hause strecken hatte. War der Tag gar zu toll und windig ..., so war das Meisterlein so pfiffig, daß es sich unter das Wetter hinsetzte und sich nichts darum schor; es war nicht Ergebung, die das *unvermeidliche* Übel aufnimmt, nicht Abhärtung, die das *ungefühlte* trägt, nicht Philosophie, die das *verdünnte* verdauet, oder Religion, die das *belohnte* verwindet: sondern der Gedanke ans warme Bett war's. ‚Abends, dacht' er, lieg ich auf alle Fälle, sie mögen mich den ganzen Tag zwicken und hetzen, unter meiner warmen Zudeck und drücke die Nase ruhig ans Kopfkissen, acht Stunden lang.' – Und kroch er endlich in der letzten Stunde eines solchen Leidentages unter sein Oberbett: so schüttelte er sich darin, krempte sich mit den Knien bis an den Nabel zusammen und sagte zu sich: ‚Siehst Du, Wuz, es ist doch vorbei.'" (Jean Paul 1793, 124, 134f)

Man hat an der Figur des kauzigen Wuz eine idyllische Kleinmalerei des Winkelglücks gemütvoller Innigkeit sehen wollen. Mir scheint indessen, daß die freudige Lebensbejahung, wenn sie denn ein wesentliches Merkmal des Humors ist, von Jean Paul bewußt vor den Hintergrund durchaus elender Lebensbedingungen und einer sehr schlichten subjektiven Bewältigungsstrategie gestellt wird. Wuz vermeidet jegliche Art des Begreifens und Auseinandersetzens mit der Welt zugunsten eines Trostpreises, der ihm alle Übel aufwiegt: des wohligen Körpergefühls eines Säuglings. Im Unterschied zu diesem ist er aber nicht von einer spendenden Macht abhängig, sondern ist diese zugleich selbst, die sein anderes, kindliches Ich perfekt versorgt. Die böse Welt kann ihm nichts mehr anhaben, ist angesichts eines gefüllten Magens und acht Stunden Schlafs nur noch lächerlich.

Gewiß ist dies nicht Jean Pauls eigener Begriff des Humors, der mit seiner Auseinandersetzung mit der damaligen Philosophie und Pädagogik zusammenhängt, auf die ich hier nicht eingehen kann. Mir kam es nur darauf an, mit Hilfe der

Gestalt des Wuz darauf hinzuweisen, daß das Komische, das der Humor erzeugt, nicht einfach nur, wie oft behauptet wird, alles Übel in das rosige Licht heiterer Lebensbejahung taucht, sondern geradezu als Bollwerk gegenüber einer an sich übermächtig beschädigenden Welt erscheint; ein Bollwerk auch der Verleugnung, das das Subjekt in sich errichtet und das ihm durchaus auch den Blick auf diese Welt versperrt.

Hinsichtlich seiner unverwüstlichen Heiterkeit ist Wuz der Inbegriff des Gegensatzes zum üblichen Bild des Pädagogen. Antworten auf die Frage, warum der pädagogische Beruf als humorlos angesehen wird, lassen sich etwa in Theodor W. Adornos Aufsatz „Tabus über den Lehrberuf" finden, in dem dieser „einige Dimensionen der Abneigung" gegen diesen Stand sichtbar machen will. Da sei zunächst immer noch die Vorstellung von „Hungerleidern" lebendig, obwohl sie längst nicht mehr zutreffe. Obwohl zu Adademikern aufgerückt, hafte ihnen ein „gewisses Aroma des gesellschaftlich nicht ganz Vollgenommenen" an. Sie würden als „Steißtrommler" oder „Pauker" verspottet. Der Pädagoge, der die gesellschaftlichen Anforderungen in die Heranwachsenden einzupflanzen habe, sei der Prototyp des „Untertan". „Die Macht des Lehrers wird verübelt, weil sie die wirkliche Macht nur parodiert, die respektiert wird. Ausdrücke wie Schultyrann erinnern daran, daß der Typus von Lehrer, den sie festnageln, sowohl irrational despotisch sei wie nur das Zerrbild der Despotie, weil er ja nicht mehr anrichten kann, als irgendwelche armen Kinder, seine Opfer, einen Nachmittag lang einzusperren." (Adorno 1965, 656ff)

Dies ist der Hintergrund – sei es als realer, sei es als Rollenklischee –, vor dem schon Jean Paul sein kauziges Gegenbild entwarf, und dem nun die geisteswissenschaftliche Pädagogik ihr eigenes Humorkonzept entgegengesetzt hat. Dieses ist bei Nohl und Bollnow überwiegend normativ formuliert als Forderung an die richtige pädagogische Haltung.

Hermann Nohls Überlegungen zum pädagogischen Humor sind eingebunden in sein Konzept des pädagogischen Bezugs. Mit diesem Konzept, das in seiner Entstehung wesentlich durch die Reformpädagogik der zwanziger Jahre geprägt war, hat er der pädagogischen Interaktion eine Bedeutung zuerkannt, die ihr nicht mehr abgestritten werden kann. Sein Konzept bot sich als Klammer an im Hinblick auf die Zerrissenheit der pädagogischen Berufsfelder, es ermöglichte der pädagogischen Profession ein gemeinsames Berufsverständnis: von Extremgruppen abgesehen konnten sich alle pädagogisch Tätigen – die Kindergärtnerinnen, die Lehrerinnen, die SozialpädagogInnen – damit identifizieren. Und sie taten dies oft, auch ohne überhaupt je den Namen Nohl gehört zu haben (Giesecke 1997). So hat das Konzept des pädagogischen Bezugs die tiefgreifenden gesellschaftlichen Veränderungen dieses Jahrhunderts überdauert, die Epoche des völlig humorlosen Faschismus und noch die der Studentenbewegung, die ja nicht ganz ohne Witz war.

Den Kern des pädagogischen Bezugs bildet nach Nohl „das leidenschaftliche Verhältnis eines reifen Menschen zu einem werdenden Menschen und zwar um seiner selbst willen, daß er zu seiner Form komme" (Nohl 1949, 134). Das Adjektiv „leidenschaftlich" bezieht sich einerseits auf den Willen des Erziehers, den in dieser Beziehung eingeschlossenen pädagogischen Auftrag sich zu eigen zu machen, andererseits auf die emotionale Dimension, die sich für Nohl aus der personalen Ganzheitlichkeit der Beziehung ergibt. Sie kann kein reines Sach- oder Zweckverhältnis sein, wie es in vielen anderen gesellschaftlichen Bereichen üblich und sinnvoll ist, sondern fordert den „ganzen Menschen".

Dieser Auftrag soll nun keiner der einseitigen Formung von der einen in die andere Richtung, kein Unterwerfen unter den Willen des Erziehers sein. Die pädagogische Beziehung setzt nach Nohl als grundlegende Legitimation vielmehr eine Art von Wechselseitigkeit der Perspektiven voraus. Diese Wechselseitigkeit spielt sich im Rahmen einer festen Zielvorstellung ab, und zwar der, das Kind zu seiner eigenen „Form" kommen zu lassen, in seiner gegenwärtigen Befindlichkeit stets seine zukünftigen Möglichkeiten, sein „Ideal" im Blick zu haben. Die pädagogische Beziehung fordert von beiden Seiten etwas ein: „Liebe" und „Autorität" vom Erwachsenen, „Liebe" und „Gehorsam" vom Kind. Der pädagogische Humor hat in diesem Rahmen die Aufgabe, den Erzieher dazu zu befähigen, die Spannung zwischen Distanz und Zuwendung im pädagogischen Bezug durchzuhalten. Er ermöglicht allererst Distanz, und zwar zu sich selbst, zum Zögling und zum pädagogischen Auftrag. In der Distanz zu sich selbst kann der humorvolle Erzieher kleinliche Pedanterien abschwächen und den Ernst der Lebens- und Berufswirklichkeit ertragen. Der Humor ermöglicht ihm die innere Freiheit, Handlungsalternativen in den verschiedenen Situationen abzuwägen. In der Distanz zum Zögling muß sich „dieser Humor ... auch bewähren, wenn der Übermut der Jugend sich gegen uns selber richtet, darf einem nur vergehen, wo man jemanden etwas Gemeines tun sieht." (Nohl 1933, 35)

So ist der Humor der Vermittler von Stimmung und Haltung, von lebensbejahender Zuwendung und Wahrung der Distanz: „Der Humor ist eben die Form der Freiheit auf diesem Gebiet, wo bei allem höchsten Ernst der Hingabe doch noch ein Bewußtsein bleibt von der Relativierung all unseres Zielwillens, und daß am Ende die freundliche, tragende Liebe die alles überdauernde, heilende und lösende Macht ist – stärker als jede Methode." (Nohl 1933, 35)

Dieser Humor ist also eine ziemlich ernste Sache, bei der es eigentlich wenig zu lachen gibt. Deutlich wird, daß er letztlich vor allem dazu dient, die Übermacht der pädagogischen Autorität zu kompensieren. An den Zögling selbst wird weniger gedacht. Nohl hält, bei aller Reverenz an die reformpädagogische Idee der Selbsterziehung, entschieden am durch Reife und Autorität bedingten Vorsprung der Älteren vor den Jüngeren in der pädagogischen Beziehung fest. Der pädagogische Humor ermöglicht dem Erzieher eine Milderung der Forderungen des normativ gesetzten Ideals.

Eben diese normative Ausrichtung hat im weiteren Verlauf der pädagogischen Geschichte – trotz der allgemeinen Anerkennung der Verdienste der geisteswissenschaftlichen Pädagogik, die ein eigenständiges pädagogisches Konzept begründet und die Etablierung der Pädagogik als wissenschaftliche Disziplin mit durchgesetzt hat – zu erheblicher Kritik am Konzept des pädagogischen Bezugs geführt.

Andere Begriffe traten nun in der Vordergrund: Kommunikation, Interaktion, berufliche Rolle und berufliche Identität. Im Unterschied zu den Konzepten der geisteswissenschaftlichen Pädagogik wurden die personellen Anforderungen der pädagogischen Beziehung mehr und mehr ausgeblendet. Statt dessen richtete sich der Blick auf die Strukturen des Umfeldes pädagogischen Handelns und auf erlernbare Techniken der Intervention. Für die Ausgestaltung einer je persönlichen Version der pädagogischen Beziehung wurden keine Hinweise mehr gegeben und auch nur wenige Forderungen vertreten, es wurde lediglich darauf verwiesen, daß es auch bedeutsam sein könnte, nicht nur konzeptualisierte Erwartungen zu erfüllen, sondern auch den eigenen Standpunkt zu artikulieren.

3. Witz ohne Humor

Damit komme ich nun zu meiner zweiten These: An die Stelle eines Humors ohne Witz sei in der zeitgenössischen Pädagogik eine Konzeption von Witz ohne Humor getreten. Um diese These näher auszuführen, ist es nötig, die Grenzziehung zwischen Humor und Witz genauer zu bestimmen. Zugleich können wir hoffen, auf diesem indirekten Wege noch mehr über die Bedeutung des Humors zu erfahren. Was also ist ein Witz?

Ich möchte als Beispiel aus der Danksagung von Klaus Mollenhauer und Uwe Uhlendorff (1992) an die Beteiligten der Studie über „Jugendliche in schwierigen Lebenslagen" zitieren. Dort heißt es: „Es gibt kein wahres Leben im valschen."

Ich weiß, ein Witz darf nicht erklärt werden, wenn er ein Witz bleiben soll, über den man lachen oder lächeln kann. Aber er muß ja auch nicht ein solcher bleiben, sondern kann dazu anregen, über seine Bedeutung und Funktion nachzudenken. Wie also funktioniert dieser Witz mit einem berühmten Adorno-Zitat?

„Es gibt kein wahres Leben im valschen": Der hier zitierte Satz von Adorno bezieht sich auf den unauflösbaren Widerspruch zwischen individuellen Glücksansprüchen und beschädigenden gesellschaftlichen Strukturen. Die Autoren – Mollenhauer und Uhlendorff – haben das von ihnen gewählte Motto selbst als „ironisch" bezeichnet. Was immer ihre Gründe für dieses Motto gewesen sein mögen, ich fand es witzig und humorvoll zugleich: Witzig, weil durch die Kontrastierung von Sinn und Schreibweise grundlegende Strukturen logischen Denkens durcheinander gewirbelt werden, so daß man nicht mehr weiß, was Sinn und Unsinn ist. Humorvoll, weil damit eine Relativierung wissenschaftlicher Ansprüche und damit auch der Arbeit der Autoren deutlich wird. Indem das Motto in der immerhin möglichen falschen Schreibweise der Jugendlichen präsentiert wird, kommt auch deren schwierige Lebenslage und damit ihre eigene Sichtweise als eine wohl kontrastierende, auch zu respektierende zur Geltung.

Daraus lassen sich nun zwei Merkmale des Humors destillieren. *Erstens:* Der Humor erschließt eine Tiefenschicht im Objekt selbst, auf das er sich richtet (wobei dieses „Objekt" ein Aspekt der Situation ist, in der sich das Subjekt befindet), während der Witz eher von diesem Objekt wegführt und die Aufmerksamkeit einem anderen Objekt oder einer anderen Person zuwendet. Das ist eine Variante der eingangs angeführten Unterscheidung, daß der Humor eine Art Selbstbeziehung ist, während der Witz sich auf andere Personen bezieht. *Zweitens:* Der Witz ist eine (verbale oder bildhafte) Aussage, der Humor aber eine subjektive Geisteshaltung, die sich in der Produktion eines Witzes äußern *kann*, aber nicht muß.

Übrigens ist die Tatsache, daß eine Aussage genau dann wahr ist, wenn sie falsch ist, und umgekehrt, zwar eine logische Unmöglichkeit, aber keine psychologische. Das macht folgende Episode deutlich, die sich in Sigmund Freuds Untersuchung „Der Witz und seine Beziehung zum Unbewußten" (1905, 109) findet:

„Zwei Juden treffen sich [auf einer galizischen Bahnstation]. ‚Wohin fahrst du?' fragt der eine. ‚Nach Krakau', ist die Antwort. ‚Sieh' her, was du für Lügner bist', braust der andere auf. ‚Wenn du sagst, du fahrst nach Krakau, willst du doch, daß ich glauben soll, du fahrst nach Lemberg. Nun weiß ich aber, daß du wirklich fahrst nach Krakau. Also warum lügst du?'" Auch dieser Witz beruht auf einer Konfusion von Bedeutungen, in diesem Fall der von objektiver Wahrheit und intentionaler Wahrhaftigkeit. Denn er rekurriert auf eine vorgebliche Konvention, die darin besteht, auf die Frage nach dem Wohin grundsätzlich eine falsche Antwort zu geben. Wenn die Konvention nur verläßlich ist, läßt sich auch so die gewünschte Information mit hinreichender Genauigkeit entnehmen und ganz gut damit leben. Eben dies wird aber vom Antwortenden gestört. Wir lachen, weil wir erkennen, daß das Aufbrausen des Fragenden völlig zu Recht erfolgt. Und auch dieser Witz ist tiefsinnig, insofern er die Frage nach den Bedingungen der Wahrheit und der Sicherheit der Erkenntnis enthält.

Bleiben wir zunächst noch weiter beim Witz. Die beiden Beispielwitze kamen dadurch zustande, daß Objektsprache und Metasprache bzw. objektive Wahrheit und intentionale Wahrhaftigkeit miteinander vermengt wurden. Diese Struktur, daß nicht Zusammenpassendes zusammengebracht wird, läßt sich verallgemeinern. Wir finden in Witzen fast immer kontrastierende Vorstellungen, unvereinbare Inhalte, die dazu führen, daß der Sinn zum Unsinn und der Unsinn zum Sinn wird. „Der Witz", hat Jean Paul gesagt, „ist der verkleidete Priester, der jedes Paar traut." Und Friedrich Theodor Vischer hat hinzugefügt: „Er traut die Paare am liebsten, deren Verbindung die Verwandten nicht dulden wollen." Der Witz besteht hier in der ungewöhnlichen Paarung von Witztheorie/Sprachtheorie und der Szenerie Paar/Trauung/Priester/Verwandte.

Diese Art Paarung ist aber zugleich ein bekannter und allgemein gebräuchlicher Mechanismus der Sprache, nämlich der der Metaphernbildung. Die Metapher ist die Übertragung einer Aussage auf einen anderen als den unmittelbar gemeinten Sachverhalt, wobei ein entscheidendes Merkmal beiden Bereichen angehören muß. Im vorliegenden Fall sind das die „Paare", die sowohl in der Sprache als auch bei den Menschen vorkommen. Wörtlich verstanden behauptet die Metapher Unsinniges. Aber die stillschweigende Rückübersetzung des Bildes ins wörtlich Gemeinte konstituiert einen neuen, „tieferen" Sinn. Daraus läßt sich nun ein *drittes* Kennzeichen ableiten, das diesmal weniger Witz und Humor trennt, als beiden gleichermaßen eigen zu sein scheint, nämlich seine metaphorische Struktur.

Gehen wir noch einen Schritt weiter am Leitfaden des Witzes. Dazu ein weiteres Beispiel: Der Vater sieht das glänzende Zeugnis seines Sohnes. Voller Stolz sagt er zu seiner Ehefrau: „Die Intelligenz hat er von mir." Darauf die Frau: „Sicher, denn ich habe meine noch." (Strotzka 1976, 319; von dort stammen auch die hier im folgenden angeführten Antwortvarianten.) Auch dieser Witz beruht auf der Konfusion oder dem metaphorischen Gleiten zwischen zwei Bedeutungen, in diesem Fall denen des Ausdrucks „haben von". Auffälliger aber ist seine aggressive Wendung gegen den Ehemann. Wenn wir uns um diese Situation herum einen weiteren Lebenskontext vorstellen wollen, so scheint folgende Geschichte angemessen: Die Ehefrau hat wohl schon länger einen gewissen Groll gegen ihren Mann gehegt. Daß sie dafür auch einen Grund hat, zeigt sich an der eher latent-aggressiven Selbstverständlichkeit, mit der der Mann die Intelligenz allein sich zuschreibt. Vielleicht hat die Frau ihren Ärger über diese Einstellung länger zurückgehalten oder gar wieder vergessen. Aber nun ergreift sie, ohne lange nachzudenken, die Situation beim Schopf, um es dem Ehemann heimzuzahlen.

Ob dieser gekränkt ist? Vielleicht doch nicht, vielleicht wird er eher schmunzeln, denn der Witz bricht der Aggression die Spitze ab und relativiert sie dadurch, daß er eine alternative Verständnisebene anbietet.

In diese Richtung zielt auch die erwähnte Untersuchung Freuds. Für diesen liegt die Lust des Witzes, jedenfalls des tendenziösen, in der „Ersparung an Hemmungs- oder Unterdrückungsaufwand" (Freud 1905, 113). Dem liegt die Theorie zugrunde, daß die Tendenz unbewußter psychischer Prozesse immer die des Spannungsabbaus nach dem Lust-Unlust-Prinzip ist, und daß jeder psychische Akt diese Tendenz verarbeiten muß, im Falle der Realitätsanpassung also Unlustspannung aufbaut. Die vom Witz gewährte Lust besteht also darin, daß er die Äußerung von sonst abgewehrten und unterdrückten Vorstellungen bewerkstelligt. Die abgewehrten oder verdrängten Inhalte sind, nicht zuletzt aufgrund gesellschaftlicher Tabuierungen, häufig aggressiver Natur, wofür unser letztes Beispiel steht. Aber der Witz ist doch auch, wie die Fehlleistung, der Traum und das neurotische Symptom, ein Kompromiß zwischen Luststrebung und der ihm entgegenwirkenden Norm des Wohlanständigen.

Ebenso geläufig wie aggressive sind sexuelle Inhalte des Witzes, und eine entsprechende Abwandlung des Beispiels könnte dann so lauten: Der Mann: „Die Intelligenz hat er von mir." Darauf die Frau: „Wenn es so wäre, hätte ich nicht den Lehrer becircen müssen." Auch andere Varianten sind denkbar, so die zynische: „Wär' ich intelligenter, wär' ein anderer der Vater." Oder die skeptische: „Hoffen wir's." Eben diese Unterteilung in aggressive, obszöne, zynische und skeptische Inhalte der den Witzen zugrundeliegenden latenten Gedanken nimmt Freud in seiner Untersuchung vor. In allen diesen Fällen geht es um die kompromißhafte Bewältigung *subjektiver* Regungen.

Auch der Humor dient der Bewältigung von Unlustsituationen, aber die Unlust stammt hier nicht von verpönten subjektiven Regungen, sondern von der Außenwelt, und der Humor dient dann der Möglichkeit des Subjekts, mit diesen objektiven Bedrohungen fertig zu werden. Freud (1905, 213 und 1927, 277) führt dazu ein drastisches Beispiel an: Ein Delinquent, der am Montag zum Galgen geführt wird, sagt: „Na, die Woche fängt gut an!" Das ist als Witz zynisch. Was es aber zu einem Ausdruck von Humor macht, ist etwas anderes als daß sich ein kritischer Gedanke Luft macht, nämlich Trost über das Unabänderliche. Dieser Bezug auf eine äußere Bedrohung gibt nun dem Hintergrund des Humors eine düsterere Färbung als dem des Witzes, und das wollen wir als *viertes* Kennzeichen des Humors festhalten. Damit bestätigt sich eine Vermutung, die zuvor schon zweimal aufgetaucht ist, einmal bei meiner Anmerkung zu jenem Artikel über den Humor in der Sozialen Arbeit, das andere Mal bei der Betrachtung des Jean Paulschen Wuz.

In Freuds Terminologie geht es auch hier wieder um Ersparnisse im Gefühlshaushalt, nun aber um solche, die unvermeidliche narzißtische Kränkungen unter den Schutz eines freundlichen Ich-Ideals stellen. Aus diesem Schutz erwächst die Kraft, der Kränkung zu trotzen. Der Humor hat nicht nur etwas Befreiendes wie der Witz, sondern auch etwas Erhebendes. Dieses liegt in der Rettung des Narzißmus. Der humorvolle Mensch – diesbezüglich ist Wuz geradezu paradigmatisch – behandelt sich selbst gleichsam wie ein Kind und spielt zugleich die Rolle des überlegenen Erwachsenen. „Der Scherz [Witz], den der Humor macht, ist nicht das Wesentliche", heißt es bei Freud (1927, 281f), „er hat nur den Wert einer Probe. Die Hauptsache ist die Absicht, welche der Humor ausführt, ob er sich nun an der eigenen oder an fremden Personen betätigt. Er will sagen: Sieh' her, das ist nun die Welt, die so gefährlich aussieht. Ein Kinderspiel, gerade gut, einen Scherz darüber zu machen."

Der Humor leugnet also nicht die Existenz des Elends, aber er erzeugt das Gefühl, darüber zu stehen. Auch wenn dieser Sieg nur ein vorübergehender ist, so erfüllt er doch die Funktion, das narzißtische Gleichgewicht des Selbst aufrecht zu erhalten. Er trotzt dem Ungeschick – „Humor ist, wenn man trotzdem lacht" (Otto Julius Bierbaum) –, aber nur nach innen gewendet und insofern fiktiv, während er in Bezug auf die reale Beeinträchtigung zurückhaltend bleibt.

Die bisherigen Überlegungen zu Witz und Humor haben es erlaubt, vier bzw. fünf Kennzeichen des Humors zu benennen, die ich hier noch einmal zusammenfassend nennen möchte:

(1a) Während der Witz sich vorwiegend auf andere Personen richtet, bezeichnet der Humor eine Beziehung zu sich selbst.
(1b) Der Witz leitet vom sachlichen Inhalt einer Aussage zu einem persönlichen oder Beziehungsaspekt über, während der Humor eine andere Dimension der Sache selbst erschließt; man könnte sagen: der Witz funktioniert gleichsam horizontal, der Humor vertikal.
(2) Der Humor ist eine Geistes- und Gefühlshaltung, die sich in einem situativen Witz äußern kann, aber nicht muß.
(3) Witz und Humor paaren, wie die Metapher, Ungleiches. Während aber die Metapher das Gleiche im Ungleichen betont, lenken Witz und Humor die Aufmerksamkeit auf das Ungleiche im Gleichen.
(4) Der Witz befreit situativ vom gesellschaftlichen Druck, unter dem verpönte subjektive Regungen stehen, der Humor versöhnt darüber hinaus das von außen bedrohte Ich mit seinem Schicksal.

Nehmen wir diese Merkmale, die sich vermutlich noch um einige andere vermehren ließen, nun zur Grundlage für die weiteren Überlegungen. Betrachten wir im Hinblick auf den Humor Fallbeispiele aus der Praxis. Bei den entsprechenden Schilderungen in der pädagogischen Literatur geht es – seit den siebziger Jahren stark beeinflußt von der Systemischen Pädagogik – regelmäßig weniger um die Suche nach Begründungen für Verhaltensweisen als um Fragen der Effektivität von Interventionen. Die aktuell relevante Frage lautet also weniger: wie konnte es dazu kommen?, als vielmehr, wie läßt sich das Geschehen beeinflussen? Dieses Vorgehen der lösungsbezogenen, teils auch paradoxen Interventionstechniken läßt sich an folgenden Beispielen verdeutlichen:

Im Rahmen der Heimerziehung „braut sich in einer Gruppe 12-14-jähriger Mädchen eine Bambule zusammen. Der Erzieher reagiert auf umgeworfene Möbel, zerdeppertes Geschirr und eingeschlagene Fenster, indem er den ‚Affen macht': mit eingeknickten Beinen vornübergebeugt, die Arme schlenkernd, einen ausgelassenen Schimpansen mimt. Er kratzt sich unter den Armen, läßt kurze schrille Schreie los, hängt sich an den Türrahmen, schreit einem Mädchen ins Ohr. Es entwickelt sich eine Affenjagd, die zunehmend in Gelächter übergeht." (von Schlippe, Schweitzer 1996, 253) Diese Affenjagd, die sich in dieser Situation spontan entwickelt hat, wird später in diesem Heim zu einem typischen Ritual, auf das der Erzieher bei erneuten bedrohlichen Zuspitzungen zurückgreifen kann. – Andere Beispiele: Ein ständig rülpsender Junge wird nicht zurecht gewiesen, sondern gefragt, ob er nicht das ABC rülpsen könne (das sei nicht ganz einfach). Oder: Ein sich im Schimpfen ergehender Junge wird aufgefordert, sich an weitere Schimpfwörter zu erinnern, die er noch vergessen hat.

In allen drei Fällen besteht die pädagogische Intervention in der Aufforderung zu einem „Mehr desselben", wodurch der Machtkampf paradoxer Weise nicht verschärft, sondern gerade entschärft wird, indem er ins Komische umkippt.

Zahllose ähnliche Beispiele lassen sich finden: Der Umgang mit ewigen Störern wird geschildert, deren Verhaltenserwartungen der Bestrafung nicht erfüllt werden, sondern denen vielmehr andere Möglichkeiten angeboten, „verschrieben" werden. Oder der Umgang mit Gruppen, so etwa in dem umfangreichen und durchaus erfolgreichen Projekt einer Grundschule gegen „verbale Gewalt", bei dem sich PädagogInnen, Eltern und SchülerInnen vielfache witzige Maßnahmen einfallen ließen: vom vertraglichen Konsens über erlaubte Schimpfwörter (Toilettentieftaucher mit Beleuchtung, Affe, Nasenbär, Pute, Gänserich, dumme Kartoffel, alter Eimer mit Deckel etc. waren erlaubt, Fotze, Pisser, Ficker, Hurensohn hingegen nicht). In dem Projekt wurden zahlreiche einander flankierende Strategien zur Festigung des Verhaltens entwickelt: Regelkataloge und Sanktionsmaßnahmen bei Verstoß wurden gemeinsam erarbeitet, Lieder wurden komponiert, Stücke wurden geschrieben und aufgeführt.

Hierbei geht es vor allem darum, die in der Pädagogik notwendige Grenzziehung so zu ermöglichen, daß vor allem die Kinder nicht verletzt werden. Grenzen sind in der Pädagogik dort zu ziehen, wo Kinder und Jugendliche Verbote, die physische oder psychische Gefahren abwenden sollen, nicht beachten; wo ohne solche Grenzen andere verletzt, geplagt oder gekränkt würden, weil die Durchsetzung eigener Wünsche die Grenze des von anderen Tolerierbaren überschreitet; wo sie durch die Mißachtung der Regeln der sozialen Gemeinschaft letztlich auch sich selbst schaden.

Das bekannteste Erziehungsmittel zur Grenzwahrung ist die Strafe, die jedoch seit jeher umstritten ist, weil sie über das Strafleid wirkt und Pädagogik, jedenfalls die heutige, keine Leiden zufügen will. Zudem ist sie Ausdruck der Beziehungsgestaltung und wirkt auf diese zurück. Als eine Alternative zur Bestrafung bleibt der Pädagogik die witzig, lustorientiert und findig ausgestaltete Intervention. Noch mehr als für die Schulpädagogik gilt dies für die außerschulische pädagogische Praxis und die Soziale Arbeit, die sich nicht innerhalb einer Institution mit Anwesenheitspflicht und entsprechenden Sanktionspotentialen abspielen, sondern auf die Werbung um freiwilliges Mitmachen, auf immer wieder erneut zu erringenden Konsens zum gemeinsamen Handeln angewiesen sind.

Aber handelt es sich hier um Humor, gar um den von der Geisteswissenschaftlichen Pädagogik einst geforderten? Offenbar wären in den Augen Nohls und Bollnows der Erzieher, der als Affe am Türrahmen hängt, oder der, der vielleicht sogar gemeinsam mit dem Jungen das ABC zu rülpsen versucht, schon sehr absonderliche Pädagogen. Gehen wir, anhand der angeführten Beispiele, unseren vergleichenden Merkmalskatalog durch, dann zeigt sich, daß in der zeitgenössischen Pädagogik weniger Humor als Witz gefragt ist:

(1a) Obwohl die pädagogische Intervention den Erzieher selbst in eine komische Rolle versetzt, dient diese doch allein der Spiegelung des Verhaltens der Jugendlichen.
(1b) Die pädagogische Intervention erschließt nicht „vertikal" tiefere Ursachen oder Gründe für das problematische Verhalten, sondern führt dieses ad absurdum und damit „horizontal" zu einem Ausweg.
(2) Die pädagogische Intervention ist allein auf die Situation bezogen und nicht notwendig Ausdruck einer durchgängig bestehenden Geistes- und Gefühlsordnung des Erziehers.
(3) Die pädagogische Intervention paart Ungleiches zu Gleichem, nämlich jugendliches und äffisches Verhalten, aber nicht vorrangig mit der metaphorischen Absicht, die Jugendlichen mit Affen zu vergleichen, sondern mit der, im gleichen affenartigen Verhalten wiederum das Ungleiche hervorzukehren, nämlich den möglichen Übergang zum Absurden, zum Gelächter darüber, und schließlich zum Erinnerungssymbol.
(4) Die pädagogische Intervention befreit die Beteiligten sowohl von der Eigendynamik der Bambule als auch von der scheinbaren Zwangsläufigkeit

strafender Gegenmaßnahmen. Es geht um Veränderung der Situation, nicht um Versöhnung mit einem Schicksal.

Der unmittelbare Erfolg scheint diesem Konzept recht zu geben. Ist Erfolgsorientiertheit das Leitbild dieser pädagogischen Intervention, dann muß sie auch das Resignative vermeiden, das, nach Freuds Analyse, im Humor auch enthalten ist.

Und dennoch bleiben Zweifel. Nicht daß über der Übersteigerung und Spiegelung des jugendlichen Verhaltens durch den Erzieher dieser den „pädagogischen Auftrag" aus dem Blick verlieren könnte, scheint das Problem zu sein, sondern daß über der bloßen Manipulation im Hier und Jetzt die auf Dauer virulenten Ursachen des Verhaltens ausgeblendet werden. Deshalb möchte ich abschließend die Frage wenigstens stellen, ob und wie sich jenes klassische Konzept des Humors nicht doch noch unter zeitgenössischen Bedingungen, und eingedenk aller berechtigten Kritik daran, reformulieren ließe.

4. Humor *und* Witz

Mit der zunehmenden Professionalisierung der pädagogischen Berufe hat sich ein Modell der pädagogischen Beziehung entwickelt, dem die klassischen, autoritär strukturierten und familienanalog konzipierten Entwürfe nicht mehr gerecht werden können. Alle Beteiligten wissen heute: die Angebote der professionellen Pädagogik beruhen auf bezahlter Tätigkeit, die Begegnung ist zeitlich begrenzt und ein partikulares Angebot neben anderen. Damit ist das klassische Konzept des Humors in einigen Teilen veraltet, in anderen jedoch auch nicht. So beruht es einerseits auf einer heute nicht mehr zeitgemäßen Sicht der Zielgruppe, also des Kindes bzw. Jugendlichen, betrifft andererseits jedoch auch zeitübergreifende Erwartungen.

Die Berücksichtigung und Förderung von Professionalisierung des pädagogischen Handelns ist aber nicht das einzige Merkmal moderner Pädagogik. Ein anderes, nicht weniger wichtiges, ist die Betonung der Eigengesetzlichkeit kindlichen Erlebens und Verhaltens. Diese wurde in der Aufklärung des 18. Jahrhunderts, besonders von Rousseau, entdeckt. Seither hat sich der Blick zunehmend auf das Kind und seine spezifischen Bedürfnisse gerichtet. So entstand – zunächst formuliert und postuliert durch unsere Klassiker und dann bis heute fortgeführt durch Psychologie, Sozialisationstheorie und empirische pädagogische Forschung – vor allem folgende Einsicht, die sich allmählich durchsetzte und zum Kernbestand aller pädagogischen Bemühungen wurde: Man kann Kinder zu einem bestimmten Verhalten zwingen, sofern man die Macht dazu hat, man kann sie auch zu einem bestimmten Verhalten manipulieren, sofern man über bestimmte Interventionstechniken verfügt, aber auf diese Weise kann man sie nicht gewinnen. Darauf aber kommt es an, wenn man ihr Entwicklungspotential dauerhaft ausschöpfen will, um sie zu befähigen, sich nach ihren Möglichkeiten zu entfalten und eine menschenwürdige Gesellschaft mit zu gestalten.

Dabei hat der Witz als pädagogisches Instrumentarium zweifellos seine Berechtigung. Aber ob dieses Instrumentarium sinnvoll eingesetzt wird, bemißt sich nicht an ihm selbst, sondern an Kriterien der Bildungsziele. Wolfgang Klafki (1996, 43ff) hat in diesem Sinn ein zeitgemäßes Konzept von Allgemeinbildung als „Bildung im Medium des Allgemeinen", nämlich als Aneignung von epochaltypischen Problemstellungen formuliert. (Als solche führt er an: Gefährdungen von Frieden und Umwelt, soziale Ungleichheit, Folgen der zweiten industriellen Revolution, Gegensatz von individuellen Glücksansprüchen und sozialer Verantwortung.) Eine an solchen gesellschaftlichen Schlüsselproblemen orientierte pädagogische Praxis zielt auf grundlegende Kompetenzen wie Fähigkeit zu Kritik und Selbstkritik, Empathie, vernetztes Denken, Fähigkeit und Bereitschaft zur Argumentation.

Das sind freilich hohe und umfassende Ziele, die im pädagogischen Alltag allenfalls zeitweise gegenwärtig sein dürften. Ja, Witz und Humor werden auch sie noch vom Podest ihrer Idealität herab holen. Witz und Humor wirken, ohne Scheu vor Selbstwidersprüchlichkeit, relativierend auch in Bezug auf alles Prinzipielle. Ein Beispiel dafür ist Walter Kempowskis Figur des Herrn Böckelmann, eines Grundschullehrers um 1960, der in der Perspektive der Kinder beschrieben wird.[1] Böckelmann ist ein skurril-altmodischer Lehrer und keineswegs perfekt: nicht selten schlechter Laune, autoritär drohend, wütend, und dennoch auf nahezu unerklärliche Weise liebenswert. Das hängt offenbar mit der witzig-übertreibenden Form seiner pädagogischen Ermahnungen zusammen: „Wenn einer was vergessen hat – das ist ganz schlimm. Dann sagt Herr Böckelmann: ‚Soso. Wie schade. Nun muß ich dich melden.' Er schreibt den Namen auf und sagt: ‚Du kommst zu Weihnachten ins Erziehungsheim. Da hast du'n schönen Strohsack. Im Erziehungsheim wird von Blechtellern gegessen, weißt du das? So ein nettes Kind, und das muß nun ins Erziehungsheim.'" (Kempowski 1979, 85) Böckelmann besteht auf Ruhe und Ordnung und anderen Sekundärtugenden: „Beim Rechnen sagt der Lehrer: ‚Gerade sitzen!' und dann guckt er, ob die Hefte richtig liegen, und ob das Haar gekämmt ist." (ebd., 38) Andererseits aber hält er auch viel vom Menschenrecht auf Faulheit: „Manchmal hat Kardinal Faulhaber Geburtstag, im Sommer öfter als im Winter. ‚Es ist so schönes Wetter, Kinder', sagt Herr Böckelmann, ‚ich glaub, heute hat Kardinal Faulhaber Geburtstag.' Das wird festlich begangen, jeder darf dann tun, was er will, malen oder lesen." (ebd., 85) Dieses Recht nimmt er auch für sich selbst in Anspruch: „Im

---

[1] Den Hinweis darauf verdanke ich Burkhard Müller.

Sommer nimmt er sich [in der Pause] einen Stuhl mit nach draußen und sagt: ‚Ich kann auch nicht immer herumlaufen.'„ (ebd., 31) Oder: „Sonnabends ist unser Lehrer guter Laune, dann sagt er: ‚Kinder, heute machen wir uns einen schönen Tag. Wenn *ihr* mich nicht ärgert, dann ärger *ich* euch *auch* nicht.'" (ebd., 15) Kaum verdeckt er seine eigene Hilfsbedürftigkeit: „‚Nun, Christel?' sagt Herr Böckelmann. Sie sitzt vorn in der ersten Reihe und beruhigt unseren Lehrer, wenn er wütend ist." (ebd., 20) – Erfolgreich ist der pädagogische Humor, so wird an der Gestalt des Herrn Böckelmann deutlich, vor allem dann, wenn er durch seine Paradoxien den Kindern Freiräume eröffnet, die ihnen in der schulischen Abhängigkeit ein Stück Selbständigkeit und Selbstsicherheit ermöglichen.

Dem Bild der kindlichen und jugendlichen Persönlichkeit, wie es die Pädagogik heute darstellt, entspricht auf Seiten der Erzieher ein normatives Konzept der Erzieherpersönlichkeit, das nicht bloß eine Reihe von im Prinzip zu beliebigen Zwecken einsetzbaren pädagogischen Instrumentarien enthält, sondern diese in ein übergreifendes Konzept des pädagogischen Bezugs einfügt. Innerhalb dessen können und sollten sich Witz und Humor wechselseitig korrigieren und ergänzen: Der Humor überführt den Witz von einer Technik der Entlarvung in ein Medium der Relativierung des eigenen partikularen Standpunktes, der Witz befreit den Humor von seiner resignativen Funktion und überführt ihn in einen Antrieb zum zielgerichteten Handeln.

Insofern wäre zu fordern, daß moderne Pädagogik darüber nachdenken muß, wie sie als Institution und auch in ihren Ausbildungsgängen das vergessene Konzept des Humors mit dem aktuellen Konzept des Witzes wieder zusammenfügt. Hierfür wäre nötig, daß neben der theoretisch und methodisch orientierten Ausbildung auch Fragen nicht nur der rollenspezifischen Distanz, sondern auch Fragen nach der Persönlichkeit der Erzieher wieder stärker ins Spiel kommen können.

Literatur:

Adorno, Th. W. (1965): Tabus über den Lehrberuf. In: Ders.: Gesammelte Schriften Bd. 10.2. Suhrkamp: Frankfurt a. M., 1977, 656-673
Blickensdorfer, J., Dohrenbusch, H. (1998): Humor in der Heilpädagogik – das ist ja ein Witz! In: Datler, W., u.a. (Hrsg.): Zur Analyse heilpädagogischer Beziehungsprozesse. Edition SZH/SPC: Biel, 245-249
Bollnow, O.F. (1964): Die pädagogische Atmosphäre. Quelle und Meyer: Heidelberg, ^{4}1970
Bühler, W., Rapp, D. (1990): Lach dich gesund! Die Heilkraft des Humors. Verein für ein Erweitertes Heilwesen: Bad Liebenzell-Unterlengenhardt
Freud, S. (1905): Der Witz und seine Beziehung zum Unbewußten. In: Ders.: Studienausgabe Bd. IV. S. Fischer: Frankfurt am Main, 1982, 9-219

Freud, S. (1927): Der Humor. In: Ders.: Studienausgabe Bd. IV. S. Fischer: Frankfurt am Main, 1982, 275-282

Giesecke, H. (1997): Die pädagogische Beziehung. Pädagogische Professionalität und die Emanzipation des Kindes. Juventa: Weinheim, München

Jahn, W. (1971): Am Anfang war das Lächeln. Der fast vergessene Humor in der Erziehung. Hallwag: Bern, Stuttgart

Jean Paul (1793): Leben des vergnügten Schulmeisterlein Maria Wuz in Auenthal. In: Ders.: Sämtliche Werke Bd. 3. G. Reimer: Berlin, 1826

Kempowski, W. (1979): Unser Herr Böckelmann. C. Bertelsmann: München, 1990

Klafki, W. (1996): Neue Studien zur Bildungstheorie und Didaktik. Beltz: Weinheim, Basel

Limbrunner, A. (1995): Wie witzlos ist Sozialarbeit? Humor gegen Helferleiden. In: Sozialmagazin, 20. Jg., H. 7/8, 76-80

März, F. (1967): Humor in der Erziehung. Bemerkungen über eine pädagogische Rarität. Kösel: München

Mollenhauer, K., Uhlendorf, U. (1992): Sozialpädagogische Diagnosen, Bd. 1: Über Jugendliche in schwierigen Lebenslagen. Juventa: Weinheim, München

Müller, K. D. (1991): Über den Humor in der Erziehung. In: Jugendwohl, Jg. 72, H. 3, 131-136

Nohl, H. (1933): Die Theorie der Bildung. In: Nohl, H., Pallat, L. (Hrsg.): Handbuch der Pädagogik. Bd.1. Beltz: Weinheim, 1966, 3-80

Nohl, H. (^{3}1949): Die pädagogische Bewegung in Deutschland und ihre Theorie. Schulte-Bulmke: Frankfurt a. M.

von Schlippe, A., Schweitzer, J. (^{2}1996): Lehrbuch der systemischen Therapie und Beratung. Vandenhoeck und Ruprecht: Göttingen, Zürich

Strachota, A. (1998): Vom Hihi zum Haha: Zum (Aus-)Lachen in heilpädagogischen Beziehungen. In: Datler, W. u.a. (Hrsg.): Zur Analyse heilpädagogischer Beziehungsprozesse. Edition SZH/SPC: Biel, 256-260

Strotzka, H. (1976): Witz und Humor. In: Die Psychologie des 20. Jahrhunderts. Kindler: Zürich, 305-321

Wolf, N. (1986): Die Bedeutung des Humors für das ästhetisch-sittliche Bewußtsein des Erziehers. Beltz: Weinheim, Basel

Literaturumschau

Wilfried Datler, Margit Datler, Irmtraud Sengschmied, Michael Wininger

**Psychoanalytisch-pädagogische Konzepte der Aus- und Weiterbildung
Eine Literaturübersicht**

1. Einleitung

Wenn von psychoanalytischer Aus- und Weiterbildung gesprochen wird, so denkt man zumeist an jene Aus- und Weiterbildungsgänge, die ihre Teilnehmer zu psychoanalytisch arbeitenden Psychotherapeuten qualifizieren. Noch genauer: Man denkt an jene Lehrgänge, die zur „klassischen" psychoanalytischen Arbeit im Sessel-Couch-Setting befähigen.
Dies ist kein Wunder: Die Arbeit im Sessel-Couch-Setting wird seit den ersten Jahrzehnten des 20. Jahrhunderts als Inbegriff von psychoanalytischer Praxis angesehen; und das Durchlaufen eines Curriculums, das auf die Ausbildungs-Trias von Lehranalyse, Theorieaneignung und Kontrollanalyse setzt und zu dieser Art von Arbeit qualifiziert, stellt nach wie vor die Voraussetzung schlechthin dar, die erfüllt sein muß, ehe sich jemand – etwa aus der Sicht der Internationalen Psychoanalytischen Vereinigung (IPV) - „Psychoanalytiker" oder „Psychoanalytikerin" nennen darf (vgl. Datler 1995, 31).

Das Verständnis von psychoanalytischer Praxis und psychoanalytischer Qualifizierung, das darin zum Ausdruck kommt, wurde auf breiter Basis normativ wirkmächtig: Nicht nur die Mitgliedsvereinigungen der IPV, sondern auch viele andere psychoanalytische Ausbildungsinstitute folgen diesem Konzept der „Vermittlung"[1] von psychoanalytischer Kompetenz.
Daneben darf allerdings (1.) nicht übersehen werden, daß sich innerhalb der „psychoanalytic community" auch andere Formen des psychoanalytisch-therapeutischen Arbeitens und in Verbindung damit auch andere Formen der Vermittlung von psychoanalytisch-therapeutischer Kompetenz etablieren konnten – man denke an kinderpsychoanalytische oder gruppenanalytische Aus- und

---

[1] Von der „Vermittlung" psychoanalytischer Kompetenz zu sprechen ist durchaus gängig – und doch nicht korrekt, denn psychoanalytische Kompetenz wird nicht von einem zum anderen *mittels* entsprechender Hilfen (wie etwa didaktischer Verfahren) weitergegeben. Psychoanalytische Kompetenzen gilt es vielmehr zu entfalten – und dazu kann man angeregt, dabei kann man angeleitet und unterstützt werden. Der allgemeinen Usance folgend wird im vorliegenden Text dennoch gelegentlich von „Vermittlung" gesprochen werden.

Weiterbildungsgänge. Darüber hinaus kam es (2.) auch zur Auseinandersetzung mit der Frage, in welcher Form psychoanalytisch-pädagogische Kompetenzen vermittelt werden können, die nicht (bloß) psychotherapeutischer Natur sind.

Literatur, die den zuletzt genannten Punkt betrifft, soll in diesem Umschauartikel vorgestellt werden. Obgleich einiges dafür spricht, daß psychoanalytisch-pädagogische Praxis einen Spezialfall von pädagogischer Praxis darstellt und daß die Vermittlung von psychoanalytisch-therapeutischen Kompetenzen aus dieser Sicht einen Spezialfall der Vermittlung von psychoanalytisch-pädagogischen Kompetenzen abgibt (Datler 1995), wird im Folgenden auf die Darstellung von Publikationen zur psychoanalytisch-*therapeutischen* Aus- und Weiterbildung verzichtet. Denn dazu existieren zumindest einige Überblicksdarstellungen (z.B. Stumm u.a. 1995; Gröninger, Fürstenau 1994; Reiser 1993).

Im Zentrum der folgenden Ausführungen stehen somit Publikationen über Aus- und Weiterbildungsaktivitäten, die nicht primär oder vornehmlich auf die Entfaltung von psychoanalytisch-psychotherapeutischen, sondern auf die Entwicklung von (anderen) psychoanalytisch-pädagogischen Kompetenzen abzielen.

Zunächst eröffnen wir mit Hinweisen auf Publikationen, die sich mit den Anfängen psychoanalytisch-pädagogischer Aus- und Weiterbildung befassen. Dann stellen wir Literatur über aktuelle Weiterbildungsgänge dar, ehe wir auf Veröffentlichungen zu sprechen kommen, die sich mit einzelnen Aus- und Weiterbildungselementen befassen.

2. Veröffentlichungen über die Anfänge psychoanalytisch-pädagogischer Aus- und Weiterbildungsaktivitäten

Die Vorstellung, daß eine auf psychoanalytischen Erkenntnissen aufbauende Erziehung vor der späteren Ausbildung von Neurosen schützen könne, führte schon in den ersten Jahrzehnten des 20. Jahrhunderts dazu, daß sich Psychoanalytiker in Veröffentlichungen, vor allem aber mit Vorträgen und Seminaren immer wieder an Pädagogen wandten, um ihnen psychoanalytische Erkenntnisse und Einsichten näher zu bringen. Geradezu legendär wurden die vier Vorträge Anna Freuds (1930) zur Einführung in Psychoanalyse für Pädagogen, die „im Auftrag des Jugendamts der Stadt Wien" stattfanden und den Auftakt für ein regelmäßig durchgeführtes „Seminar für Kindergärtnerinnen" darstellten, das Anna Freud gemeinsam mit Dorothy Burlingham abhielt (Anna Freud 1980, 4).

Weniger bekannt ist hingegen, daß bereits Jahre zuvor im Lehrinstitut der Wiener Psychoanalytischen Vereinigung damit begonnen wurde, ein curricular geregeltes Weiterbildungsangebot für Pädagogen anzubieten. Informationen darüber sind dem Lexikon von Mühlleitner (1992, 387ff) zu entnehmen. Demnach kam es 1926 zu einem ersten „Kurszyklus für Pädagogen", der 1933 in einen zweijährigen „Ausbildungsgang für Pädagogen" übergeführt wurde. In der „Chronik" der „Zeitschrift für psychoanalytische Pädagogik" heißt es dazu:

„Der Lehrgang für Pädagogen bezweckt die Vertiefung des pädagogischen Wissens und beruflichen Könnens durch das Studium der analytischen Psychologie und vermittelt Erfahrungen, die bisher in der Anwendung der Psychoanalyse in verschiedenen Zweigen der Pädagogik erworben wurden. Der Lehrgang ist zweijährig. Aufnahmsbedingungen für den ersten Jahrgang ist der Nachweis einer pädagogischen Berufsvorbildung und einer längeren praktischen pädagogischen Betätigung. Aufnahmsbedingung für den zweiten Jahrgang ist der Nachweis erfolgreicher Teilnahme am ersten Jahrgang oder entsprechender psychoanalytischer Vorbildung. Für die Absolventen des zweiten Jahrganges, die eine eigene Analyse (Pädagogenanalyse) durchgemacht haben, stehen die dauernden pädagogisch-analytischen Fortbildungsinstitutionen (Arbeitsgemeinschaften, Seminare, Erziehungsberatung) offen" (Chronik 1933, 355f).

Dieser Chronik ist überdies zu entnehmen, welche Seminare und Kurse zu belegen waren und welche konkreten Fortbildungsmöglichkeiten den erwähnten „Absolventen des zweiten Jahrganges" offenstanden. Helene Deutsch berichtet weiters, daß „diese Kurse durch eine praktische Ausbildung in Horten und ähnlichen Instituten durch Aichhorn ergänzt" werden sollten (Korrespondenzblatt 1929, 539). Nach Hoffer hatten 1938, als das Lehrinstitut geschlossen werden mußte, 180 Pädagogen die bis dahin abgehaltenen Lehrgänge besucht, 40 von ihnen hatten überdies eine Analyse absolviert (Korrespondenzblatt 1939, 484). Datler (1995, 27f) nennt verschiedene Quellen, denen weitere Details über jene Aus- und Weiterbildungsangebote entnommen werden können, die während der Zwischenkriegszeit in Gestalt von Vorlesungen und Kursen nicht nur in Wien, sondern auch in Berlin, Budapest und Basel, vereinzelt aber auch in anderen Städten wie Prag, Stuttgart, Jena, Heidelberg oder Frankfurt für psychoanalytisch interessierte Pädagogen angeboten wurden. Exemplarisch seien Bernfelds (1930) Bericht über den curricular geregelten „Unterricht für Pädagogen" genannt, der am Berliner Psychoanalytischen Institut eingerichtet wurde, sowie Laiers (1996) Bericht über das Frankfurter Psychoanalytische Institut, an dem zwischen 1929 und 1933 die Weiterbildung von Pädagoginnen und Pädagogen besondere Beachtung fand.

Verschiedenen Studien ist zu entnehmen, daß sich in der Zwischenkriegszeit auch Vertreter der Individualpsychologie mit besonderer Intensität darum bemühten, tiefenpsychologisch-pädagogische Kenntnisse und Kompetenzen breiten Kreisen der Bevölkerung zu vermitteln. Hinlänglich bekannt sind die Vortragsaktivitäten vieler Individualpsychologen sowie die öffentlich durchgeführten Erziehungsberatungen, die in der Gestalt von „Lehrberatungen" nicht nur den ratsuchenden Familien dienlich sein sollten, sondern auch den Zuhörern, die auf diese Weise mit Grundzügen des individualpsychologischen Denkens und Verstehens vertraut werden sollten (Datler, Gstach, Wittenberg 2001, 237ff). Nach Gstach (2002, 151ff) war das Jahr 1926 offensichtlich ein Wendepunkt in der Frage der Aus- und Fortbildung von Individualpsychologen bzw. individualpsychologischen Erziehungsberatern; denn nun wurden die zuvor abgehaltenen vereinzelten Veranstaltungen, die der individualpsychologischen Fortbildung bestimmter Personengruppen dienten, in der „Internationalen Zeitschrift für Individualpsychologie" veröffentlicht, was darauf hindeutet, daß die nunmehrigen Kursangebote zunehmend als Aus- und Fortbildungskurse begriffen wurden.

Diese Bemühungen um die Vermittlung tiefenpsychologischer Kompetenzen kamen mit dem Beginn der Nazi-Herrschaft nahezu gänzlich zum Verschwinden. Veröffentlichungen wie jenen von Datler (1995, 34ff), Leber, Gerspach (1996) oder Aichhorn (2001) ist zu entnehmen, daß nach 1945 verschiedentlich versucht wurde, an die psychoanalytisch-pädagogischen Aktivitäten der Zwischenkriegszeit Anschluß zu finden. Dennoch dauerte es Jahrzehnte, bis sich wiederum curricular geregelte Aus- und Weiterbildungsangebote sowie umfassendere Aus- und Weiterbildungsprojekte für psychoanalytisch interessierte Pädagogen etablieren konnten. Im folgenden Kapitel stellen wir jüngere Veröffentlichungen vor, die von solchen Aus- und Weiterbildungsangeboten berichten.

3. Literatur über aktuelle Aus- und Weiterbildungsgänge sowie Aus- und Weiterbildungsprojekte

3.1 *Über curricular geregelte Aus- und Weiterbildungsgänge*

Wir wenden uns zunächst Veröffentlichungen zu, in denen von Aus- und Weiterbildungsgängen berichtet wird, die auf der Basis *ausgewiesener Curricula* angeboten werden (oder zumindest in der letzten Zeit angeboten wurden). Wir beginnen mit Veröffentlichungen über curricular geregelte Teile von Universitäts- oder Fachhochschulstudien und berichten dann von Publikationen über postgraduale Aus- und Weiterbildungsgänge.

3.1.1 Das psychoanalytisch-pädagogische Projektstudium an der Evangelischen Fachhochschule Darmstadt

An der *Evangelischen Fachhochschule Darmstadt* hatte Hans-Georg Trescher gemeinsam mit Jacqueline Nieder ein psychoanalytisch-pädagogisches Lehrangebot für jene angehenden Sozialarbeiter ausgearbeitet, die das Schwerpunktstudium „Heilpädagogik" gewählt hatten. Im Artikel „Studium im Praxisbezug" stellt Trescher (1992, 222f) die Module dieses Studienschwerpunktes vor:

- Studenten, die den Studienschwerpunkt wählen, absolvieren gegen Ende des 3. Studiensemesters ein sechswöchiges Blockpraktikum.
- Vom 4. bis zum 6. Semester folgt ein studienbegleitendes Praktikum, in dem Studenten einmal wöchentlich in einem entsprechenden Praxisfeld tätig sein müssen.
- Dieses Praktikum wird regelmäßig vierstündig supervidiert, auch in den Semesterferien. Grundlage für die Supervisionsarbeit sind Praxisprotokolle, die vor den Supervisionssitzungen von allen zehn Teilnehmern der Supervisionsgruppe durchgearbeitet werden müssen. Überdies wird der Gruppenprozeß, der in der Supervisionsgruppe entsteht, am Ende eines jeden vierstündigen Supervisionsblocks besonders reflektiert.
Alle zwei bis drei Wochen kommt es dazu, daß ein Teilnehmer seine Arbeit vorstellt, alle zehn Wochen wird ein Bericht vorgelegt, der den Verlauf des Arbeitsprozesses beschreibt.
- Die Studierenden nehmen im 4. und 5. Semester an einem zweistündigen Theorieseminar teil, in dem Inhalte bearbeitet werden, die auf die Praktikumsfelder der Studierenden abgestimmt sind.
- Weiters besteht die Möglichkeit, an einer vierstündigen, über zwei Semester laufenden Lehrveranstaltung teilzunehmen, in der Grundlagen der Psychoanalytischen Pädagogik, spezielle Problembereiche der psychoanalytischen Sozialisationstheorie und Entwicklungspsychologie vermittelt werden.

Trescher (1992) referiert Grundsatzüberlegungen, die ihn zur Einrichtung dieses Projektstudiums motiviert haben, sowie Erfahrungen, die er damit gemacht hatte. Auf das hier bemühte Fallbeispiel kommt er auch in dem Artikel „Ungleichheit für alle ..." zu sprechen (Trescher 1991).

3.1.2 Das Wiener psychoanalytisch-pädagogische Projektstudium für Studierende des Lehramts und der sich daraus entwickelnde Universitätslehrgang des IFF (Wien)

Im Rahmen einer Kooperation zwischen dem „*Institut für interdisziplinäre Forschung und Fortbildung (IFF)*" und der *Universität Wien* wurde zwischen 1997 und 2000 für eine Gruppe von Lehramtsstudierenden ein dreijähriges, psychoanalytisch-pädagogisches Projektstudium angeboten. Dieses war an jenem Verständnis von erfahrungsorientiertem Lernen orientiert, das den in Kapitel 3.1.6 erwähnten Kursen des Tavistock Centers zugrunde liegt. Den Kernbereich gaben drei Beobachtungsseminare ab (vgl. Kapitel 5):

- ein Infant-Observation-Seminar,

- ein Seminar zur Beobachtung von Kindern in Bildungsinstitutionen (Kindergarten, Schule),
- sowie ein Seminar zur Beobachtung von Bildungsinstitutionen.

Ergänzend zu diesen Seminaren wurde ein Einführungsseminar mit Selbsterfahrungsanteilen, Theorieveranstaltungen zur Einführung in Psychoanalytische Pädagogik und psychoanalytische Entwicklungspsychologie sowie ein Seminar zur Methode des Projektunterrichts angeboten. Diem-Wille, Finger, Heintel (1998) und Sengschmied (1999) haben dieses Projektstudium beschrieben. Darüber hinaus liegen – noch unpublizierte – Berichte und Evaluationen vor (Sengschmied 2001; Diem-Wille, Sengschmied 2001). Von den positiven Ergebnissen ermutigt wird das Konzept des Projektstudiums zur Zeit zu einem postgradualen Weiterbildungskurs für Lehrer weiterentwickelt (Diem-Wille, Sengschmied 2002).

3.1.3 Der postgraduale Weiterbildungslehrgang des Frankfurter Arbeitskreises für Psychoanalytische Pädagogik (FAPP)

Zu den „ältesten" postgradualen Weiterbildungsgängen, die auch aktuell angeboten werden, zählt der Lehrgang des *Frankfurter Arbeitskreises für Psychoanalytische Pädagogik (FAPP)*, der seit 1984 existiert. Trescher (1993) referiert Motive, die zu seiner Einrichtung führten (vgl. dazu auch Leber/Gerspach 1996, 525ff), erste Erfahrungen mit dem Kursangebot sowie die curriculare Grundstruktur, die aus drei Elementen besteht:

- dem Theorieseminar (zwei Stunden, wöchentlich, drei Jahre hindurch),
- der Supervision (zwei Stunden, wöchentlich, drei Jahre hindurch),
- der Gruppenanalyse (fraktioniert in 15 Wochenendblöcken mit je acht doppelstündigen Sitzungen).

Die Darstellung dieser Grundstruktur findet sich auch in einem Artikel von Finger-Trescher, Krebs (2001), wo überdies Bezüge zu qualitäts- und professionstheoretischen Überlegungen hergestellt werden. Nach Trescher (1993, 18) sind die Adressaten des Lehrgangs „berufserfahrene Angehörige des Erziehungs-, Bildungs- und Sozialbereiches mit Hochschulabschluß" (insbesondere Lehrer, Diplompädagogen und Sozialarbeiter), die durch die Teilnahme am Lehrgang dazu befähigt werden, in ihren Tätigkeitsbereichen in kompetenter Weise nach psychoanalytisch-pädagogischen Gesichtspunkten zu arbeiten.

3.1.4 Die Ausbildung in psychoanalytisch-pädagogischer Erziehungsberatung der Wiener Arbeitsgemeinschaft für Psychoanalytische Pädagogik (APP)

Die Wiener *Arbeitsgemeinschaft Psychoanalytische Pädagogik (APP)* bietet seit Mitte der 90er Jahre einen postgradualen, dreijährigen Ausbildungslehrgang an, der zuvor von der Sigmund Freud Gesellschaft getragen wurde und zur Ausübung von psychoanalytisch-pädagogischer Erziehungsberatung qualifiziert. Eine umfassende Darstellung der Geschichte dieses Lehrgangs, seiner theoretischen Grundlagen und seines Curriculums hat Figdor (2000) verfaßt (zu den theoretischen Grundlagen vgl. auch Figdor in diesem Band). Im Regelfall werden in diesen Kurs einschlägig vorqualifizierte Absolventen oder fortgeschrittene Studierende des Diplomstudiums der Pädagogik oder Psychologie aufgenommen, die folgende Ausbildungsmodule zu absolvieren haben:

- ein fallorientiertes, dreijähriges Theorieseminar (mit den Jahresschwerpunkten: Methode und Technik der Erziehungsberatung; Diagnostik; Modifikationen von Methode und Setting);
- mit ergänzenden Blockveranstaltungen zu speziellen Themen;
- mindestens drei Jahre an psychoanalytischer Selbsterfahrung (bis 2001 im Gruppen- oder Einzelsetting, ab 2002 grundsätzlich im Einzelsetting);
- die Absolvierung einer „Lehrberatung", in der sich angehende Berater mit einem ernsthaften pädagogischen Problem an einen Erziehungsberater zu wenden haben, um die Methode der Beratung auch aus der Perspektive der Ratsuchenden kennen zu lernen;
- mindestens ein Jahr Baby-Beobachtung nach dem Tavistock-Konzept (vgl. Kapitel 5);
- sowie praktische Übungen (zu denen auch das Halten von Vorträgen vor Eltern gehört).

Wenn Erfahrungen im Umgang von Kindern und Jugendlichen, vertiefte Kenntnisse in Entwicklungspsychologie, Grundlagen der pädagogischen Diagnostik u.ä. nicht gegeben sind, müssen entsprechende Nachweise während des Kurses nachträglich erbracht werden.

3.1.5 Der Lehrerfortbildungskurs am Wiener Alfred-Adler-Institut

Zwischen 1998 und 1991 bot das *Alfred-Adler-Institut des Österreichischen Vereins für Individualpsychologie* drei Fortbildungskurse für Lehrerinnen und Lehrer an. Diese Kurse enthielten ein zweijähriges, wöchentlich stattfindendes Theorieseminar mit einer zweijährigen, ebenfalls wöchentlich stattfindenden Balintgruppe. Datler (1989a) stellt das Kurskonzept knapp dar und referiert andernorts Grundsatzüberlegungen, die zur Konzeption des Kurses führten, sowie Erfahrungen, die in der Arbeit mit den ersten Kursgruppen gesammelt wurden (Datler 1989b). Manche dieser Erfahrungen, die mit der Schwierigkeit mancher Kursteilnehmer zusammenhängen, Schülerrollen abzulegen und verantwortlich an der Kursgestaltung mitzuwirken, veranlassen Matschiner-Zoller (1995) dafür zu plädieren, eine analytische Selbsterfahrungsgruppe als drittes Element in den Kurs aufzunehmen.

3.1.6 Im Internet auffindbare Aus- und Weiterbildungsgänge

Internet-Recherchen führen zu Informationen über weitere curricular geregelte Aus- und Weiterbildungsgänge, die psychoanalytisch-pädagogische Kompetenzen vermitteln. Im Regelfall wurde über diese Aus- und Weiterbildungsgänge in Buch- oder Zeitschriftenartikeln noch nicht (oder nur marginal) publiziert.

(a) Den home-pages:

> http://www.univie.ac.at/Erziehungswissenschaft
> http://info.uibk.ac.at/c/c6/c603/

ist zu entnehmen, daß der Diplomstudiengang des Instituts für Erziehungswissenschaft der *Universität Wien* einen Studienschwerpunkt „Psychoanalytische Pädagogik" und der vergleichbare Diplomstudiengang der *Universität Innsbruck* einen Studienzweig „Psychoanalytische Erziehungswissenschaft" aufweist.

(b) Auf der home-page:

> http://www.apps.de

ist der Hinweis darauf zu finden, daß der *„Arbeitskreis für psychoanalytische Pädagogik der Schule e.V."* (ApPS) unter dem Vorsitzenden Heiner Hirblinger in Zusammenarbeit mit der „Münchner Arbeitsgemeinschaft für Psychoanalyse" (MAP) Beratung, Weiterbildung und Supervision anbietet. Neben einzelnen Seminaren, Vorträgen und Workshops befindet sich ein Weiterbildungsgang im Programm. Informationsbroschüren des Arbeitskreises ist zu entnehmen, daß der Weiterbildungsgang drei Weiterbildungsmodule enthält:

- Modul A: Interdisziplinäre themenzentrierte Fallbesprechungsgruppe (Schwerpunkt: Supervision),
- Modul B: Interdisziplinäre methodenzentrierte Fallbesprechung (Schwerpunkt: Unterrichtsentwicklung),
- Modul C: Lehr- und Lernsupervision zu einem selbst durchgeführten Projekt (mit Abschlußarbeit und Kolloquium und dem Erwerb der Zusatzqualifikation „Supervisor für Schule und Unterricht").

(b) Unter den Internet-Adressen

> http://www.alfredadler.ch/berater_elemente.htm
> http://www.dgip.de

findet man Hinweise auf den „Diplomlehrgang in individualpsychologischer Beratung" des *Züricher Alfred Adler Instituts* sowie auf den Studiengang „Individualpsychologische Beraterin / Individualpsychologischer Berater" der *Deutschen Gesellschaft für Individualpsychologie*. Die Lehrgänge wenden sich an professionell Tätige mit mindestens dreijähriger Berufserfahrung und setzen auf mehrere Semester Theorieseminar, Praxisreflexion bzw. Praxisanleitung und Selbsterfahrung. Auf den Züricher Diplomlehrgang verweist in knapper Form Rüedi (1995, 30).

(d) Interessante Hinweise auf Aus- und Weiterbildungsgänge mit psychoanalytisch-pädagogischer Relevanz findet man überdies, wenn man die home-pages mancher international renommierter Aus- und Weiterbildungsinstitutionen anwählt. Wir verweisen hier exemplarisch auf die home-page des Londoner *Anna-Freud-Centers* (ehemals Hampstead Clinic):

http://www.annafreudcentre.org/clinical-academic-training.htm

sowie auf die home-page des Londoner Tavistock Centers:

http://www.tavi-port.org

Auf der letztgenannten home-page findet man unter der Rubrik „Postgraduate Training" beispielsweise Hinweise auf folgende Weiterbildungskurse, die – z.T. in Zusammenarbeit mit der East London University – angeboten werden:

- Der zweijährige Kurs *„Psychoanalytic Observational Studies"* führt in basaler Weise in das psychoanalytische Verstehen von Beziehungsprozessen ein. Teilnehmer absolvieren ein zweijähriges Seminar in Infant Observation (vgl. dazu Kapitel 5), Young Child Observation, ein Work Discussion Seminar (vgl. dazu Kapitel 6.2) sowie Seminare über Grundlagen der Psychoanalyse, psychoanalytische Entwicklungspsychologie sowie Persönlichkeitsentwicklung und Psychoanalytische Technik. Der Kurs wird Interessenten angeboten, die mit Kindern, Jugendlichen und Familien arbeiten, und ist zugleich die Voraussetzung für die weiterführende Ausbildung in Kinderpsychotherapie. Vom Kurs berichten in kurzen Aufsätzen Ross (1999) und Miller (1999).
- Der Fortbildungskurs *„Infant Mental Health"* fokussiert frühe Entwicklungsprozesse sowie deren Gefährdung und Störung und wird speziell für jene Berufsgruppen angeboten, die direkt mit kleinen Kindern und deren Eltern arbeiten. Der Kurs ist ähnlich aufgebaut wie der oben genannte, fällt aber etwas schmäler aus und bietet der Besprechung beruflicher Praxis etwas mehr Raum. Von Lernerfahrungen berichten Barrows (1998) und Likierman (1997).

- Der Fortbildungskurs „*Emotional Factors in Learning and Teaching: Councelling Aspects in Education*" wird für Lehrer angeboten und wurde von Isca Salzberger-Wittenberg viele Jahre lang geleitet (Salzberger-Wittenberg 1997). Im Zentrum des Kurses stehen Theorieseminare über die emotionalen Aspekte des Lernens und Lehrens und zur psychoanalytischen Persönlichkeitstheorie sowie Work Discussion Seminare (vgl. Kapitel 6.2).
- Ein weiteres Kursangebot mit psychoanalytischen Inhalten und Beobachtungsseminaren richtet sich an Sozialarbeiter und Lehrer der Sozialarbeit. Von diesem Kursangebot wird in mehreren Veröffentlichungen berichtet: Trowell u.a. (1991) referieren über Motive, die zur Entstehung dieser Kurse führten. In den Arbeiten von Bridge, Miles (1996) und Pietroni (1991) wird ausgeführt, welche Bedeutung die Kompetenz des Beobachtens gerade für das Arbeitsfeld der Sozialarbeit haben kann (vgl. auch Briggs 1992, 1995; Wilson 1992).

3.2 Aus- und Weiterbildungsprojekte

Von curricular geregelten Aus- und Weiterbildungsgängen möchten wir Aus- und Weiterbildungsprojekte unterscheiden, die zumeist in engem Zusammenhang mit Forschungsvorhaben oder dem Anliegen entstanden sind, Studierende oder umgrenzte Personengruppen, die in einer bestimmten Institution oder in einem bestimmten Arbeitsfeld professionell tätig sind, innerhalb eines begrenzten Zeitraumes dabei zu unterstützen, spezifische psychoanalytisch-pädagogische Qualifikationen zu entfalten. Solche Aus- und Weiterbildungsprojekte übersteigen meist den Rahmen sogenannter Projektseminare, enthalten oft verschiedene Elemente (etwa der Praxisreflexion, der Institutionsanalyse, der Theorievermittlung usw.), werden zumeist anlaßgebunden konzipiert und folgen im Regelfall keinem ausgewiesenen Curriculum, nach dem in kursähnlicher Form in mehreren Durchgängen mit verschiedenen Gruppen wiederholt gelehrt wird.

Manch solche Projekte, die im Dienst der Entfaltung psychoanalytisch-pädagogischer Kompetenzen stehen, wurden auch universitär angeboten. Wir denken hier etwa an das Projekt „Psychoanalytische Beratung", von dem ein von Hermann Argelander (1985) herausgegebenes Buch berichtet; an das Wiener „Hampstead-Projekt", in dem es um die Arbeit mit einer modifizierten Fassung von Anna Freuds Hampstead-Profil ging (Datler/Bogyi 1989; Datler, Oberegelsbacher, Steinhardt, Vanzetta 1994); oder an das Würzburger Projekt über das „Selbstwerden des körperbehinderten Kindes" (Bittner, Thalhammer 1989).

Im Folgenden wollen wir auf jüngere Veröffentlichungen zu sprechen kommen, die vornehmlich von außeruniversitären Aus- und Weiterbildungsprojekten handeln und in denen Aspekte der Vermittlung psychoanalytisch-pädagogischer Kompetenzen im Zentrum stehen.

3.2.1 Ein Frankfurter Projekt zur berufsbegleitenden Fortbildung von professionell Tätigen im Bereich Sozialarbeit/Sozialpädagogik

Clemenz u.a. (1992) berichten aus einem Projekt zur berufsbegleitenden Weiterbildung von professionell Tätigen im Bereich Sozialarbeit/Sozialpädagogik, das für Sozialarbeiter, Sozialpädagogen, Erzieher, Ausbilder etc. konzipiert war, die im Großraum Frankfurt/M. mit benachteiligten Jugendlichen arbeiteten. Im Zentrum des Projekts standen vier Weiterbildungselemente:

- Gruppensupervisionssitzungen,
- Fallanalyseseminare (zur Einführung in die Konzepte der Biographieanalyse, der Objektiven Hermeneutik und des Szenischen Verstehens),
- Theorieseminare und
- Psychoanalytische Selbsterfahrung.

Die Autoren wollen „in erster Linie die Effizienz – aber auch die Grenzen – von Psychoanalyse als Theorie, praktischer Methode und Methodologie zur Erweiterung von Verstehens- und Handlungskompetenzen" darstellen und untersuchen (Clemenz u.a. 1992, 9). Breiten Raum nehmen drei Kapitel ein, in denen die Selbsterfahrungsprozesse dreier Weiterbildungsgruppen nachgezeichnet werden. Zwei Kapitel behandeln Supervisionsprozesse, ein Kapitel ist der Evaluation der Weiterbildung gewidmet. Das Buch macht es den Lesern zwar einerseits nicht einfach, eine klare Vorstellung von der äußeren Organisation des Weiterbildungsprojektes zu gewinnen, gibt andererseits aber differenzierte Einblicke in das Gelingen und Nicht-Gelingen psychoanalytisch-pädagogischer Weiterbildungsarbeit.

3.2.2 Praxisberatung eines sozialpädagogischen Teams

Unter dem Titel „Kleiner Grenzverkehr" berichtet Burkhard Müller (1993) von einem Weiterbildungsprojekt, das mit dem Team einer sozialpädagogischen Einrichtung durchgeführt wurde, die mit Jugendlichen arbeitete. In einer Anfangsphase wurden Texte gelesen und mit Fallberichten in Beziehung gesetzt, bis es im Weiterbildungsprozeß zu erheblichen Schwierigkeiten kam, deren Bearbeitung drei weitere Phasen eröffnete, in denen der unreflektiert-familiale Stil der Arbeit mit den Jugendlichen, die Struktur des Teams sowie das Verhältnis des Teams zu anderen Einrichtungen (wie z.B. dem Jugendgericht) und deren Repräsentanten bearbeitet wurden. Insgesamt zeigt Müller (1993), inwiefern auch die Weiterbildungsarbeit als „Arbeit am Rahmen" im Sinne von Körner zu begreifen ist.

3.2.3 HSFK-Weiterbildung von Mitarbeiterinnen in Kindertagesstätten

In Anknüpfung an die Traditionen der Aktionsforschung und der gruppenanalytisch orientierten Form von Supervision stellt Büttner (2002) das Modell eines sozialwissenschaftlichen Vorgehens dar, das auf die qualitativ-empirische Analyse von Praxissituationen ebenso abstellt wie auf die Fortbildung von Mitarbeiterinnen und Mitarbeitern pädagogischer Einrichtungen. Der Autor illustriert sein Konzept der „Fortbildungsstudie" am Beispiel dreier Projekte, die er als Mitarbeiter der *Hessischen Stiftung Friedens- und Konfliktforschung (HSFK)* im Bereich der vor- und außerschulischen Erziehung durchgeführt hat. Im Zentrum dieser Projekte stehen Fragen der „interkulturellen Erziehung", der „Gleichstellung von Jungen und Mädchen" und der „Leitung von Einrichtungen für Kinder". Vor allem in der detailreichen Darstellung der zweiten Studie wird deutlich, in welcher Weise Wissenschaftler und Praktikerinnen zusammenarbeiteten und „handlungsrelevante Ergebnisse" generierten. Bezeichnend daher der Titel des Buches: „Forschen – Lehren – Lernen".

3.2.4 Das Kasseler Schülerhilfe-Projekt

In ihrem Buch „Schüler verstehen lernen" berichtet Ariane Garlichs (2000) von einem Projekt, das seit 1993 an der Gesamthochschule Kassel betrieben wird und dreierlei Rechnung tragen soll: offensichtlichen Defiziten in der akademischen Ausbildung von angehenden Lehrern und Lehrerinnen; dem Wunsch, im Studium Praxisreflexion mit Theorieaneignung zu verbinden; und den begrenzten Möglichkeiten von Schulen, Kindern in Notlagen ausreichende Fördermaßnahmen zukommen lassen zu können (Garlichs 2000, 8ff). Vor diesem Hintergrund werden Studierende zur Projektmitarbeit eingeladen. Zu zweit werden sie einer Lehrerin bzw. einer Schulklasse zugeordnet, um ein Jahr lang innerhalb oder auch außerhalb der Schule je ein Kind zu betreuen, das nach Einschätzung seiner Lehrerin in lerntechnischer, sozialer oder psychischer Hinsicht Unterstützung nötig hat.

Die Hochschule stellt diesen Studierenden ein „Netz" an Veranstaltungen zur Verfügung, das unter anderem Praxisanleitung und Supervision vorsieht. Garlichs (2000) Buch enthält die Darstellung des Schülerhilfe-Projekts, Berichte von Studierenden und Projektmitarbeitern sowie einen Schlußbeitrag, in dem Leuzinger-Bohleber (2000) unter explizitem Bezug auf psychoanalytische Theorien ausführt, in welcher Weise die Projektarbeit „am Einzelfall" für die mitarbeitenden spätadoleszenten Studierenden eine Chance darstellt, Anstöße für die Entwicklung von professioneller Kompetenz und Identität zu erhalten.

4. Literatur über psychoanalytische Selbsterfahrung im Dienste der Entfaltung psychoanalytisch-pädagogischer Kompetenz

In nahezu allen einschlägigen Veröffentlichungen wird betont, daß die Entfaltung psychoanalytisch-pädagogischer Kompetenz eng an die Möglichkeit der „psychoanalytischen Reflexion von Erfahrung" gebunden ist. Damit ist die Frage berührt, welcher Art von „psychoanalytischer Reflexion von Erfahrung" es bedarf.

In einigen Veröffentlichungen wird zum Ausdruck gebracht, daß es zu voreilig wäre zu meinen, für die Entfaltung psychoanalytisch-pädagogischer Kompetenz würde eine „erfahrungsgestützte Einführung in Theorie" oder Praxisreflexion im Sinne von Supervision jedenfalls reichen. Unter Bezugnahme auf Seminarsequenzen zeigen Trescher (1990) und Datler (1991), welche Aspekte von Kompetenz nicht erschlossen werden können, wenn Studierenden die Möglichkeit der psychoanalytischen Selbsterfahrung nicht offen steht. Datler, Spiel (1987) stellen, allgemeinpädagogische Argumentationsfiguren diskutierend, grundsätzliche Überlegungen zur Bedeutung „methodisch geleiteter Selbsterfahrung" dar. Matschiner-Zollner (1995, 20ff) berichtet vor dem Hintergrund ihrer Erfahrungen mit dem o.g. Weiterbildungskurs für Lehrer davon, daß in Supervisionssitzungen die Balance zwischen selbst- und fallbezogener Reflexion manchmal nur sehr schwer gehalten werden kann, wenn Weiterbildungsteilnehmer in Fallbesprechungen nicht auf Selbsterfahrungselemente verwiesen werden können. Und Trescher (1990, 101) führt aus, daß psychoanalytische Selbsterfahrungsangebote dann über einen längeren Zeitraum hinweg kontinuierlich angeboten werden müßten, da bloß einmalig stattfindende Selbsterfahrungs-Wochenenden primär regressive Verlangen zu befriedigen drohen, ein intensiveres Aufspüren und Bearbeiten von Wiederholungs- und Übertragungstendenzen aber kaum erlauben.

Mit Verweis darauf, daß Pädagoginnen und Pädagogen zumeist in Gruppensituationen arbeiten, wird in Publikationen häufig dafür plädiert, psychoanalytische Selbsterfahrung in gruppenanalytischen Settings zu sammeln (Datler 1989b; Trescher 1993). Die Ausführungen von Clemenz u.a. (1992) zeigen, welches Potential der gruppenanalytischen Selbsterfahrung innewohnt, sie stellen aber auch dar, daß die Verankerung von gruppenanalytischer Selbsterfahrung im Rahmen eines Weiterbildungscurriculums mitunter Widerständen in die Hand zu spielen vermag.

Auf den Zusammenhang zwischen institutionellen Vorgaben, Selbsterfahrungsprozessen und Kompetenzerwerb werden wir im letzten Kapitel nochmals zu sprechen kommen. Hier sei abschließend vermerkt, daß im Ausbildungslehrgang der APP, der zur Ausübung von psychoanalytisch-pädagogischer Erziehungsberatung qualifiziert, seit 2002 psychoanalytische Einzelselbsterfahrung gefordert wird (vgl. Kapitel 3.1.4). Da Ausbildungsteilnehmer in ihrer analytischen Einzelselbsterfahrung aber nicht in die Position jener gelangen, die Erziehungsberatung in Anspruch nehmen, wird ihnen überdies abverlangt, während ihrer Ausbildung mit einem pädagogischen Problem einen Erziehungsberater oder eine Erziehungsberaterin aufzusuchen (Figdor 2000, 41).

5. Beobachten und Verstehen: Literatur über die Ausbildung von psychoanalytischen Kompetenzen durch die Teilnahme an Beobachtungs-Seminaren

Eine besondere Form der Vermittlung von Psychoanalytischen Kompetenzen stellen jene Beobachtungsseminare dar, die vornehmlich am Londoner Tavistock Center entwickelt wurden. Den Arbeiten von Lazar u.a. (1986) und Lazar (1991) ist zu entnehmen, daß Esther Bick im Rahmen des Aufbaus eines Kinderpsychotherapie-Ausbildungsgangs Babybeobachtungsseminare konzipiert hat, die Teilnehmerinnen und Teilnehmern einen besonderen Zugang zu frühen Beziehungs- und Entwicklungsprozessen eröffnen sollen. Diese Art von Beobachtungsseminaren fanden international weite Verbreitung. In zahlreichen Publikationen wie jenen von Ermann (1996), Lazar (2000) oder Datler, Steinhardt, Ereky (2002) wird dargestellt, daß die Arbeit im Seminar viererlei umfaßt:

(1.) Jeder Teilnehmer eines Infant-Observation-Seminars besucht zwei Jahre hindurch einmal pro Woche eine Familie mit einem Baby, um sich als lernender Beobachter eine Stunde lang auf das Baby und all die Situationen zu konzentrieren, in denen sich das Baby in seinem Alltag befindet. Seine primäre Aufgabe besteht darin, eine zurückhaltende Position einzunehmen, die es ihm erlaubt, durch Zusehen und Hinhören in sich aufzunehmen, was dem Baby zur Zeit der Beobachtung widerfährt und was es an Aktivitäten zeigt.
(2.) Im unmittelbaren Anschluß daran wird all das, woran sich der Beobachter erinnert, in deskriptiv-narrativer Weise zu Papier gebracht.
(3.) Die so entstehenden "Beobachtungsprotokolle" werden anonymisiert und in die einmal wöchentlich stattfindenden Seminarsitzungen gebracht. Meist ist es ein ausgewähltes Protokoll, das dann im Seminar besprochen wird und vor allem der Beschäftigung mit der Frage dient, welche Beziehungserfahrungen das Baby in den beschriebenen Situationen gemacht und wie es dabei sich und seine Welt erlebt haben mag.
(4.) In der Absicht, diesen Lernprozeß zu dokumentieren und zu vertiefen, werden von den Gesprächen im Seminar Notizen gemacht. Diese Notizen erleichtern es den Seminarteilnehmern, zu einem späteren Zeitpunkt das Nachdenken über ein Baby, seine Beziehungserfahrungen und das Entstehen seiner inneren Welt wiederum aufzunehmen.

Bald wurden Infant Observation Seminare nicht nur im Rahmen der Kinderpsychotherapieausbildung angeboten, sondern auch Angehörigen verschiedenster

Berufe und Studierenden unterschiedlichster Studienrichtungen (vgl. Kapitel 3.1.2, 3.1.6). Denn die Teilnahme an diesen Beobachtungsseminaren, so die These, ermöglicht und stimuliert spezifische Prozesse des „Lernens durch Erfahrung" im Sinne Bions (1962), die der persönlichen und beruflichen Weiterbildung dienen. Darauf gehen etwa Harris (1987), Rustin (1989), Ermann (1996) oder Trowell et al. (1998) näher ein. Diem-Wille u.a. (1998, 65f) heben drei Aspekte besonders hervor. Teilnehmer an Infant-Observation-Seminaren würden demnach in besonderer Weise lernen,

- einen verstehenden Zugang zur inneren Welt des Kindes und damit Zugänge zu frühen (archaischen) Prozessen des Erlebens zu finden;
- in einem System (wie jenem der Familie) eine Position einzunehmen, die es Ihnen erlaubt, eine Primäraufgabe (nämlich die des Beobachtens) zu erfüllen;
- sowie auf Gefühle, Impulse und Phantasien zu achten, die in den Beobachtungssituationen im Sinne von „Gegenübertragungsreaktionen" entstehen, der Erfüllung der Primäraufgabe mitunter entgegenstehen und in vielen Situationen gar nicht dem Bild entsprechen, das man vom Kind und seiner Familie erhält, wenn man die angefertigten und deskriptiv gehaltenen Beobachtungsprotokolle genau bearbeitet.

Lazar (2000, 408), der Überlegungen zur Infant Observation als Forschungsmethode anstellt, spricht zugleich von „Säuglingsbeobachtung als Empathietraining", das die Möglichkeit bietet, „sich dem Anderen zuzuwenden nur aus Interesse, ohne jegliche Verpflichtung irgend etwas zu bewirken oder zu verhindern – nur *da* zu sein und wahrzunehmen" – und zwar sowohl das Baby in sich selbst als auch den real existierenden Säugling in seiner Umwelt, eine Erfahrung, die nicht immer von bloß angenehmen Gefühlen begleitet ist.

Die anregenden Erfahrungen, die mit der Methode der Infant Observation gemacht wurden, führten bald zu einigen Ausweitungen und Modifikationen. Wir nennen hier zwei Formen (vgl. Reid 1997, Diem-Wille u.a. 1998, 53f.):

Young Child Observation: (Klein-)Kinder werden entweder in ihrer Familie, im Kindergarten oder in der Schule beobachtet. In den Blick geraten dabei die unterschiedlichsten Interaktionserfahrungen, die wachsende Autonomie, Unabhängigkeit und Symbolisierungsfähigkeit von Kindern, die sich dadurch verändernden innerfamiliären Beziehungserfahrungen und der Eintritt in eine weitreichendere soziale Welt mit all ihren Regeln und Normen.

Organisationsbeobachtung: Ähnlich wie Babys oder Kinder beobachtet werden, lassen sich auch Organisationen beobachten. Dabei gilt es, verschiedene Positionen zu beziehen und in sich aufzunehmen, was von diesen Positionen aus wahrzunehmen ist. Auch das wird wieder zu Papier gebracht und im Seminar besprochen, um verstehen zu lernen, wie eine Organisation in ihrer Besonderheit "funktioniert" und welche "bewußten und unbewußten Prozesse" zu dieser Art des Funktionierens beitragen.

6. Literatur über verschiedene Formen der Reflexion pädagogischer Praxis

Sowohl die referierten Veröffentlichungen zum Thema "Psychoanalytische Selbsterfahrung im Dienste der Entfaltung psychoanalytisch-pädagogischer Kompetenz" als auch jene Beiträge, in denen es um Beobachtung nach dem Tavistock-Konzept ging, thematisieren Situationen des Kompetenzerwerbs, in denen pädagogische Verantwortung für andere nicht unmittelbar übernommen zu werden braucht – ja nicht einmal übernommen werden soll: Weder in Prozessen der analytischen Selbsterfahrung, noch in den Beobachtungsseminaren hat man die Aufgaben eines Lehrers, Erziehers, Beraters, Sozialarbeiters etc. zu erfüllen. Davon zu unterscheiden sind jene Formen der Aus- und Weiterbildung, in denen die pädagogische Praxis der Aus- und Weiterbildungsteilnehmer den unmittelbaren Gegenstand der psychoanalytischen Reflexion darstellt.

6.1 Literatur über Supervision

Gängiger Weise ist hier an jene Formen der Aus- und Weiterbildung zu denken, die unter dem Titel der psychoanalytischen (psychodynamischen) Supervision von pädagogischer Praxis weite Verbreitung gefunden hat, Balintgruppen-Arbeit miteingeschlossen.
Seit den ersten deutschsprachigen Veröffentlichungen zu dieser Thematik – man denke etwa an den Artikel über Balintgruppenarbeit mit Lehrern von Schmid (1973) – sind unzählige einschlägige Publikationen erschienen. Viele davon wurden im Umschauartikel von Steinhardt (1991) vorgestellt, doch sind seit 1991 wiederum zahlreiche neue Veröffentlichungen erschienen. Das thematische Spektrum, das in all diesen Artikeln behandelt wird, ist weit:

Psychoanalytisch orientierte Supervision mit *angehenden Pädagoginnen und Pädagogen* behandeln etwa Petri, Hampel (1983), Döhner, Tiefensee (1988), Körner (1989), Trescher (1991). Über psychoanalytische Supervisionsarbeit mit *Lehrern und Lehrerinnen* referieren Garlichs (1984), Münch (1984a, b; 1990), Diem-Wille (1987, 1992), Figdor (1987), Ertle (1988), Steinhardt (1993), Steitz-Kallenbach (1993), Gartz (1996) oder Hirblinger u.a. (2001). Die supervisorische Arbeit mit *Betreuern und Betreuerinnen in Kindertagesstätten* ist Gegenstand der Veröffentlichungen von Lützner-Lay, Lohmann-Papst (1987), Leber, Trescher, Weiss-Zimmer (1989) oder Büttner (2002). Von der Supervisionsarbeit mit *Heilpädagoginnen und Heilpädagogen* berichtet Steinhardt (1997), von der supervisorischen Arbeit *mit Sozialpädagoginnen und Sozialpädagogen* Clemenz u.a. (1992) oder der Verein für Psychoanalytische Sozialarbeit (1994). Die besonderen Möglichkeiten der supervisorischen Fallbesprechungsarbeit im *Gruppen- und Teamsetting* stellen Büttner (1999) und Finger-Trescher (1999) vor. Bei der Durchsicht dieser Veröffentlichungen fällt auf, daß in Fallberichten und Fallbeispielen immer wieder deutlich wird, in welcher Weise die supervisorische Arbeit zu einem vertieften Verstehen der jeweiligen Arbeitssituationen und der darin zum Tragen kommenden Beziehungen genutzt werden kann. Darüber hinaus kann man immer wieder den Eindruck gewinnen, daß Supervisionsprozesse auch dem „kognitiven" Erfassen von psychoanalytischen Konzepten oder der Präzisierung der Identität von professionell Tätigen dienen. Dies ist etwa den Veröffentlichungen von Trescher (1991) oder Steinhardt (1997) sowie der Arbeit von Moll (2000) zu entnehmen, die davon berichtet, welche Veränderungen postadoleszente Junglehrer durchmachen, die ein Seminar besuchen, in dessen Zentrum die Besprechung von schulischen Situationen steht. Viele Beiträge machen auch durchaus plausibel, daß die jeweils geschilderten Formen der Praxisreflexion im Dienst der Ausbildung psychoanalytisch-pädagogischer Kompetenzen stehen können, die in Arbeitssituationen unabhängig davon zum Tragen kommen könnten, ob diese Arbeitssituationen nun supervisorisch bearbeitet werden oder nicht. Systematisch wird diesem Aspekt aber kaum nachgegangen.

Die Frage, wie sich die Art der Fallpräsentation und Fallreflexion während eines Supervisionsprozesses ändert, der in einen umfassenderen Weiterbildungsgang eingebettet ist, gehen allerdings Clemenz u.a. (1992) nach. Die einzig umfassendere empirische Analyse von Supervisionsprozessen *mit Pädagoginnen und Pädagogen*, die sowohl qualitativ- als auch quantitativ-empirische Untersuchungsschritte enthält und sich demnach auch ausgewiesener „Untersuchungsinstrumente" bedient, stammt freilich von Garz (1996), der Teilnehmer einer Balintgruppe mit Lehrerinnen und Lehrern befragte und einzelne Gruppensitzungen überdies inhaltsanalytisch untersuchte.
Eine andere empirische Untersuchung von Balintgruppen legte Kutter (1985, 1990) vor. Diese Gruppen wurden (ebenso wie Selbsterfahrungsgruppen) am Institut für Psychoanalyse der Universität Frankfurt/M. abgehalten, das dem Fachbereich Psychologie angehört, nach Kutter (1996, 474ff) aber auch von Studierenden der Erziehungswissenschaft besucht wird (vgl. dazu Kapitel 7). Ausgehend von mehrjährigen Erfahrungen mit diesen Lehrveranstaltungen untersuchte Kutter (1985, 1990) die Effizienz dieses Gruppenangebotes. Zu diesem Zweck wählte er einen zweidimensionalen Forschungsansatz, eine Kombination von psychoanalytischer Interpretation und empirisch-statistischer Untersuchung. Transkribierte Tonbandaufzeichnungen von Gruppensitzungen wurden mittels verschiedener quantitativer und qualitativer Textanalyseverfahren bearbeitet. Darüber hinaus führte man mit den Studenten psychoanalytische Interviews und psychologische Tests durch. Kutter kommt zu dem Ergebnis, „daß die Teilnah-

me an einer zwei-semestrigen (Selbsterfahrungs-)Gruppe zu deutlichen Veränderungen im Selbstbild der Teilnehmer führt" (Kutter 1985, 225). Andernorts betont Kutter, daß die zwei-semestrige Teilnahme an den erwähnten Balintgruppen zu einer testpsychologisch nachweisbaren Verbesserung der Fähigkeit der Teilnehmer führte, sich in Klienten oder Patienten einzufühlen (Kutter 2000, 70; vgl. auch Kutter 1995).

Weitere Studien zur empirischen Untersuchung von Supervisionsprozessen wären überdies angesichts der Tatsache wünschenswert, daß in manchen Veröffentlichungen auch auf die Grenzen oder impliziten Probleme von Supervisionsarbeit hingewiesen wird – so etwa bei Datler, Bogyi (1989a, 28), Füchtner (1990) oder Steinhardt (1992).

6.2 Work Paper Discussion – eine besondere Form der Praxisreflexion im Dienst der Ausbildung psychoanalytisch-pädagogischer Kompetenzen

Eine besondere Form der psychoanalytischen Reflexion von Praxiserfahrungen, die gemeinhin nicht als „Supervision" bezeichnet wird, stellt die Arbeit in der *Work Discussion Group* dar. Dabei handelt es sich um eine interessante Modifikation der Methode der Infant Observation (vgl. Kapitel 5). Einem Artikel von Klauber (1999) ist zu entnehmen, daß Martha Harris in den 1970er Jahren Esther Bicks Konzept der Infant Observation modifizierte, um eine Möglichkeit zu erhalten, mit Studierenden der Tavistock Clinic spezifische Praxiserfahrungen in differenzierter und kontinuierlicher Form besprechen und reflektieren zu können (vgl. Harris 1977).

Teilnehmerinnen und Teilnehmer an *Work Discussion Group*s arbeiten in unterschiedlichen Feldern des Bildungs-, Sozial- oder Gesundheitssystems. Sie verfassen regelmäßig Protokolle, die ihrem Arbeitsalltag entstammen, in der Ich-Form gehalten sind und das Interaktionsgeschehen mit Kollegen, „Klienten", Vorgesetzten etc. wiedergeben. Diese work papers werden in den Seminarsitzungen präsentiert mit dem Ziel, die unbewußte Dynamik zu verstehen, die in den geschilderten Interaktionen und Beziehungen zum Ausdruck und zum Tragen kommt. Auf diese Weise befassen sich die Kursteilnehmer durchgängig mit der Frage, wie der Verfasser des Protokolls, aber auch die im Protokoll erwähnten Personen die geschilderten Situationen erlebt haben mögen und welchen Einfluß dieses Erleben auf die Entstehung und Entwicklung der jeweils geschilderten Situationen gehabt haben mag. Harris (1977, 262) betont ausdrücklich, daß in diesem Seminar keine spezifischen Techniken oder Methoden gelehrt oder vermittelt werden sollen, die im Arbeitsfeld der einzelnen Seminarmitglieder zum Tragen kommen sollen.

6.3 Frankfurter Projektseminare

Eine andere spezifische Form von Praxisreflexion im Dienst der Ausbildung von psychoanalytisch-pädagogischer Kompetenz stellen jene *Projektseminare* dar, die – zur Ergänzung von Vorlesungen und Seminaren – am Institut für Heilpädagogik der Universität Frankfurt eingerichtet wurden. Über diese Projektseminare wurden in den 70er und 80er Jahren des vorigen Jahrhunderts einige Veröffentlichungen vorgelegt (Leber 1975, Leber 1977, Trescher 1978, Leber, Trescher 1987). Nach Leber, Gerspach (1996, 508) nahmen an diesen Seminaren jeweils zehn bis zwölf Studierende teil, die sich dazu verpflichteten, einerseits einer heilpädagogischen Praxis nachzugehen und andererseits ihre heilpädagogische Tätigkeit in wöchentlich stattfindenden Seminarsitzungen nach psychoanalytischen Gesichtspunkten zu reflektieren. Gegenstand der Reflexion waren Praxisberichte ebenso wie „die Interaktionen in der Projektgruppe selbst" ausgehend von der Annahme, daß sich latente Themen im Hier und Jetzt der Projektgruppe re-inszenieren (Leber, Trescher 1987, 117f).
Veröffentlichungen wie jenen von Trescher (1978, 246ff) oder Leber, Trescher 1987, 118ff) ist zu entnehmen, daß mit diesem Seminarangebot vielschichtige Zielsetzungen verfolgt wurden. Demnach sollte die Teilnahme an Projektseminaren auch dem fundierten Verstehen von psychoanalytisch-pädagogischer Theorie dienen, so etwa dem Erfassen psychoanalytischer Grundannahmen oder dem Erfassen des Konzepts des szenischen Verstehens.

7. Literatur über diverse Formen der Theorieaneignung

Letzteres erinnert daran, daß in der psychoanalytisch-pädagogischen Literatur wiederholt die Position vertreten wird, daß der Erwerb von psychoanalytisch-pädagogischer Kompetenz in besonders enger Weise mit der Reflexion von Erfahrung zu verknüpfen ist (vgl. dazu auch Schülein 1976). Deshalb überrascht es auch nicht, wenn in jenen einschlägigen Veröffentlichungen, die von verschiedenen Formen der Aneignung von Theorie handeln, nur in den seltensten Fällen detailliert berichtet wird, welche spezifischen Theoriestücke denn Gegenstand der Vermittlung sind oder auf welche Publikationen in Theorieveranstaltungen zurückgegriffen wird. (Ein Beispiel hierfür stellt der Artikel von Rüedi 1995 dar.)
Statt dessen dominiert in den entsprechenden Veröffentlichungen die Darstellung von Seminaren und seminarähnlichen Veranstaltungen, in denen je spezifische Versuche der erfahrungsbezogen oder erfahrungsgestützten Einführung oder Auseinandersetzung mit Theorie präsentiert und diskutiert wird. Die Art, in der bestimmte Formen von Erfahrung gestiftet werden oder in der auf Erfahrung Bezug genommen wird, variiert in den einzelnen Darstellungen ebenso wie die Gesamtdesigns der vorgestellten Veranstaltungen.

7.1 Die Beiträge von Horst Brück

In den Seminaren, von denen Horst Brück berichtet, ist der „Selbsterfahrungs-Anteil" vergleichsweise hoch. Groß war auch die Popularität, die der Autor mit seinem Buch „Seminar der Gefühle" (Brück 1986), vor allem aber mit seiner Studie „Die Angst des Lehrers vor seinem Schüler" (Brück 1978) in den 70er und 80er Jahren des 20. Jahrhunderts erlangt hat. Darin markiert Brück pointiert die Probleme und Grenzen herkömmlicher Lehrerausbildung und bemängelt, wie unzureichend Lehramtskandidatinnen und Lehramtskandidaten auf die psychodynamischen Aspekte und Dimensionen der Lehrer-Schüler-Beziehungen vorbereitet werden. Besonders problematisch erscheinen ihm unreflektierte Übertragungskonstellationen zwischen Lehrern und Schülern, die er als potentiell ängstigend und unterrichtsgefährdend ausweist.

Die von ihm konzipierten Seminare sollen Beispiele für eine andere Art von Lehrerausbildung darstellen. Im Zentrum seiner Ausführungen stehen die Konzeption und Durchführung einer Lehrveranstaltung für angehende Primarschullehrer und Primarschullehrerinnen, genauer: die Vorbereitung, Durchführung und Nachbereitung dreier Schulpraktika (Brück 1978, 47ff). Dabei sollen Studierende bestimmte Möglichkeiten der Auseinandersetzung mit der Bedeutung und der Dynamik der Beziehungs- und Affektdimension des Unterrichtsgeschehens eröffnet werden. Obgleich im Seminar keine vorweg definierten Theoriestücke (etwa in Gestalt von Fachliteratur) bearbeitet werden, begreifen wir Brücks Seminar insofern als eine „erfahrungsgestützte Einführung in Theorie", als Brücks Bearbeitung der Erfahrungen, die seine Studierenden im Seminar sowie im Praktikum machten, auf die Entfaltung einer bestimmten Sicht der „Beziehungsproblematik des Unterrichts" abzielen (Brück 1978, 111).

Im Anschluß an die Darstellung des Seminars präsentiert und analysiert Brück (1978) empirisches Material, das der Dokumentation der Durchführung und Begleitung jener Praktika entstammt, auf die Studierende in den erwähnten Seminaren vorbereitet wurden. Brück greift dabei auf über 280 Stunden Tonbandaufzeichnungen zurück. Am Ende seiner Arbeit stellt er Tiefeninterviews dar, die er mit vier Praktikanten und Praktikantinnen zum Thema „berufsspezifische Sozialisation" durchgeführt hat.

7.2 Innsbrucker und Wiener Veröffentlichungen über erfahrungsbezogene Auseinandersetzungen mit psychoanalytisch-pädagogischer Theorie

Einen vergleichsweise hohen Selbsterfahrungs-Anteil weisen auch einige Seminare auf, von denen *Innsbrucker Erziehungswissenschaftler* berichten – wir denken insbesondere an die Arbeiten von Rathmayr, Walter (1985) und Walter, Centurioni (1994). Ausgehend von den Annahmen, daß (1.) das Thema „Geschwisterbeziehung" in der Psychoanalytischen Literatur und Theorie kaum behandelt wurde; daß sich (2.) die Relationen zwischen Geschwistern im gesamten weiteren Lebensverlauf als nachhaltig wirksam erweisen; und daß (3.) das „Geschwisterthema" von besonderer Bedeutung für das Studium der Erziehungswissenschaft ist, stellen Walter und Centurioni (1994, 105) die Konzeption eines biographischen Forschungsseminars dar, das erstmals 1992 am Institut für Erziehungswissenschaft an der Universität Innsbruck angeboten wurde. Das Seminar erstreckte sich über zwei Semester und wurde an insgesamt sechs Wochenenden abgehalten. In der ersten Seminarphase versuchte man, die persönlichen Geschwistererfahrungen der Teilnehmer durch spezifische Aufgaben zu aktualisieren und in Form von Zeichnungen, Videos und Texten festzuhalten. Das so gewonnene Material wurde während der letzten drei Wochenendblöcke intensiv bearbeitet. Am Ende ihres Berichtes präsentieren Walter und Centurioni (1994, 120 f) erste Arbeitsergebnisse.

Mehrere Arbeiten zur Frage der erfahrungsgestützten Einführung in Theorie im Dienst der Entfaltung psychoanalytisch-pädagogischer Kompetenzen stammen von *Erziehungswissenschaftlern der Universität Wien*. Datler, Garnitschnig, Schmidl (1987) berichten von einem Seminar zur Einführung in die Theorieansätze der Psychoanalyse, des symbolischen Interaktionismus und der Organisationspsychologie zur mehrperspektivischen Analyse pädagogischer Interaktionen unter Einbeziehung von Rollenspielen; und Datler (1991) diskutiert die Grenzen solch eines Seminars am Beispiel einer konflikthaften Seminarsequenz. Datler, Oberegelsbacher, Steinhardt, Vanzetta (1994) sowie Datler, Tebbich, Petrik (1992) stellen verschiedene Seminarkonzepte vor, die der erfahrungsgestützten Auseinandersetzung mit Theorie dienen, referieren damit gesammelte Erfahrungen und verbinden dies mit allgemeinen Überlegungen zur Theorie des (universitären) Lernens. Dabei thematisieren sie auch manche unbewußte Dimensionen von Beziehungsprozessen, die in „Theorieveranstaltungen" auszumachen sind.

7.3 Kutters Beiträge zur erfahrungsgestützten Einführung in Psychoanalyse

Solche Beziehungsprozesse thematisieren auch Trescher (1987) – und Kutter (2000, 71), der im Fachbereich Psychologie der Universität Frankfurt/M. lehrte und auf dessen Veröffentlichungen wir bereits im Kapitel 6.1 Bezug genommen haben. Er bringt mehrfach zum Ausdruck, daß Studierende kaum die Möglichkeit haben, den Gegenstand von Psychoanalyse bzw. die Pointe psychoanalytischer Theoriebildungen zu erfassen, wenn diese Studierende nicht zugleich die Möglichkeit erhalten, sich in der Auseinandersetzung mit psychoanalytischen Theorien auf Erfahrungen zu beziehen, die sie in Praxisreflexions- oder Selbsterfahrungs-Seminaren machen konnten. An mehreren Stellen gehen Kutter und Roth auf die Supervisionsgruppen (vgl. dazu Kapitel 6.1) sowie auf die Selbsterfahrungsseminare ein, die er von 1974 an gemeinsam mit Mitarbeiterinnen und

Mitarbeitern für Studierende mehrfach angeboten hat (Kutter, Roth 1981; Kutter 1986, 475f; Kutter 2000, 67f; Roth 1987).
Das Design dieser Selbsterfahrungsseminare orientierte sich im Wesentlichen an einem Trainingsprogramm, das an der Londoner Tavistock Clinic entwickelt wurde. Die Veranstaltung fand geblockt an vier aufeinanderfolgenden Tagen statt. In Kleingruppen absolvierten die Studenten während der vier Tage elf eineinhalbstündige Selbsterfahrungssitzungen. Die Kleingruppenarbeit wurde von drei Plena unterbrochen, in denen, mittels Referaten und Diskussionen, psychoanalytische Theorie bearbeitet wurde, wobei diese theoretischen Inputs mit Material aus den Kleingruppen verknüpft wurden.

8. Abschließendes über den Zusammenhang zwischen Kompetenzerwerb und institutionellen Rahmenbedingungen

Vielen Veröffentlichungen kann entnommen werden, daß die institutionelle Verankerung von psychoanalytisch-pädagogischer Aus- und Weiterbildung verschiedenste Möglichkeiten eröffnet, Kompetenz und Professionalität (zumindest ansatzweise) zu entfalten.
In Ergänzung zu den Schwerpunkten, die wir bislang gesetzt haben, kann in diesem Zusammenhang auf Publikationen verwiesen werden, in denen die Entwicklung von psychoanalytisch-pädagogischer Kompetenz durch die Art und Weise gefördert wird, in der Mitarbeiter und Mitarbeiterinnen durch die Institution, in der sie arbeiten, kontinuierlich qualifiziert bzw. weiterqualifiziert werden. Wir denken hier etwa an die regelmäßig stattfindenden Team-Besprechungen nach gruppenanalytischen Gesichtspunkten in einer Erziehungsberatungsstelle, von denen Finger-Trescher (1999) berichtet, sowie an Bettelheims Arbeit mit den Mitarbeiterinnen und Mitarbeitern der Orthogenic School (Bettelheim 1974, 267ff; vgl. dazu auch den Beitrag von Krumenacker in diesem Band).
Ein anderes Element der Aus- und Weiterbildung, das sowohl im universitären als auch im außeruniversitären Bereich seine institutionelle Verankerung erfahren hat, stellt jene Form der „öffentlichen Familienberatung" dar, die an die Individualpsychologie der Zwischenkriegszeit anknüpft und von der Tymister, Wöhler (1986) sowie Wöhler (1990) berichten.

All dies darf aber nicht darüber hinwegtäuschen, daß die jeweilige Art der institutionellen Verankerung von Aus- und Weiterbildung bestimmte Möglichkeiten der Entfaltung von Kompetenz und Professionalität auch in spezifischer Weise begrenzt oder zumindest zu begrenzen droht. Dies ist nicht zuletzt verschiedenen Veröffentlichungen zu entnehmen, in denen die Möglichkeit der Lehre von Psychoanalyse an der Universität kritisch diskutiert wird.

Für Ohlmeier (1983) etwa stellt die Universität keinen ausreichend geeigneten Rahmen für psychoanalytische Forschung und Lehre dar, weshalb er klar dafür plädiert, daß Psychoanalyse außerhalb der Hochschulen – unvereinnahmt – als freie kritische Wissenschaft bestehen bleiben möge. Andere Akzente finden sich etwa in den Büchern von Kutter, Roth (1981) und Walter (1994), in denen von fruchtbaren Möglichkeiten der psychoanalytischen Kompetenzvermittlung an Universitäten und Hochschulen gesprochen und hervorgehoben wird, daß „das kritische Potential der Psychoanalyse Theorie und Praxis alle Sozialwissenschaften wesentlich bereichern könnte" (Kutter 1983b, 12f).

In einigen Publikationen werden, über diese grundsätzlichen Verhältnisbestimmungen hinaus, spezifische Zusammenhänge zwischen Aus- und Weiterbildungsprozessen und ihren institutionellen Verankerungen diskutiert. Autoren wie Kutter, Roth (1981) oder Trescher (1989) vertreten nicht nur die Auffassung, daß die Entwicklung von psychoanalytisch-pädagogischen Kompetenzen nur unter Einbeziehung von Selbsterfahrungsprozessen gelingen kann; denn sie stellen überdies fest, daß diese Selbsterfahrungsprozesse in einem hohen Maß von den Strukturen der jeweiligen Hochschule als Institution bestimmt werden. Dies bedeutet, daß sich institutionelle Realitäten stets im Gruppenprozeß spiegeln und auf diese Weise bearbeitbar werden, daß dies die Gruppenarbeit zugleich aber in gravierender Weise beeinflußt und behindert. In Anknüpfung an Mahler (1969) weist Roth (1985) darauf hin, daß es in universitären Selbsterfahrungsprozessen besonders schwierig ist, zwischen „äußerer" Realität und unbewußter psychischer Realität des Einzelnen zu unterscheiden. Deshalb sei es im Einzelfall schwer zu entscheiden, ob manifeste Inhalte des Gruppenprozesses das Ergebnis von Wiederholungszwängen und Übertragungsneigungen oder aber das Ergebnis von institutionellen Zwängen darstellen. In diesem Zusammenhang vertritt Trescher (1989, 364) die Auffassung, daß in Folge der institutionellen Zwänge „die Gefahr eines ‚Abwehrbündnisses' zwischen Gruppe und Leiter auf der einen Seite und Institution auf der anderen Seite relativ hoch" ist (vgl. auch Kutter 1983b; Sticher-Gil 1994). Dazu komme das Problem der realen Abhängigkeit der Studierenden vom Leiter von Selbsterfahrungsgruppen, die immer dann gegeben ist, wenn dieser Leiter zugleich Hochschullehrer ist. Trescher zeigt an einem Fallbeispiel, in welcher Weise die institutionell abgesicherte Macht des Gruppenleiters die Einfälle und Interpretationen der Teilnehmer in erheblicher Weise beeinflußt.

Wellendorf (1979) führt diesen Grundgedanken mit anderen Akzenten aus. Er problematisiert das Angebot von Selbsterfahrungsgruppen im Gesamtrahmen der Universität und weist auf zwei Gefahren hin: Für ihn besteht die eine Gefahr darin, daß die Teilnehmer und Leiter von Selbsterfahrungsgruppen dazu neigen könnten, die institutionelle Realität der Hochschule zu leugnen. Dies kann dazu führen, „daß sich alle Beteiligten symbiotischen Phantasien der Hingabe und Verschmelzung überlassen", während unberücksichtigt bleibt, daß man in einem hierarchisch strukturierten Raum operiert (Kutter, Roth 1981, 43). Darüber hinaus befürchtet Wellendorf (1984), daß es in universitär angebotenen Selbsterfahrungsgruppen lediglich zu einer naiven Anwendung von Psychoanalyse kommen könnte, die sich beispielsweise darin zeige, daß „soziale und gesellschaftliche Realitäten ... leicht und vorschnell individualisiert und psychologisiert" würden (Wellendorf 1984, 136).

Literatur:

Aichhorn, Th. (2001): Die Protokolle des „Seminars für Psychoanalytische Erziehungsberatung" der Wiener Psychoanalytischen Vereinigung aus den Jahren 1946/47. In: Wiener Psychoanalytische Vereinigung (Hrsg.): Psychoanalyse für Pädagogen. Picus: Wien, 147-241

Barrows, P. (1998): The Tavistock Clinic: Diploma/MA in Infant Mental Health. In: The International Journal of Infant Observation 1 (3), 101-103

Bernfeld, S. (1930): Der analytische Unterricht für Pädagogen. In: Zehn Jahre Berliner Psychoanalytisches Institut. Nachdruck im Verlag Anton Hain AG: Meisenheim, 1970, 61-62

Bion, W. R. (1962): Lernen durch Erfahrung. Suhrkamp: Frankfurt/Main 1992

Bittner, G., Thalhammer, M. (Hrsg.) (1989): „Das Ich ist vor allem ein körperliches..." Zum Selbstwerden des körperbehinderten Kindes. edition bentheim: Würzburg

Bridge, G., Miles G. (1996): On the outside looking in. Collected essays on young child observation in social work training. Central Council for Education and Training in Social Work (CCETSW): London

Briggs, St. (1992): Child observation and social work training. In: Journal of Social Work Practice 6 (1), 49-61

Briggs, St. (1995): From subjectivity towards realism. Child observation and social work. In: Yelloly, M., Henkel, M. (Eds.): Learning and teaching in social work. Towards reflective practice. Jessica Kingsley Publishers: London, 103-119

Brück, H. (1978): Die Angst des Lehrers vor seinem Schüler. Zur Problematik verbliebener Kindlichkeit in der Unterrichtsarbeit des Lehrers. Ein Modell. Rowohlt: Reinbek

Brück, H. (1986): Seminar der Gefühle. Lernen als Abenteuer einer Gruppe. Rowohlt: Reinbek

Büttner, Ch. (1999): Psychoanalytisch orientierte Erziehungsberatung in Gruppen. In: Datler, W., Figdor, H., Gstach, J. (Hrsg.): Die Wiederentdeckung der Freude am Kind. Psychoanalytisch-pädagogische Erziehungsberatung heute. Psychosozial-Verlag: Gießen, 154-167

Büttner, Ch. (2002): Forschen – Lehren – Lernen. Anregungen für die pädagogische Praxis aus der Friedens- und Konfliktforschung. Campus: Frankfurt/M.

Chronik (1933): Chronik. In: Zeitschrift für psychoanalytische Pädagogik 7, 355-356

Clemenz, M., Beier, Ch., Buchen, S., Deserno, H., Geartner, A., Graf-Deserno, S. (1992): Psychoanalyse in der Weiterbildung. Zur Professionalisierung sozialer Arbeit. Westdeutscher Verlag: Opladen

Datler, W. (1989a): Individualpsychologische Fortbildung für Lehrer. Von einer Kooperation zwischen dem Alfred Adler Institut und dem Pädagogischen Institut der

Stadt Wien. In: PI-Mitteilungen (Beilage zum „Verordnungsblatt des Stadtschulrates für Wien"), Folge 9 (Mai 1989), 6-9

Datler, W. (1989b): Tiefenpsychologische Lehrerfortbildung in Wien. Die Grundkonzeption eines Kursmodells, erste Erfahrungen und die Skizze naheliegender Konsequenzen. In: Z. f. Individualpsychologie 14, 261-270

Datler, W. (1991): „Ubiquitäre Heilpädagogik" und die Entfaltung psychoanalytischpädagogischer Basiskompetenzen an der Universität. In: Vierteljahresschrift für Heilpädagogik und ihre Nachbardisziplinen 60, 237-247

Datler, W. (1995): Bilden und Heilen. Auf dem Weg zu einer pädagogischen Theorie psychoanalytischer Praxis. Grünewald: Mainz

Datler, W., Bogyi, G. (1989a): Zwischen Heim und Familie. Über Arbeitsmöglichkeiten und Arbeitsprobleme in heilpädagogischen und sozialtherapeutischen Wohngemeinschaften. In: Jahrbuch für Psychoanalytische Pädagogik 1. Grünewald: Mainz, 10-31

Datler, W., Bogyi, G. (1989b), unter Mitarbeit von Sageder, M. u.a.: Das „Hampstead-Projekt". Über die Zusammenführung von Lehre, Forschung und Erzieherberatung unter Einsatz der Wiener Fassung des „Hampstead-Profils" nach A. Freud. Jugendamt der Stadt Wien: Unpublizierter Projektbericht (Veröffentlichung im Empirie-Verlag in Vorbereitung)

Datler, W., Garnitschnig, K., Schmidl, W. (1987): Erfahrungsgestützte Einführung in Theorie. Hochschuldidaktische Reflexionen zu einem kooperativ geleiteten Pädagogikseminar. In: Z. f. Hochschuldidaktik 11, 441-477

Datler, W., Gstach, J., Wittenberg, L. (2001): Individualpsychologische Erziehungsberatung und Schulpädagogik im Roten Wien der Zwischenkriegszeit. In: Zwiauer, Ch., Eichelberger, H. (Hrsg.): Das Kind ist entdeckt. Erziehungsexperimente im Wien der Zwischenkriegszeit. Picus: Wien, 227-269

Datler, W., Oberegelsbacher, S., Steinhardt, K., Vanzetta, R. (1994): Narziß stürzt ins Wasser und lernt (manchmal) schwimmen. Ein Beitrag zu einer psychoanalytischen Theorie des Lernens am Beispiel zweier Versuche der Vermittlung von Psychoanalyse im Rahmen von Universität. In: Walter, H.-J. (Hrsg.): Psychoanalyse und Universität. Passagen: Wien, 57-93

Datler, W., Spiel, W. (1987): Methodisch geleitete Selbsterfahrung als pädagogische Aufgabe? Ein Beitrag zur Diskussion von „Subjektivität und Sachlichkeit" unter besonderer Beachtung des Problems der Rechtfertigung pädagogischen Handelns. In: Breinbauer, I.M., Langer, M. (Hrsg.): Gefährdung der Bildung, Gefährdung des Menschen. Böhlau: Wien, 239-248

Datler, W., Steinhardt, K., Ereky, K. (2002): Vater geht zur Arbeit ... Über triadische Beziehungserfahrungen und die Ausbildung triadischer Repräsentanzen im ersten Lebensjahr. In: Steinhardt, K., Datler, W., Gstach, J. (Hrsg.): Die Bedeutung des Vaters in der frühen Kindheit. Psychosozial: Gießen (im Druck)

Datler, W., Tebbich, H., Petrik, R. (1992): Verknüpfung von Theorieaneignung und Praxisreflexion: Drei hochschuldidaktische Versuche zur psychoanalytischen Pädagogik. In: Fröhlich, V., Göppel, R. (Hrsg.): Sehen, Einfühlen, Verstehen. Psychoanalytisch orientierte Zugänge zu pädagogischen Handlungsfeldern. (Sisyphos: Studien zur Psychoanalyse in der Pädagogik, Bd.1). Königshausen und Neumann: Würzburg, 164-191

Diem-Wille, G. (1987): Lehrer-Balintgruppen. In: Diem-Wille, G., Wimmer, R. (Hrsg.): Materialien und Texte zur politischen Bildung 3. ÖBV: Wien, 96-105
Diem-Wille, G. (1992): Supervision in der Schule. Das Verstehen der Beziehungsmuster im System Schule. In: Erziehung und Unterricht 1992, 212-220
Diem-Wille, G., Finger, K., Heintel, G. (1998): Psychoanalytische Pädagogik in der Allgemeinen Pädagogischen Ausbildung für das Lehramtsstudium. In: Diem-Wille, G., Thonhauser, J. (Hrsg.): Innovationen in der universitären Lehrerbildung. Studien-Verlag: Innsbruck, 47-74
Diem-Wille, G., Sengschmied, I. (2001): Abschlußbericht des Projektstudiums „Psychoanalytische Pädagogik in der allgemeinen pädagogischen Ausbildung für das Lehramt. Unveröffentlichter Projektbericht des IFF: Wien
Diem-Wille, G., Sengschmied, I. (2002): Universitätslehrgang Psychoanalytische Pädagogik. Persönlichkeitsentwicklung und Lernen. Unpublizierte Kursbeschreibung. IFF: Wien
Döhner, O., Tiefensee, I. (1988): Übertragung in pädagogischen Beziehungen – vernachlässigte Aspekte in der Ausbildung von Pädagogen für Behinderte. In: Iben, G. (Hrsg.): Das Dialogische in der Heilpädagogik. Grünewald: Mainz, 116-122
Ermann, G. (1996): Erfahrungen mit der Methode der Babybeobachtung. Die Schulung psychoanalytischer Kompetenz. In: Forum der Psychoanalyse 12, 279-290
Ertle, C. (1988): Der erzieherische Dialog im Spiegel einer Balintgruppe. In: Iben, G. (Hrsg.): Das Dialogische in der Heilpädagogik. Grünewald: Mainz, 107-116
Figdor, H. (1987): „Ich verstehe Dich, aber ich sag's Dir nicht". Von der Möglichkeit psychoanalytisch-pädagogischen Arbeitens mit „verhaltensgestörten" Schülern. In: Datler, W. (Hrsg.): Verhaltensauffälligkeit und Schule. Peter Lang: Frankfurt/Main, 268-293
Figdor, H. (2000): Psychoanalytisch-pädagogische Erziehungsberatung. Der Ausbildungslehrgang. Schriftenreihe der Arbeitsgemeinschaft Psychoanalytische Pädagogik (APP), Bd. 3, Wien (beziehbar über APP, Grundsteingasse 13/2-4, A-1160 Wien)
Finger-Trescher, U. (1999): Psychoanalytisch-pädagogische Strukturmerkmale von Erziehungsberatung in der Institution. Zur Konzeption der Beratungsstelle für Eltern, Kinder und Jugendliche der Stadt Offenbach/M. In: Datler, W., Figdor, H., Gstach, J. (Hrsg.): Die Wiederentdeckung der Freude am Kind. Psychoanalytisch-pädagogische Erziehungsberatung heute. Psychosozial: Gießen, 178-195
Finger-Trescher, U., Krebs, H. (2001): Pädagogische Qualifikation auf psychoanalytischer Grundlage. In: Sozial Extra. Zeitschrift für Soziale Arbeit und Sozialpolitik 25, Heft 9, 47-51
Freud, A. (1930): Vier Vorträge über Psychoanalyse für Lehrer und Eltern. In: Die Schriften der Anna Freud, Bd. I: 1922-1936. Kindler: München, 1990, 79-138
Freud, A. (1980): Einführung. In: Die Schriften der Anna Freud, Bd. I: 1922-1936. Kindler: München, 1990, 3-8
Füchtner, H. (1990): Supervisionsausbildung – Entpolitisierung als Zusatzqualifikation? In: Büttner, C., Finger-Trescher U., Scherpner, M. (Hrsg.): Psychoanalyse und soziale Arbeit. Grünewald: Mainz, 61-72
Garlichs, A. (1984): Balintgruppenarbeit mit Lehrern. In: supervision, Heft 5, 43-66

Garlichs, A. (2000): Schüler verstehen lernen. Das Kasseler Schülerhilfeprojekt im Rahmen einer reformierten Lehrerausbildung. Mit Beiträgen von Hagstedt, H. u.a. Auer Verlag: Donauwörth

Gartz, H.-G. (1996): Wege zum schwierigen Kind. Die Balint-Gruppe im Schulalltag. Grünewald: Mainz

Gröninger, S., Fürstenau, P. (1994): Weiterbildungsführer Psychotherapeutische Medizin. Pfeiffer: München

Gstach, J. (2002): Individualpsychologische Erziehungsberatung von 1918-1934. In: Datler, W., Leupold-Löwenthal, H. (Hrsg.): Zur Geschichte der psychoanalytisch-pädagogischen und individualpsychologischen Erziehungsberatung in Wien von 1920 bis zur Gegenwart. Unpublizierter Forschungsbericht: Wien

Harris, M. (1977): The Tavistock Training and Philosophy. In: Harris, M., Bick, E.: Collected Papers of Martha Harris and Esther Bick. The Clunie Press: Perthshire, 1987, 259-282

Harris, M. (1987): The contribution of observation of mother-infant interaction and development to the equipment of a psychoanalyst or psychoanalytic psychotherapist. In: Harris, M., Bick, E.: Collected Papers of Martha Harris and Esther Bick. The Clunie Press: Perthshire, 225-239

Hirblinger, H., Ertl, J., Freilinger, K., Schwensfeier, S. (2001): „Ins Wasser werfen" genügt nicht ... Über Angst und Angstabwehr in der Referendarausbildung. In: Seminar Lehrerbildung und Schule 3, 75-83

Klauber, T.(1999): Observation ‚at work'. In: Infant Observation 2 (3), 30-41

Körner, J. (1989): Balint-Gruppen mit Pädagogikstudenten im Praktikum. Bericht über einen misslungenen Versuch. In: Die Balint-Gruppe in Klinik und Praxis, Bd. 4, 146-158

Körner, J., Winkler, K. (1984): Balint-Gruppenarbeit mit Lehrern. In: Gruppenpsychotherapie und Gruppendynamik 19, 256-270

Korrespondenzblatt (1929): Korrespondenzblatt der Internationalen Psychoanalytischen Vereinigung. In: Internationale Zeitschrift für Psychoanalyse 1929, 509-542

Korrespondenzblatt (1939): Korrespondenzblatt der Internationalen Psychoanalytischen Vereinigung. In: Internationale Zeitschrift für Psychoanalyse 1939, 483-491

Kutter, P. (1983a): Psychoanalytische Supervisions-Gruppen an der Hochschule. In: Psyche 37, 237-253

Kutter, P. (1983b): Universität und Psychoanalyse, gemeinsam oder getrennt? In: fragmente 6, 5-31

Kutter, P. (1985): Psychoanalytische Interpretation und empirische Methoden. Ein zweidimensionaler Ansatz von Forschung in der Psychoanalyse am Beispiel von Selbsterfahrungs- und Supervisionsgruppen an der Universität. Fachbuchhandlung für Psychologie: Frankfurt/M.

Kutter, P. (1990): Empathietraining in Balint-Gruppen: Forschung mit Psychologiestudenten. In: Die Balint-Gruppe in Klinik und Praxis 5, 167-180

Kutter, P. (1996): Der Stachel im Fleisch: Das Institut für Psychoanalyse im Fachbereich Psychologie. In: Plänkers, Th. u.a. (Hrsg.): Psychoanalyse in Frankfurt am Main. edition diskord: Tübingen, 461-488

Kutter, P. (2000): Psychoanalyse und Universität – Gefahren und Chancen. In: Drews, S. (Hrsg.): Zum „Szenischen Verstehen" in der Psychoanalyse. Brandes & Apsel: Frankfurt/M., 65-75

Kutter, P., Roth, J.K. (1981): Psychoanalyse an der Universität. Psychoanalytische Selbsterfahrungs- und Supervisionsgruppen mit Studenten. Kindler: München

Laier, M. (1996): „Sie wissen, daß alles von unserem alten Institut vernichtet wurde." Das Frankfurter Psychoanalytische Institut (1929-1933). In: Plänkers, Th. u.a. (Hrsg.): Psychoanalyse in Frankfurt am Main. edition diskord: Tübingen, 41-86

Lazar, R. A. u.a. (1986): Die psychoanalytische Beobachtung von Babys innerhalb der Familie. In: Stork, J. (Hrsg.): Zur Psychologie und Psychopathologie des Säuglings – neue Ergebnisse in der psychoanalytischen Reflexion. Frommann-Holboog: Stuttgart u.a., 185-211

Lazar, R. A. (1991): 10 Jahre Babybeobachtung – ein Rückblick. Babybeobachtung nach der Methode von Frau Esther Bick. In: Arbeitskreis DGPT/VAKJP für analytische Psychotherapie bei Kindern und Jugendlichen, H. 4, 47-82

Lazar, R. A. (2000): Erforschen und Erfahren: Teilnehmende Säuglingsbeobachtung "Empathietraining" oder empirische Forschungsmethode? In: Analytische Kinder- und Jugendlichen Psyhotherapie 31 (H. 108), 399-417

Leber, A. (1975): Psychoanalytische Projektseminare in der Ausbildung von Heilpädagogen an der Hochschule. In: Iben, G. (Hrsg.): Heil- und Sonderpädagogik. Einführung in Problembereiche und Studium. Scriptor: Kronberg/Ts., 154-162. - Wiederabdruck in: Leber, A. (Hrsg.): Heilpädagogik. Wiss. Buchgesellschaft: Darmstadt, 1980, 391-402

Leber, A. (1977): Zur Definition von Gruppenverfahren in Hochschule und Kirche. Psychoanalytische Gruppenverfahren im Bildungsbereich – Didaktik oder Therapie? In: Gruppenpsychotherapie und Gruppendynamik 12, 242-254

Leber, A., Gerspach, M. (1996): Geschichte der Psychoanalytischen Pädagogik in Frankfurt a.M. In: Plänkers, Th. u.a. (Hrsg.): Psychoanalyse in Frankfurt am Main. edition diskord: Tübingen, 489-541

Leber, A., Trescher, H.G. (1987): Psychoanalyse in der Ausbildung von Pädagogen. In: Chancen der Gruppe. Erfahrungen aus dem pädagogischen Alltag. Grünewald: Mainz, 113-122

Leber, A., Trescher, H.G., Weiss-Zimmer, E. (1989): Krisen im Kindergarten. Psychoanalytische Beratung in pädagogischen Institutionen. Fischer: Frankfurt/M.

Leuzinger-Bohleber, M. (2000): Lernen am Einzelfall. Eine Chance zur Professionalisierung und Identitätsentwicklung. In: Garlichs, A. (2000): Schüler verstehen lernen. Das Kasseler Schülerhilfeprojekt im Rahmen einer reformierten Lehrerausbildung. Mit Beiträgen von Hagstedt, H. u.a. Auer Verlag: Donauwörth, 159-181

Likierman, M. (1997): Psychoanalytic observation in community and primary health care education. In: Psychoanalytic Psychotherapy 11, 147-157

Lützner-Lay, E., Lohmann-Papst, G. (1987): Eine Supervisionsgruppe mit Horterzieherinnen. In: Büttner, C., Trescher H.G. (Hrsg.): Chancen der Gruppe. Grünewald: Mainz, 92-11

Mahler, E. (1969): Psychische Konflikte und Hochschulstruktur. In: Psyche 23, 772-795

Matschiner-Zollner, M. (1995): Berufsbegleitende Lehrerfortbildungskurse in Österreich. In: Z. f. Individualpsychologie 20, 16-22

Miller, L. (1999): Infant observation as a precursor of clinical training. In: Psychoanlaytic Inquiry 19, 142-145

Miller, L. (2002): The relevance of observation skills to the work discussion seminar. In: The International Journal of Infant Observation 5 (1), 55-72

Moll, J. (2000): Postadoleszente Lehrer und adoleszente Schüler: eine konfliktträchtige Beziehungsgeschichte. In: Winterhager-Schmid, L. (Hrsg.): Erfahrung mit Generationendifferenz. Beltz: Weinheim, 115-125

Müller, B. (1993): Kleiner Grenzverkehr. Ein Beitrag zur sozialpädagogischen Praxisberatung. In: Jahrbuch für Psychoanalytische Pädagogik 5. Grünewald: Mainz, 29-42

Münch, W. (1984a): Leiden und Lust an der Schule. Schriftenreihe der FH Frankfurt/M. Band 13: Frankfurt/Main

Münch, W. (1984b): Gruppensupervision von Lehrern. In: Gruppenpsychotherapie und Gruppendynamik, 20. Jg., 185-193

Münch, W. (1990): Zur Arbeit mit Übertragung und Gegenübertragung in Supervisionsgruppen für Lehrer: Die Abwehr ödipaler Verantwortung. In: Pühl, H. (Hrsg.): Handbuch der Supervision. Spieß: Berlin, 425-463

Ohlmeier, D. (1983): Der Psychoanalytiker als Hochschullehrer. In: fragmente 6, 32-48

Petri, H., Hampel, C. (1983): Balint-Gruppenarbeit mit Lehrer-Studenten. In: Gruppenpsychotherapie und Grupendynamik, 18. Jg., 17-188

Pietroni, M. (1991): Right or Privilege? Post Qualifying Training with special reference to Child Care. Central Council for Education and Training in Social Work (CCETSW): London

Rathmayr, B., Walter, H.-J. (1985): Erfahrungen mit einer subjektorientierten Gruppendidaktik. In: Berger, W. (Hrsg.): Beiträge zur Wissenschaftsdidaktik. Wien, 81-104

Reid, S. (1997): Psychoanalytic infant observation. In: Reid, S. (Ed.): Developments in Infant Observation: The Tavistock Model. Routhledge: London, 1-12

Reiser, C. (1993): Die kinder- und jugendpsychotherapeutische Ausbildung. Möglichkeiten und Institutionen in Deutschland, Österreich und der Schweiz: Reinhardt: München

Ross, J. (1999): 50 Years of Child Psychotherapy and Infant Observation at the Tavistock Clinic. In: The International Journal of Infant Observation 2 (3), 89-93

Roth, J.K. (1985): Psychoanalyse studieren? Analytische Gruppenarbeit an der Hochschule. Zeitschrift für Gruppenpsychotherapie und Gruppendynamik 21, 125-135

Rüedi, J. (1995): Individualpsycholgische Lehrerinnen- und Lehrerbildung – ein Erfahrungsbericht. In: Z. f. Individualpsychologie 20, 23-31

Rustin, M. (1989): Observing Infants: Reflections on Methods. In: Miller, L., Rustin, M. u.a.: Closely observed infants. Duckworth: London, 52-75

Salzberger-Wittenberg, I. u.a. (1997): Die Pädagogik der Gefühle. Emotionale Erfahrungen beim Lernen und Lehren. WUV: Wien

Schmid, V. (1973): Balint-Gruppen mit Lehrern. In: Almanach 1973: Individuum und Gesellschaft. Klett: Stuttgart, 261-265

Schülein, J.A. (1976): Selbstbetroffenheit. Über Aneignung und Vermittlung sozialwissenschaftlicher Kompetenz. Focus: Gießen, 1986
Sengschmied, I. (1999): Psychoanalytische Pädagogik in der universitären Lehrerausbildung. In: Schulinnovationen. Ganzheitliches Lernen in der universitären Lehrerausbildung. Eigenverlag des IFF: Klagenfurt 15/1999, 21-25
Sengschmied, I. (2001): Vergleichsstudie zur Qualität der allgemeinen pädagogischen Ausbildung für das Lehramt. Unveröff. Projektbericht des IFF: Wien
Stumm, G. u.a. (Hrsg.) (1995): Psychotherapie, Beratung, Supervision, Klinische Psychologie: Ausbildung in Österreich. Falter Verlag: Wien
Steinhardt, K. (1991): Supervision – ein Anwendungsgebiet psychoanalytischer Pädagogik? Eine Literaturumschau zu Balintgruppenarbeit, Supervision und Psychoanalytische Pädagogik seit 1983. In: Jahrbuch für Psychoanalytische Pädagogik 3, 188-230
Steinhardt, K. (1993): Supervision, Balintgruppen und darüber hinaus. Berufsbegleitende Lehrerfortbildung unter tiefenpsychologischen Gesichtspunkten. In: Gangl, H., Kurz, R., Scheipl, J. (Hrsg.): Brennpunkt Schule. Ein psychohygienischer Leitfaden. Ketterl: Wien, 262-270
Steinhardt, K. (1997): Supervision als Ort der Reflexion des beruflichen Selbstverständnisses von Heilpädagogen. In: Jahrbuch für Psychoanalytische Pädagogik 8 (Themenschwerpunkt: Arbeiten in heilpädagogischen Settings). Psychosozial Verlag: Gießen, 85-104
Steitz-Kallenbach, J. (1993): Von der wohltuenden Wirkung der Supervision. Ein persönlicher Erfahrungsbericht. In: Pädagogik 1993 (H. 1), 9-12
Sticher-Gil, B. (1994): Hochschule und institutionalisierte Abwehrsysteme. Über die Schwierigkeit, ganzheitliche Lehr- und Lernformen in der Hochschule einzuführen. In: Walter, H. J. (Hrsg.): Psychoanalyse und Universität. Passagen: Wien, 161-172
Trescher, H.G. (1978): Zur Theorie pädagogisch-psychoanalytischer Gruppenverfahren in der heilpädagogischen Ausbildung. In: Jantzen, W., Müller, U. (Hrsg.): Theorie und Praxis in der Ausbildung. Jarick: Oberbiel, 240-253
Trescher, H.G. (1987): Bedeutung und Wirkung szenischer Auslösereize in Gruppen. In: Büttner, Ch., Trescher, H.-G. (Hrsg.): Chancen der Gruppe. Erfahrungen aus dem pädagogischen Alltag. Grünewald: Mainz, 150-161
Trescher, H.G. (1988): Gruppenanalytische Selbsterfahrung in der Ausbildung von PädagogikstudentInnen. In: Gruppenpsychotherapie und Gruppendynamik 24, 364-376
Trescher, H.G. (1990): Gruppenanalyse in der Ausbildung zur sozialen Arbeit. In: Büttner, C., Finger-Trescher, U., Scherpner, M. (Hrsg.): Psychoanalyse und soziale Arbeit. Grünewald: Mainz, 97-109
Trescher, H.G. (1991): „Ungleichheit für alle!" – Aspekte des Gegenstandsbereiches, der Methode und der Lehre psychoanalytischer Heilpädagogik. In: Z. f. Hochschuldidaktik 15, 324-34
Trescher, H.G. (1992): Studium im Praxisbezug. Praxisprojekte in der Lehre Psychoanalytischer Pädagogik. In: Chasse, A., Drygala, A., Eggert-Schmid Noerr, A. (Hrsg.): Randgruppen 2000. Böllert: Bielefeld 1992, 213-233. - Ebenfalls abgedruckt in: Fördernder Dialog. Psychoanalytische Pädagogik als Handlungstheorie.

Zum Gedenken an Prof. Dr. phil. Hans-Georg Trescher. (schritte ..., Heft 1/95, hrsg. v. F. Barth im Auftrag des Rektorats der Evangelischen Fachhochschule Darmstadt). Bogen Verlag: Darmstadt, 69-102

Trescher, H.-G. (1993): Postgraduale Weiterbildung in Psychoanalytischer Pädagogik. Konzept und Erfahrungen mit einem dreijährigen Weiterbildungslehrgang. In: Jahrbuch für Psychoanalytische Pädagogik 5. Grünewald: Mainz, 14-28

Trowell, J. u.a. (1998): The importance of observational training: an evaluative study. In: The International Journal of Infant Observation 2 (1), 101-111

Tymister, H.J., Wöhler, H. (1986): Pädagogische Beratung (z.B. Familienberatung) im „Open Center" – Möglichkeiten der Verbindung von Theorie und Praxis im Weiterbildungsangebot der Universität. In: Z. f. Individualpsychologie 11, 89-102

Verein für Psychoanalytische Sozialarbeit (Hrsg.) (1994): Supervision in der psychoanalytischen Sozialarbeit. edition diskord: Tübingen

Walter, H. J. (Hrsg.) (1994): Psychoanalyse und Universität. Passagen: Wien

Walter, H. J., Centurioni, C. (1994): Geschwisterbeziehungen – ein Seminarbericht. In: Walter, H. J. (Hrsg.): Psychoanalyse und Universität. Passagen Verlag: Wien, 95-122

Wellendorf, F. (1979): Blindheit und Naivität. In: Gruppendynamik 10, 160-175

Wellendorf, F. (1984): Bemerkungen zur Problematik der Vermittlung von Psychoanalyse an der Hochschule. In: fragmente 12/13, 134-147

Wilson, K. (1992): The place of child observation in social work training. In: Journal of Social Work Practice 6 (1), 37-47

Wöhler, H. (1990): Öffentliche Familienberatung in der Lehrerfort- und -ausbildung. In: Tymister, H.J. (Hrsg.): Individualpsychologisch-pädagogische Beratung. Grundlagen und Praxis. Reinhardt: München u.a., 27-47

Natascha Almeder, Barbara Desch

Über aktuelle Publikationen zu verschiedenen Fragestellungen Psychoanalytischer Pädagogik[*]

Traditionsgemäß soll auch dieses Jahrbuch für Psychoanalytische Pädagogik mit einem allgemeinen Literaturumschauartikel abgerundet werden. Dieser Artikel, welcher in Anschluß an den speziellen Literaturumschauartikel über Formen der psychoanalytisch-pädagogischen Aus- und Weiterbildung steht, soll einen Überblick über jüngere Veröffentlichungen geben, welche im Schnittfeld von Pädagogik und Psychoanalyse angesiedelt sind. Die Vielfalt der Themen- und Fragestellungen von psychoanalytisch-pädagogisch orientierten Autorinnen erschwert eine klare Zuordnung, dennoch wird der Beitrag auch in diesem Jahr in folgende Kapitel gegliedert:

1. Publikationen zu grundlegenden und historischen Fragestellungen Psychoanalytischer Pädagogik
2. Jüngere Literatur zu verschiedenen Praxisbereichen Psychoanalytischer Pädagogik
3. Beiträge zu entwicklungspsychologischen und sozialisationstheoretischen Fragestellungen
4. Veröffentlichungen zu weiteren Themenstellungen mit psychoanalytisch-pädagogischer Relevanz

1. Publikationen zu grundlegenden und historischen Fragestellungen Psychoanalytischer Pädagogik

1.1 Zum Selbstverständnis Psychoanalytischer Pädagogik

Die gegenwärtige Diskussion zum Verständnis Psychoanalytischer Pädagogik dreht sich unter anderem immer wieder darum, die Aktualität von geschichtli-

---

[*] Anmerkung der Redaktion: Diese Umschauartikel, die jährlich erscheinen, sollen das Fehlen einer regelmäßig erscheinenden Bibliographie „Psychoanalytische Pädagogik" kompensieren. Um dieses Vorhaben möglichst umfassend realisieren zu können, bittet die Redaktion auch weiterhin: alle Autorinnen, Zeitschriftenredaktionen und Verlage, uns entsprechende Rezensionsexemplare, Sonderdrucke oder zumindest Literaturhinweise zukommen zu lassen; um Hinweise bezüglich einzelner Publikationen, die seit 1995 erschienen sind und bisher weder in Dokumentationsartikeln noch im Rezensionsteil berücksichtigt werden konnten; darüber hinaus um Hinweise auf Veröffentlichungen, die im kommenden Jahr erscheinen werden. – Rezensionsexemplare, Sonderdrucke und Literaturhinweise bitte an: *Ao Univ.Prof.Dr. Wilfried Datler, Institut für Erziehungswissenschaft an der Universität Wien, Universitätsstraße 7, 6. Stock, A-1010 Wien*

chen Einflüssen zu berücksichtigen. So betonen Zwiauer und Eichelberger (2001b, 12), daß die Lebendigkeit der Pädagogik der Erziehungsexperimente im Wien der Zwischenkriegszeit inspirierend auf die heutige Diskussion wirken sollte. Ferner plädieren sie dafür, daß in der Diskussion um eine neue Lernkultur die Aktualität von diesen Erziehungsexperimenten gesehen werden sollte, welche den „ganzen Menschen", mit seiner kognitiven, intellektuellen, sozialen, psychischen und physischen Entwicklung vor Augen hatten.

In einem Artikel von Figdor (2001a, 115) findet sich der Hinweis darauf, daß der gegenwärtige Arbeitsschwerpunkt psychoanalytisch-pädagogischer Theorie und Forschung in der Entwicklung von praxisrelevanten Konzepten liegt, die nicht der Versuchung unterliegen sollen, konkrete Handlungsanweisungen geben zu wollen. So erörtert Figdor (2001a, 104) die Frage, ob Psychoanalyse zur Selbstaufklärung der Pädagogen nur mit den ihr eigenen Methoden (Analyse oder fokussierte analytische Selbsterfahrung) beitragen kann, oder ob praktisch relevante Haltungen auch über bestimmte theoretische Einsichten verändert werden können.

Wenn es auch nicht eine neue Publikation ist, so sei dennoch darauf hingewiesen, daß das Buch „Grundlagen der Psychoanalytischen Pädagogik", welches im Jahr 1993 erstmals herausgegeben wurde, nun im Jahr 2001 im Psychosozial-Verlag neu erschienen ist. In diesem Buch finden sich Artikel wie jener von Figdor (2001b) über „Wissenschaftstheoretische Grundlagen der Psychoanalytischen Pädagogik". Obwohl dieses Buch vielfach Diskussionen und Kritik hervorgerufen hat – so wurde etwa der Artikel von Muck (2001) über psychoanalytisches Basiswissen von Göppel (1997, 53f) kritisiert – kann es als Grundlagenwerk zur Psychoanalytischen Pädagogik angesehen werden. In diesem Buch werden nämlich einerseits Grundpositionen und Grundfragen der Psychoanalytischen Pädagogik erörtert, andererseits werden auch Praxiskonzepte sowie Ausschnitte aus diversen Praxisbereichen der Psychoanalytischen Pädagogik vorgestellt.

1.2 Beiträge zur Geschichte der Psychoanalytischen Pädagogik und der psychoanalytisch-pädagogischen Erziehungsberatung

Im letzten Jahr sind zahlreiche Publikationen erschienen, die sich mit der Geschichte der Psychoanalytischen Pädagogik bzw. der psychoanalytisch-pädagogischen Erziehungsberatung auseinandersetzen. An erster Stelle wollen wir hier das Buch „Bettelheim, Ekstein, Federn: Impulse für die psychoanalytisch-pädagogische Bewegung" von Kaufhold (2001) nennen, welcher in jüngster Zeit einen der wichtigsten Dokumentaristen der Geschichte der Psychoanalytischen Pädagogik darstellt. Kaufhold (2001, 27) zeichnet in diesem Buch zunächst einige Facetten der „Gründerzeit" nach, angefangen bei Sandor Ferenczi über Siegfried Bernfeld, August Aichhorn, Dorothy Burlingham, Otto Fenichel, Lili Peller bis hin zu Wilhelm Hoffer, Annie Reich und vielen anderen. Dabei betont er, daß das aufklärerische, selbstreflexive, gesellschaftskritische Element der Psychoanalyse von der Psychoanalytischen Pädagogik in den 20er und 30er Jahren ideenreich und lebendig weiterentwickelt wurde. Kaufhold hebt dann drei Pioniere heraus, die von dieser Tradition nachhaltig geprägt wurden. Diese drei Pioniere sind Ernst Federn, Rudolf Ekstein und Bruno Bettelheim. Kaufhold (2001) versucht in seiner Darstellung dieser drei Personen, dem unzertrennlichen Zusammenwirken von biographischer Erfahrung, pädagogisch-therapeutischem Engagement und theoretischer Reflexion gerecht zu werden, vor allem vor dem Hintergrund der gesellschaftlichen und kulturellen Gegebenheiten ihrer Jugendzeit, dem Nationalsozialismus. Die Erforschung dieser Personen, ihrer Biographien, ihrer Werke, stellt somit einen wichtigen Beitrag zur Untersuchung der historischen und theoriegeschichtlichen Wurzeln der Psychoanalytischen Pädagogik und ihrer Weiterentwicklung im amerikanischen Exil dar. Aber auch die anderen Personen, die Kaufhold (2001) in seiner Einführung in die Geschichte der Psychoanalytischen Pädagogik nennt, finden in zahlreichen weiteren Artikeln Erwähnung.

August Aichhorn, welcher im Jahr 1999 seinen 50. Todestag hatte, wurde ein eigenes Symposion gewidmet, zu welchem nun eine schriftliche Fassung der Vorträge mit dem Titel „Psychoanalyse für Pädagogen" vorliegt, herausgegeben von der Wiener Psychoanalytischen Vereinigung (2001)[1]. Darin finden sich einige Artikel, die der Biographie August Aichhorns gewidmet sind. Daneben setzen die Autoren aber unterschiedliche Schwerpunkte. Thomas Aichhorn (2001a, 43) hebt hervor, daß Aichhorn die Ergebnisse der psychoanalytischen Forschung auf Erziehungsarbeit anwandte, ohne die Denkweise Freuds aufzugeben. Er zeigte, wie man auf Delinquente Einfluß nehmen kann, deren Ich-Ideal durch übliche Erziehungsmaßnahmen nicht erreicht werden konnte. Placheta (2001) schreibt, daß Aichhorns Erziehungsweg, den er vor allem in der Erziehungsanstalt Oberhollabrunn verwirklicht hat, nicht als antiautoritär, sondern als nichtautoritär begriffen werden darf. Oberhollabrunn steht auch bei Adam (2001) im Zentrum seines Artikels, wobei hier das Augenmerk auf der Einteilung in Gruppen liegt, wo es eine Sechser-Gruppe mit besonders aggressiven Jugendlichen gab. Aichhorn versuchte, auch diesen Jugendlichen mit absoluter Milde und Güte zu begegnen und so den gewohnten Teufelskreislauf zu durchbrechen.

Thomas Aichhorn (2001b) hat die Protokolle des unter der Leitung von August Aichhorn in den Jahren 1946/47 stattfindenden „Seminars für Psychoanalytische Erziehungsberatung" herausgegeben und kommentiert. Diese Protokolle geben Einblick in den Versuch, nach 1945 an die Psychoanalytische Pädagogik der Zwischenkriegszeit anzuknüpfen.

---

[1] Dieses ist das erste Buch der „Schriftenreihe Bulletin", die im Picus-Verlag erscheint. Das „Bulletin – Zeitschrift der WPV" wird es in der altbekannten Form nicht mehr geben.

Eine weitere Person, die in zahlreichen Artikeln immer wieder Erwähnung findet, ist Siegfried Bernfeld. Bei Lohmann (2001) findet sich eine Darstellung seiner Biographie, von seiner Geburt 1892 über seine Hinwendung zu Freud, seinen „Kursen über die psychoanalytische Betrachtung von Erziehungsfragen" (Lohmann 2001, 53) bis hin zu seiner Flucht vor den Faschisten und seinem Tod 1953. Barth (2001) diskutiert hingegen Bernfelds Konzept des „Sozialen Orts". Zwiauer und Eichelberger (2001b, 12) stellen fest, daß bei Bernfeld ein „Hang zur Mythisierung des Kindes und Jugendlichen" ausmachbar ist. Wenn Bittner und Göppel (2001) der Frage nach Vertretern psychoanalytischer Pädagogik in Zusammenhang mit dem Thema Schule nachgehen, so stoßen auch sie auf Bernfeld, welcher die Institution „Schule" in der kapitalistischen Gesellschaft analysiert, wobei er eine Ablehnung aller pädagogischen Innovationen proklamiert, sofern sie nicht auf die Umwälzung der Gesellschaft als Ganzes abzielt. Kaufhold (2001, 24f) hingegen betont, sich auf sein Werk „Sisyphos oder die Grenzen der Erziehung" berufend, daß Bernfeld eindrucksvoll die Grenzen einer progressiven Erziehung unter den herrschenden gesellschaftlichen Bedingungen nachzeichnet. Dieses Buch von Bernfeld erreichte in einer Umfrage nach den „pädagogisch wichtigsten Veröffentlichungen des 20. Jahrhunderts" (Horn, Ritzi 2001) den ersten Rang. Dabei sei auch erwähnt, daß sich unter den 100 wichtigsten pädagogischen Büchern des 20 Jahrhunderts „Die Traumdeutung" und die „Drei Abhandlungen zur Sexualtheorie" von Freud sowie „Identiät und Lebenszyklus" von Erikson finden (Horn, Ritzi 2001, 19ff). Lohmann (2001) setzt sich in ihrem Beitrag auch mit der Frage auseinander, wie Bernfelds „Sisyphos oder die Grenzen der Erziehung" vom Außenseiter zum Klassiker wurde. Dabei wird Bernfeld von Horn (2001, 32) als „Außenseiter der Disziplin" bezeichnet, der sich den Fragen der Pädagogik von der Psychoanalyse und vom Marxismus her näherte.

In der Zwischenkriegszeit, in welcher auch Bernfelds „Sisyphos" erschienen ist, gab es in Wien zahlreiche Erziehungsexperimente, die in psychoanalytisch-pädagogischen Wurzeln gründen. In dem von Zwiauer und Eichelberger (2001a) herausgegebenen Buch „Das Kind ist entdeckt" werden einige dieser Erziehungsexperimente vorgestellt.
So stellt etwa die 1927 von Dorothy Burlingham gegründete Burlingham-Rosenfeld-Schule eine kleine Alternativschule dar, in welcher Peter Blos, Erik H. Erikson und später auch August Aichhorn unterrichteten (Bittner, Göppel 2001). Auch Anna Freud war in der Einrichtung allgegenwärtig. Viele der Kinder waren in Psychoanalyse, die „Projekt-Methode" und „freies Arbeiten" waren die hervorstechenden methodischen Prinzipien. Die Schule wurde erst bekannt, als der ehemalige Schüler Peter Heller davon erzählte. Heller (2001, 70) erlebte diese Schule als „Schulparadies", welches seine Vor- und Nachteile hatte. Er beschreibt das „Eingehen-auf und das Verwerten der individuellen Grundten-

denzen" und den „Zwang-und-Dressur-Aspekt" als einen „Balance-Akt" (Heller 2001, 96f).
Ein weiteres, in einigen Artikeln beschriebenes Experiment stellt das „Haus der Kinder" dar, in welchem die Pädagoginnen die Montessori-Pädagogik mit psychoanalytisch-pädagogischen Elementen zu verbinden suchten, wobei die Montessori-Pädagogik vor allem um die Integration des Triebbegriffs sowie des Begriffs des „kindlichen Spiels" erweitert wurde (Eichelberger H. 2001, 215). Brigitte Eichelberger (2001) rückt in ihrem Artikel die Person Lili Esther Peller-Roubiczek ins Zentrum, die diese Wiener Montessori-Schule durch ihre rege Vortragstätigkeit nach außen hin vertrat. Zwiauer (2001) hingegen widmet ihren Artikel Emma N. (Spira-)Plank, die sich ganz der Praxis zuwandte und Kindergärtnerin bzw. später Lehrerin im „Haus des Kindes" war.
Eine weiteres Erziehungsexperiment stellt die „Individualpsychologische Versuchsschule" dar, welche von Datler, Gstach und Wittenberg (2001) vorgestellt wird. In dieser Institution waren Individualpsychologen tätig, welche neue pädagogische Arbeitsformen entwickeln und praktizieren wollten. Die Autoren geben eine Chronologie der Versuchsarbeit und stellen vor allem die Bedeutung der Bemühungen um Erziehungsberatung anhand von Beispielen dar. Sie lenken den Blick auch auf Oskar Spiel, der Einfluß auf die Beziehung zu nehmen suchte, in denen Kinder und Jugendliche heranwachsen. Eben diese Bemühungen können in der Versuchsschule verwirklicht werden. Es wird auch weiters betont, daß es in dieser Versuchsschule gelingt, „einige Formen der engen Kooperation zwischen Elternhaus und Schule zu entwickeln" (Datler et.al. 2001, 260).

Die Geschichte der tiefenpsychologischen Erziehungsberatung in Wien in der Zwischenkriegszeit zeichnen Gstach und Datler (2001) in einem Artikel nach, beginnend mit der Erwähnung eines Kurses von Alfred Adler 1918/19 an der Volkshochschule „Volksheim". Dabei machen sie auf unterschiedliche Beratungsformen aufmerksam und stellen dann Adlers Beratungspraxis der von Oskar Spiel anhand von Beispielen gegenüber. In dieser Gegenüberstellung wird deutlich, daß Spiel dem gegenwärtigen Wiener Konzept der psychoanalytisch-pädagogischen Erziehungsberatung weit näher steht, da er die Situation des Kindes für die Eltern nachvollziehbar zu machen versucht.

2. Jüngere Literatur zu verschiedenen Praxisbereichen Psychoanalytischer Pädagogik

2.1 Erziehungsberatung, Eltern-Kleinkind-Beratung und Eltern-Kleinkind-Therapie

Die Anzahl der unterschiedlichen Formen der psychoanalytisch-pädagogisch orientierten Beratungen ist stark im Steigen. In der Zeitschrift für Individualpsychologie 26, Heft 3, mit dem Leitthema „Konzepte der Eltern- und Erziehungsberatung" werden manche dieser Formen in ihren unterschiedlichen Anwendungsbereichen vorgestellt.

Ob Erziehungsberatung eine „Kleine Psychotherapie" ist oder doch ein spezifisches Angebot der Jugendhilfe, versucht Bittner (2001) in einem Artikel zu beantworten. Dabei betont er, daß Erziehungsberatung von Anfang an als eine Art „Kurztherapie" konzipiert war, während sie in den deutschen Jugendhilfegesetzen der Jugendhilfe/Sozialpädagogik zugeschrieben wurde. Bittner (2001) geht der Frage nach, was der Begriff „Beratung" im Kontext von „Erziehungsberatung" bedeuten könne, wenn doch in Erziehungsberatungsprozessen kaum Ratschläge im engeren Sinn gegeben werden. Im Rückgriff auf historische, systematische und kasuistische Anmerkungen weist er Erziehungsberatung – auch in Abgrenzung zur Psychotherapie – als ein Aufgabenfeld sui generis aus, in dem Eltern und Erzieher pädagogische Orientierungen überdenken und in dem Kinder und Jugendliche neue und förderliche, zum Teil auch korrigierende Erfahrungen mit Erziehung machen können.

Huebmer und Datler (2001) stellen ein Konzept der begleitenden Beratung von Paaren mit einem adoptierten Säugling vor, das zum Ziel hat, die Adoptiveltern zu unterstützen, mit ihrem Baby eine einfühlsame, verläßliche und förderliche Beziehung einzugehen. Die bloße Gegebenheit der Adoptionssituation ist bereits Anlaß für den Beginn einer Beratungsarbeit, da Paare, welche einen Säugling adoptieren, vor dem spezifischen Problem stehen, daß sie sich nicht neun Monate auf ihre Elternschaft einstellen und vorbereiten können. Das Konzept der begleitenden Beratung soll das Entstehen einer förderlichen Eltern-Kind-Beziehung in dieser frühen Zeit unterstützen, da mit dem Thema Adoption meist stark beunruhigende Gefühle, Gedanken und Phantasien in Verbindung stehen, sowohl auf Seiten der Eltern als auch später auf Seiten des Kindes.

Wie Eltern in ihrer Elternschaftserfahrung begleitet und unterstützt werden können, zeigt Garstick (2001) anhand eines ersten Erfahrungsberichts aus dem Projekt „Elternschaftstherapie". Dabei diskutiert sie anhand eines Fallbeispiels die Bedeutung der Differenz zwischen dem imaginären Kind und dem realen Kind und die Wichtigkeit des „Holdings" für die Eltern.

Beratung von Eltern mit einem behinderten Kind im Rahmen der Frühförderung steht im Zentrum eines Beitrags von Messerer (2001). Sie thematisiert, inwieweit das am Londoner Tavistock Center entwickelte tiefenpsychologische Beratungsmodell des „Under Fives' Counselling" für die Frühförderung relevant sein kann. Dabei führt sie aus, daß die Frühförderin eine Person sein kann, „die den Eltern mit ihren Sorgen und Ängsten anteilnehmend zuhört und dabei ... auch auf die Art und Weise achtet, wie dieser [der Inhalt - Anm.d.V.] dargestellt wird" (Messerer 2001, 265). Besonders wichtig ist das Aushalten und Auffangen von seelischem Schmerz in Krisenzeiten, denn dadurch, daß die Frühförderin die starken negativen Gefühle auffängt, erfahren die Eltern, daß diese aushaltbar sind. Darüber hinaus wird mit der Verbalisierung der Gefühle ein Schritt zu deren Bearbeitung gesetzt. Diese Ausführungen werden von Messerer mit illustrativen Fallbeispielen untermauert.

Wie therapeutisch mit Eltern und Kindern im ambulanten Rahmen gearbeitet werden kann, wenn Kinder entwicklungsbeeinträchtigt, behindert oder chronisch krank sind, zeigen sowohl Fiala-Preinsperger und Tamir (2001) als auch Jacubeit (2001). Letztere hebt dabei im Besonderen die Aspekte Bindung, elterliches Coping, Mutterschaftskonstellation, Risiken für die kindliche Entwicklung und spezifische psychotherapeutische Vorgehensweisen heraus. Sie betont und kritisiert auch, daß in biographischen Anamnesen meist die Krankheit und ihre Behandlung im Zentrum stehen und die gesunden Aspekte kaum Beachtung finden. Die psychische Sondersituation von Eltern eines frühgeborenen Kindes wird bei Sleske, Klitzing und Buser (2001) mit Hilfe von Fallbeispielen und anhand von psychodynamischen Theorien der Schwangerschaft und des imaginierten Kindes aufgezeigt. Auch sie stellen tiefenpsychologische Interventionsmöglichkeiten vor. Ebenso zeigt Deneke (2001), wie das Angebot eines verstehenden, entlastenden und haltenden Rahmens helfen kann, die Notlage einer postpartalen Erkrankung zu ertragen und zu überwinden. Daß das Geburtserleben einen wichtigen Faktor für die postpartale Entwicklung und eine wichtige Rolle im Zusammenspiel zwischen pränatalen und postpartalen Dynamiken darstellt, diskutiert Stadlmayer (2001).

Wie sich Depressionen von Müttern auf das Interaktionsverhalten zwischen ihnen und ihren Säuglingen auswirken könnten, wird von Murray, Dymond und Cooper (2002) thematisiert. Die Autoren beschreiben Ergebnisse aus ihren Studien über „Zusammenhänge zwischen Bindungsstilen von depressiven Müttern und dem Einfluß der psychotherapeutischen Intervention auf die Bindungsentwicklung der Kinder" (Brisch 2002, 10). Ziel dieser Interventionen ist es, durch Anwendung bindungstheoretischer Erkenntnisse unangemessene Entwicklungsverläufe zu verändern und präventiv Bindungsstörungen entgegen zu wirken. Brisch (2002) zeigt in seinem Beitrag auf, wie man mithilfe bindungstheoretischer Annahmen psychopathologische Entwicklungen diagnostizieren und behandeln kann. Weiters stellt er die Prävention von Bindungsstörungen ins Zentrum seiner Aufmerksamkeit. Dazu führt er ein Beispiel eines Interventionsprogrammes zur psychotherapeutischen Betreuung von Eltern mit Frühgeborenen an. An Elterntrainings verdeutlicht Brisch (2002, 353, 368f) „die Möglichkeit der primären Prävention von Bindungsstörungen".

Diez Grieser (2001) thematisiert, wie die Unterstützung und Stärkung der Kompetenzen von drogenabhängigen Müttern, welche meist von Schuldgefühlen und Selbstvorwürfen geplagt werden, eine Interventionsmaßnahme darstellt. Dabei zeigt sie anhand eines Fallbeispiels, daß reale Interaktionsbeobachtungen und die Kontaktnahme mit der inneren Welt der Eltern großen Raum einnehmen.

Zur Bedeutung einer Beratung in der Pränataldiagnostik wurden ebenfalls zwei Artikel veröffentlicht. Geier (2001) erörtert anhand von Interviews, Berichten und Untersuchungen, die das Erleben widersprüchlicher Gefühle verdeutlichen, folgende zwei Aspekte: einerseits das Erleben der Frau im Entscheidungskonflikt bei Inanspruchnahme von Pränataldiagnostik und andererseits die psychosozialen Rahmenbedingungen zur Zeit der Entscheidungsfindung. Eine Forschergruppe um Pauli-Magnus (2001, 771) veröffentlichte eine qualitative Studie, in der subjektive Erfahrungen der Beraterinnen untersucht wurden, die schwangere Frauen bei einer möglichen Behinderung des Kindes beraten haben.

2.2 Publikationen über spezifische psychoanalytisch-pädagogische Interventionsformen

Jellenz-Siegel, Prettenthaler und Tuider (2001) haben anläßlich des zehnjährigen Bestehens des Vereins RAINBOWS ein Buch herausgegeben, in dem sich mehrere Mitglieder aus verschiedensten Perspektiven mit Befindlichkeiten von Kindern und Jugendlichen bei *Trennungs- und Verlusterlebnissen* beschäftigen. Einige dieser vielen Artikel sind in den Bereich psychoanalytischer Pädagogik einzuordnen.

Jellenz-Siegel (2001) beschreibt in einem Beitrag, wie Kinder die Trennung oder Scheidung ihrer Eltern erleben. Wie es den Kindern in den neuen Familien geht, steht bei Figdor (2001c) im Zentrum der Aufmerksamkeit. Der Autor beschreibt triangulierte Objektbeziehungen und deren Bedeutung für die psychische Entwicklung. Zum innerpsychischen Prozeß der Triangulierung bedarf es nach Figdor (2001c, 24) eines äußeren Beziehungsangebots, wobei die Kernfamilie unter der Bedingung, daß sie funktioniert, einen förderlichen Rahmen dazu darstellt. Die neue Familienform solle ein Mindestmaß an Intensität und Kontinuität, die Gelegenheit, Ausgeschlossenheit zu erleben, und ein weibliches und ein männliches Objekt beinhalten. Weiters ist es nach Figdor (2001c) förderlich, das Kind in seiner Verarbeitung von Trennungs- und Verlusterlebnissen zu unterstützen, damit es neue Lebensformen als Familie erleben kann.

Wie sich das Beziehungsdreieck Kind-Mutter-Vater verändert, versucht M. Aichhorn (2001) in ihrem Beitrag zu beantworten. Daß Geschwisterkinder nach der Scheidung oder Trennung ihrer Eltern eine Stütze darstellen, bekräftigen M. Aichhorn und Jellenz-Siegel (2001) anhand von Erfahrungen aus RAINBOWS-Gruppen. Wie es Kindern in Stief-, Patchwork- oder auch Mehrfamilien gehen könnte, versucht Wöran (2001) in einem Beitrag darzustellen.

Was die gemeinsame elterliche Verantwortung trotz Trennung so schwer macht, beantwortet Figdor (2001d) mit Hilfe des Konzeptes der Spaltung in einem Beitrag. Auf das kindliche Erleben und die Psychodynamik bei Tod eines Elternteils geht Bogyi (2001) in ihrem Artikel ein. Die Autorin stellt darin unterschiedliche Reaktionen auf derartige Ereignisse dar und betont die Individualität jedes Kindes.

Wie die psychoanalytisch-pädagogische Erziehungsberatung eines Kindes mit Schulproblemen, dessen Eltern sich getrennt haben, aussehen könnte, beschreibt Pröstler (2001) anhand eines Fallbeispiels.

Kohlfürst (2001) beleuchtet die Beziehung zum/zur GruppenleiterIn und Baumgartner (2001) beantwortet in ihrem Artikel eine häufig gestellte Frage, warum „Kinder, deren Eltern getrennt/geschieden leben und Kinder, die einen Elternteil durch Tod verloren haben" (Baumgartner 2001, 188) ein und dieselbe Gruppe besuchen. Zu Vor- und Nachteilen einer getrennten bzw. gemeinsamen Teilnahme von Geschwistern an einer RAINBOWS-Gruppe stellt Waibel-Krammer (2001) Gedanken an.

Streeck-Fischer (2002) lenkt in einem Artikel den Blick auf Bedingungen der stationären Unterbringung von komplex traumatisierten Kindern und Jugendlichen. Sie schreibt von Rahmenbedingungen, „in denen sich das Kind bzw. der Jugendliche im Blick des anderen erfahren und erkennen kann und Bilder und eine Sprache findet, die einen symbolischen Austragungsort für das Schreckliche, was sie erfahren haben, möglich machen, um dies dort zu bewältigen" (Streeck-Fischer 2002, 129). Welche Folgen schwere Traumatisierungen in den ersten Lebensjahren für die Persönlichkeitsentwicklung haben könnten und welchen Anforderungen die psychoanalytische Behandlung dazu gerecht werden müßte, beschreibt Diepold (2002) in ihrem Artikel. Sie geht auf Unterschiede in bezug auf das Alter, in dem ein Mensch von einem Trauma getroffen wird, ein und versucht die Frage zu beantworten, wie sich die Interaktion daraufhin verändern könnte.

2.3 Kindergarten- und Schulpädagogik

Der Frage, was es für Kleinkinder bedeuten mag, wenn sie in *Kinderkrippen* betreut werden und dadurch von ihren engsten Bezugspersonen temporär getrennt werden, gehen Datler, Ereky und Strobel (2002) in einem Artikel nach. Anschaulich verdeutlichen sie anhand von Ausschnitten aus der Beobachtung eines kleinen Buben nach der Methode der Infant Observation nach Esther Bick, wie schmerzlich ein Kleinkind das Getrennt-Sein von seiner Bezugsperson erleben kann. Dazu stellen sie auch jüngere Ergebnisse aus der Bindungsforschung dar und lenken den Blick auf die öffentliche Diskussion um Kinderkrippen.

In den Bereich der *Pädagogik des Vorschulalters* fällt die Methode des Geschichtenergänzungsverfahrens, das Bretherton (2002) in Zusammenarbeit mit Ridgeway entwickelt hat. Dieses Verfahren wird angewandt, um das Konstrukt des inneren Arbeitsmodells, Bindungsbeziehungen und Bindungsrepräsentationen in der frühen Kindheit und im Vorschulalter zu untersuchen. An dieser Stelle sei auch ein Artikel von Bürgin (2001a) erwähnt, der aus kinder- und jugendpsychiatrischer Sicht dafür plädiert, bei richterlichen Entscheiden „dem Bedürfnis des Kindes nach langdauernden Bindungen Rechnung [zu] tragen" (Bürgin 2001a, 349), somit jene Möglichkeiten zu wählen, „die Wachstum und Entwicklung des Kindes am wenigsten beeinträchtigen" (ebd., 350).

Anhand von empirischen Studien aus dem Bereich der Bindungstheorie zeigen auch Zimmermann und Spangler (2001), daß die Regulation von Emotionen im Leistungskontext ein zentraler Einflußfaktor der Familie ist. Sie zeigen dabei Effekte der familiären Einflüsse auf die Entwicklung der intellektuellen Leistungsfähigkeit, Motivation und emotionalen Regulationsfähigkeit im Leistungskontext auf. Müller (2002) untersucht den Beitrag der Psychoanalyse zur positiven Gestaltung einer pädagogischen Situation in der emotionalen Besetzung der Inhalte des Lernens und des Lernens selbst. Er stellt ältere Texte von Redl und Ekstein, die er als konzeptionelle Bausteine einer Theorie pädagogischen Handelns rekonstruiert, der Theorie professionalisierten Handelns von Oevermann gegenüber. So kommt er zu der Annahme, daß auf der Grundlage der Modelle von Redl und Ekstein eine realistischere Theorie der Professionalisierungsbedürftigkeit und der Professionalisierbarkeit des Lehrerhandelns aufzubauen sei (Müller 2002, 117).

Wie die Gefühle des Lehrers als Schlüssel zum Verstehen von *Konflikten in der Klasse* gesehen werden können, stellt Matschiner-Zoller (2001) in einem Artikel dar. Anhand von Fallbeispielen beschreibt die Autorin die Basiskonzepte Übertragung, Gegenübertragung und szenisches Verstehen in der psychoanalytischen Pädagogik und versucht damit, die „unbewußten Motive an den Beziehungsproblemen der Klasse" (Matschiner-Zoller 2001, 53) aufzuklären. Auch Zwettler-Otte (2001) zieht in einem Beitrag, in dem sie Potentiale der Schule aufzeigt, das Konzept der Übertragung heran. Sie geht davon aus, daß viele Schulprobleme noch nicht gelöst werden können, da wir uns innerlich nicht differenziert genug darauf einlassen können. Zum besseren Verständnis für die Vorgänge in der Schule zieht die Autorin zwei Arbeiten Freuds heran, woraus sie zwei Erkenntnisse ableitet. Zum einen ist das Erleben anderer Personen oder Geschehnisse von unserer eigenen Vorgeschichte abhängig, da wir Gefühle aus der Vergangenheit in die Gegenwart übertragen, weshalb Reaktionen des Lehrers auf die Emotionen der Schüler von dessen Persönlichkeit abhängig sind. Ein Potential der Schule liegt somit im integrierten, anwendbaren Wissen der Pädagogen über seelische Vorgänge der Schüler, wodurch sie in der Lage sind, emotionale Probleme dieser ernster zu nehmen. Zum anderen sieht sie die Schule als Übergang vom Elternhaus ins selbständige Erwachsenenleben, wobei Zwettler-Otte (2001) für Selbsterfahrung der Lehrer, für psychoanalytische Reflexion plädiert. Auch Nagel (2000) zieht Supervision in der Grundschule in Erwägung. Es sollen darin Erfahrungen ermöglicht werden, durch die Pädagogen lernen können, wie ihre Person und zentrale Aspekte ihrer Rolle zu sozialen Prozessen in ihren Klassen beitragen. Krebs (2000) empfiehlt eine enge Zusammenarbeit der Erziehungsberatung mit der Grundschule.

Das Thema *Schülergewalt* stellt einen weiteren Aspekt dar, der in zahlreichen Publikationen beschrieben wird. Büttner geht in Zusammenarbeit mit Schwichtenberg (2000b) den Fragen nach, wie man sich in pädagogisch-institutionellen Handlungsfeldern in Gewaltfragen verhalten und wie man Streit reduzieren kann. In einer Klasse begegnen einander unterschiedliche Menschen, wobei Lehrer meist sehr wenig über die sozialen Beziehungen unter den Schülern wissen und aufgrund von Zeitmangel, fehlender Muße und Unterstützung zur Auseinandersetzung mit einzelnen Schülern und Kollegen wenig zur Balance der sozialen Beziehungen beitragen. Die Autoren schreiben, daß es nichts nützt, „nach Schuldigen für Konflikte und Gewalt außerhalb des eigenen Verantwortungsbereiches zu suchen. Verlangt sind das Engagement und der Mut, das der Klassengruppe Angemessene zu tun – diesseits und jenseits von Lehrplänen und Elternwünschen" (Büttner, Schwichtenberg 2000b, 32). Wie häusliche Gewalt- und Ohnmachtserfahrungen das schulische Erleben prägen, versucht Rogge (2000) in einem Artikel zu beantworten.

Büttner (2000, 11) geht in einem Beitrag der Frage nach, wie Kinder „zu welchem Zeitpunkt in der Lage [sind], welche Formen partizipativen Verhaltens zu praktizieren" und analysiert, was sie dabei unterstützt bzw. daran hindert. Er diskutiert „den Wunsch, Kinder zu Demokraten zu erziehen" (ebd.), aus entwicklungspsychologischer Perspektive. Einblick in schulische Gruppenprozesse gibt auch noch Reich-Büttner (2000) in einem Beitrag.

2.4 Sonder- und Heilpädagogik sowie Sozialpädagogik

Die schwierigen psychischen Verwicklungen zwischen Eltern und Kindern bei *Entwicklungsgefährdung oder Behinderung* stehen im Zentrum eines Artikels von Fiala-Preinsperger und Tamir (2001). Verwicklungen wie eingeschränkte Autonomieentwicklung, traumatischer Effekt bei der Geburt eines behinderten Kindes oder Verlust der Idealvorstellungen werden anhand von Fallbeispielen aufgezeigt. Durch diese Verwicklungen kann sich die Mutter durch Identifizierung mit dem Kind selbst als behindert erleben. Wenn mit der Mutter therapeutisch gearbeitet wird, kann dies eine nochmalige narzißtische Kränkung darstellen, da nicht nur das Kind, sondern auch sie selbst als hilfsbedürftig in Erscheinung tritt.

Aber nicht nur Behinderung belastet die Eltern-Kind-Beziehung, sondern auch eine schwere körperliche Erkrankung des Säuglings. Chronische Erkrankungen des Säuglings stellen ein spezifisches Risiko sowohl für die Entwicklung der Eltern-Kind-Beziehung als auch für die Entwicklung des Kindes selbst dar, was von Jacubeit (2001) thematisiert wird.

Die belastende Situation der Geburt eines behinderten Kindes, die kaum erträglichen Gefühle der Eltern, die unverständlichen Signale und Äußerungen des Kindes, welche alle den Beziehungsaufbau zum Kind erschweren, werden auch in dem in Kapitel 2.1 bereits ausführlich dargestellten Artikel von Messerer (2001) thematisiert. Sie plädiert für die Notwendigkeit von begleitender Elternarbeit, die auf eine förderliche Eltern-Kind-Beziehung/Interaktion abzielt, was auch einen der zentralen Aufgabenbereiche der Frühförderung charakterisiert.

Auf die Aktualität von (Bindungs- und) Beziehungstheorien weist Warzecha (2000) in einem Artikel „Kids, die kommen und gehen. Professionsspezifische Perspektiven der Verhaltensgestörtenpädagogik" hin. Sie sieht die sich verändernden primären (Bindungs- und) Beziehungserfahrungen als eines von vier phänomenologischen Erscheinungen, mit denen die *Verhaltensgestörtenpädagogik* momentan konfrontiert ist. Drei weitere sind der anwachsende Entzug von institutionellen, schulischen und außerschulischen Angeboten, der ständig ansteigende Drogenmißbrauch und die fehlenden Konzepte szenenaher Bildungsangebote für 'drop-outs'. In diesem Beitrag beschreibt Warzecha (2000) auf der Grundlage psychoanalytischer Pädagogik auch ein aktuelles Forschungssetting, deren „zentrale Fragestellung die Implementation von Bildungsangeboten zwischen Dominanz- und Subkultur im Blick hat" (Warzecha 2000, 121). Sie stellt dieses heilpädagogische Setting im „Milieu" vor, das auf eine Verhaltensgestörtenpädagogik verweist, „die sich mit Extremen auseinandersetzt, die die klassische Schulbezogenenheit verlässt und stattdessen den Lebensraum ihrer Klientel aufsucht, um genau dort niederschwellige Bildungsangebote durchzuführen" (Warzecha 2000, 124). Was Verhaltensstörung überhaupt ist, versucht Figdor (2001a) in einem Artikel zu beantworten. Dazu zeigt er unter anderem anhand von Beispielen auf, daß das Stören eines Kindes zunächst nichts anderes zum Ausdruck bringt, als das Ausmaß seiner Anpassung an bestimmte Normen, jedoch nichts darüber, weshalb sich das Kind so verhält. Figdor (2001a) diskutiert in seinem Artikel auch, daß sich zwar die Methoden in der Schule in den letzten Jahren geändert haben (zum Beispiel „von der Repression hin zu Freundlichkeit"), dadurch aber vermehrt der Konfliktcharakter von Erziehung und Unterricht geleugnet wird. Letzteres zieht eine Destrukturierung des pädagogischen Feldes nach sich und führt zu Unzufriedenheit bei allen Beteiligten.

Um *angemessene Unterrichts- und Förderarrangements* gestalten zu können, proklamiert Warzecha (2001, 4), „Verhaltensauffälligkeiten, Störungen und Symptome traumatisierter Kinder und Jugendlicher als aktiven Bewältigungsversuch, als nonverbale Mitteilungen über ihre biographische Geschichte zu verstehen". Klattenhoff (2000) geht sogar von der Hypothese aus, daß Beeinträchtigungen des Lernens und/oder Verhaltens als Bewältigungsstrategie für ein dahinter liegendes Problem gesehen werden kann. Als Ursache für Lern- und Verhaltensprobleme beschreibt Julius (2000) Schuldgefühle von Kindern, die aufgrund negativer kritischer Lebensereignisse annehmen, „dass diese Ereignisse durch sie beeinflusst werden können, bzw. dass sie Ursache dieser Ereignisse sind" (Julius 2000, 357). Aus eben diesem Grund hat Julius (2000) ein Trainingsprogramm entwickelt, das im Klassenverband einer Grund- und Sonder- oder Förderschule durchgeführt werden kann.

2.5 Zum Themenbereich von Praxisreflexion und Supervision

In dem Artikel „Supervision aus gruppenpsychoanalytischer Sicht" klärt Steinhardt (2001) eingangs unterschiedliche Bedeutungen des Begriffs Supervision, indem sie die historische Entwicklung jener Handlungsformen nachzeichnet, die zur Supervision gezählt werden. Eine Form beinhaltet die Bearbeitung und Reflexion von berufsbezogenen Fragestellungen. Ihren Ausführungen zufolge findet Supervision im „Spannungsfeld institutioneller Triangulierung statt ..., in denen die latenten Sinnstrukturen einer Organisation für das Verstehen von konkreten Handlungsverläufen in Arbeitsprozessen bedeutsam sind" (Steinhardt 2001, 272). Zur Illustration bringt die Autorin Ausschnitte aus einem Supervisionsprozeß, in welchem sichtbar wird, daß Supervision nicht nur äußerlich einen Rahmen darstellt, sondern auch innerpsychisch einen Raum schafft, „in dem jene Gefühle und Empfindungen wahrgenommen werden können, die im Alltag der Arbeitswelt oftmals abgewehrt werden müssen" (Steinhardt 2001, 268).
Giebeler (2002) weist in ihrem Artikel auch auf die Bedeutung von Supervision im Bereich der öffentlichen Kinderbetreuung hin. Nagel (2000) zieht Supervision in der Grundschule in Erwägung und Zwettler-Otte (2001), die die Schule als Übergang vom Elternhaus ins selbständige Erwachsenenleben sieht, plädiert ganz allgemein für Selbsterfahrung der Lehrer, für psychoanalytische Reflexion. In den von Büttner (2002a) vorgestellten Fortbildungsstudien, auf welche in Kapitel 4 noch näher eingegangen wird, werden neben speziellen Methoden aus der gruppendynamisch orientierten Erwachsenenbildung ebenfalls Methoden verwendet, die das Setting der gruppenanalytischen Supervision nutzen.

3. Beiträge zu entwicklungspsychologischen und sozialisationstheoretischen Fragestellungen

3.1 Publikationen zur Kindheit

In früheren Literaturumschauartikeln der Jahrbücher für Psychoanalytische Pädagogik trug dieses Kapitel den Titel „Publikationen zur *frühen (und frühesten) Kindheit*" (Almeder, Desch 2002, 190; Ereky, Richtarz 2000, 194). In diesem Jahr sind keine Artikel erschienen, die sich zentral mit der Entwicklung in der frühen oder frühesten Kindheit beschäftigen. Es scheint, als ob sich „Die Beschleunigung der Kindheit", wie der Titel des Artikels von Winterhager-Schmid (2002) lautet, auch in der Literatur widerspiegle. Bezeichnenderweise trägt das Jahrbuch für Psychoanalytische Pädagogik 12, das in unterschiedlichen Artikeln wieder einmal eine Facette des gesellschaftlichen Wandels herausgreift, den Titel „Das selbständige Kind" (Datler, Eggert-Schmid Noerr, Winterhager-Schmid 2002).

So berichtet Eggert-Schmid Noerr (2002, 9f) anschaulich vom Tagesablauf eines neunjährigen Mädchens, das einem „modernisierten Kind" entspricht. Winterhager-Schmid (2002) zeichnet im Anschluß daran die gegenwärtige Diskussion in der Kindheitsforschung nach, die das Thema der Selbständigkeit des Kindes umfaßt. Dabei stellt sie einerseits das Kindheitsmuster des „modernen Kindes", welches ein „kompetenter Akteur seiner Lebenswelt" (Winterhager-Schmid 2002, 20) ist, vor und das diesem gegenläufige Bild des „durch die Moderne bedrohten Kindes". Wenn auch Modernisierer und gemäßigte Traditionalisten davon ausgehen, daß Kindheit heute nicht mehr in den vorgegebenen Bahnen verläuft, sondern von der Eigenstrukturierung von Lebensentscheidungen bestimmt wird, so übt die Autorin Kritik an dem in die gesellschaftliche Zukunft hinein prolongierten Trend einer allgemein anzuerkennenden Selbständigkeit. Sie betont, daß einer gelungenen Selbständigkeit die Erfahrung und das Erleben von Geborgenheit innerhalb früherer Abhängigkeit vorangehen muß.

Göppel (2002) diskutiert „Selbständigkeit" als erzieherisches Basisthema, wobei er Selbständigkeitsgewährung und Selbständigkeitszumutung einander gegenüber stellt. Dann erörtert er Selbständigkeit in der kindlichen Entwicklung (in der Entwicklungspsychologie, der psychoanalytischen Kinderpsychologie und der soziologisch geprägten Kindheitsforschung) und zeigt dadurch die Mehrdeutigkeit und Ambivalenz von Selbständigkeit auf. Er kommt zu dem Schluß, daß generalisierte Behauptungen über Zunahme oder Abnahme von Selbständigkeit nicht haltbar sind und daß deshalb unterschiedliche Qualitäten von Selbständigkeit voneinander unterschieden werden sollten.

Daß geschwisterliche Zusammenschlüsse und deren Phantasien eine Basis für Kompetenzerfahrung, für das Vertrauen in eigene Fähigkeiten bilden können, zeigt Hoanzl (2002). Sie zeigt in Anknüpfung an einen Text Zulligers, daß Geschwisterkinder ein Land imaginieren können, in dem es keine Eltern gibt. Dadurch entsteht zur Allgegenwart der Eltern eine geschwisterliche Gegenwelt, in der Kinder die Bedingungen ihres Aufwachsens etwas modellieren können. Obgleich sie auf die Eltern angewiesen sind, so brauchen sie doch ihre kindliche Gegenwelt.

Durch die Analyse von Literatur der Säuglings- und Kleinkindforschung unter bildungstheoretischem Blickwinkel entwirft Schäfer (2002) die Theorie eines Selbst-Bildungs-Prozesses. Demnach entfaltet das Kind in seiner Auseinandersetzung mit seiner Umwelt eine präreflexive Erkenntnistheorie.

3.2 Publikationen zur frühen Triangulierung und zur primären Väterlichkeit

In einem Literaturumschauartikel stellt Ereky (2002) psychoanalytische Publikationen vor, in denen die Entstehung der frühen familiären Dreiecksbeziehungen diskutiert wird. Einerseits wird dabei der Frage nachgegangen, wie ein Kind das Dreieck Mutter-Vater-Kind zu erleben und wahrzunehmen beginnt, andererseits wird dargestellt, welche Bedeutung im Prozeß der Triangulierung der Mutter,

der positiven elterlichen Beziehung und dem (real anwesenden) Vater zugesprochen wird.
Daß die strukturbildende Bedeutung des Vaters in der frühen Kindheit nach wie vor in der psychoanalytischen Theoriebildung unterbewertet wird, erörtert J. Müller (2001) in einem Beitrag. Er diskutiert die Stellung des Vaters in psychoanalytischen Theorien und seine Vernachlässigung, konzipiert die „Primäre Väterlichkeit", welche im dialektischen Bezug zur „Primären Mütterlichkeit" steht, und stellt abschließend Überlegungen zu Konsequenzen für die therapeutische Haltung und den therapeutischen Prozeß an.
Das Fehlen der Väter untersucht Stadler (2002) anhand von Dialogen zwischen Müttern und ihren Töchtern, die sich destruktiv entwickeln. Die fehlenden Väter werden bei den Töchtern auf ein abstraktes Objekt phantasierter Bedrohung oder auf Idealisierung reduziert. Die Affekte von Haß und Neid können in die duale Beziehung mit der Mutter nicht integriert werden, wodurch der Dialog sowohl mit sich selbst als auch mit der Welt von Destruktivität beherrscht wird.

3.3 Zum Themenbereich der Adoleszenz

Vielschichtige Aspekte der *Jugendkriminalität* werden im Buch „Gefährdete Jugendliche? Jugend, Kriminalität und der Ruf nach Strafe" (Bettinger et al. 2002) diskutiert. Einführend in die Thematik faßt Bettinger (2002) die einzelnen Beiträge dieses Buches zusammen, wobei er aufzeigt, daß alle Autoren den Einfluß der älteren Generation auf die jüngere thematisieren, sowie die Verantwortung, vor der die ältere Generation nicht ausweichen darf. Büttner (2002b) hinterfragt in seinem Beitrag den Sinn von Grenzen und Strafen im Erziehungsprozeß. Dazu skizziert er einige Schwierigkeiten bzw. Probleme, mit denen Jugendliche in ihrem Alter zu kämpfen haben. Seinen Ausführungen zufolge können frühe Vernachlässigung oder fehlende Hilfestellung zu großen Enttäuschungen führen, wenn Entwicklungsanforderungen nicht gemeistert werden (Büttner 2002b, 121). Besonders bei Jugendlichen aus sozial und materiell benachteiligten Familien seien destruktive Reaktionen auf frustrierende Ereignisse bekannt. Überfordernde Orientierungslosigkeit entstehe nach Büttner auch durch die fehlende Existenz einer einheitlich verbindlichen Form von Erwachsensein, in die ein junger Mensch hineinwachsen könnte. Der Autor geht sogar davon aus, daß man unter Umständen aus der individuellen Lebensgeschichte eines gewalttätigen Jugendlichen herauslesen kann, was zur Gewalt und Grenzenlosigkeit geführt haben könnte, und was dementsprechend zur Reduzierung der Gewalt getan werden müßte. Dazu zählt Büttner (2002b, 124) „die Bereitstellung einer haltenden Beziehung ..., in der auch solche Verhaltensanteile integrierbar sind, die die Gesellschaft normalerweise bestraft – wie in einer *guten* Eltern-Kind-Beziehung".
Hardtmann (2001) geht in ihrem Artikel, in dem sie sich mit der „Funktionalisierung des Opfers als 'Container'" rechtsradikaler Jugendlicher auseinander-

setzt, davon aus, daß diese Jugendlichen ihre Opfer mit der Angst des Angewiesenseins auf den fremden Anderen projektiv identifizieren. Diese antisoziale Tendenz ist nach Winnicott ein Versuch, eine lenkende Umwelt zu finden, die es als „Container" schafft, die Provokation anzunehmen, zu verarbeiten und ein realistisches Selbstbild zu vermitteln. In Bezug auf das Containing geht Büttner davon aus, daß „ein Signal des Wertschätzens und des Sich-Kümmerns in der Lage ist, Gewaltbereitschaft zu reduzieren und positive Kräfte bei Jugendlichen frei zu setzen" (Bettinger 2002, 15). Bringt man diesen Respekt in die pädagogische Beziehung mit Jugendlichen nicht ein, rechne man nach Büttner (2002a) vergebens auf Wirkungen von Grenzziehungen und Strafen. Schröder (2002, 31) lenkt seinen Blick auf Zusammenhänge „zwischen dem, was Adoleszenz ausmacht, und dem, wie von Seiten der Gesellschaft und der Erwachsenen darauf reagiert wird". Der Autor beschreibt in seinem Artikel die Anforderungen, die Mädchen und Burschen in der Adoleszenz zu bewältigen haben. Viele Spannungen und Selbstzweifel weisen diese Entwicklungsphase aus, in der sie in die Gesellschaft hineinwachsen. Somit werde die Adoleszenz zum Schauplatz für entwicklungsbedingte und kulturelle Konflikte, was durch die neoliberale Gesinnung verstärkt werde. Nach Schröder (2002, 38) kommen in der Art, wie Erwachsene mit Jugendlichen umgehen, vier typischen Verhaltensweisen zum Tragen: sie werten Jugendliche ab, idealisieren sie, sorgen sich um sie oder beachten sie gar nicht.

Auch Bürgin (2001b) beschäftigt sich in einem Artikel mit intrapsychischen Abläufen und interpersonellen Vorgängen in der Adoleszenz. Der Autor sieht das Konzept „Bemächtigung" als nützlich für das Verständnis vieler inter- und intrapsychischer Vorgänge, wobei er den Begriff „Bemächtigung" bei Freud und Fairbairn diskutiert und anhand einer Fallvignette eines Jugendlichen die intensivste Form der gewaltsamen Bemächtigung darstellt, nämlich die Tötung bzw. den Mord. Bürgin (2001b) weist darauf hin, daß in der Adoleszenz Triebimpulse bedeutend intensiver werden und andere Konsequenzen haben als in der Latenz. „Über die Funktion einer psychoanalytisch arbeitenden Person im Kontakt mit Adoleszenten" (Bürgin 2001b, 1024) führt er abschließend einige Gedanken aus. Er beschreibt die Reetablierung von einem Übergangsraum, der Jugendlichen die Möglichkeit gibt, ihre widersprüchlichen Affekte zu integrieren und interpersonal Bemächtigung und Bemächtigt-Werden neu zu balancieren (Bürgin 2001b, 1025).

Wie sich eine kurzfristige stationäre Krisenintervention auf den Verlauf der Adoleszenzentwicklung von verwahrlosten männlichen Jugendlichen auswirkt, versucht Barth (2001) in einer psychoanalytischen Studie zu beantworten. Der Autor diskutiert dazu Bernfelds Konzept des „sozialen Orts", welches die Möglichkeit impliziert, „das im Ursprungsmilieu ausgeprägte Triebschicksal pädagogisch – z.B. durch einen 'Wechsel des sozialen Orts' (1996, 267) – zu sabotieren" (Barth 2001, 150). Er zieht auch Erdheims Typologie kulturspezifischer Adoleszenzverläufe heran und kommt zu dem Ergebnis, daß bei Andauern der Bindung an den Herkunftsort während der Intervention diese ins Leere greift. Gelingt jedoch eine Reflexion der Bindung, so können Energien für den Entwurf von zukünftigen Lebensformen freigesetzt werden und der „soziale Ort" der Intervention bekommt die Bedeutung eines „Übergangsobjekts" oder die Funktion eines Initiationsrituals.

Flaake (2001) zeigt in ihrem Buch „*Körper, Sexualität und Geschlecht*" einen weiteren Aspekt der Entwicklung der Adoleszenz auf. Sie beschreibt Studien, in deren Zentrum „mit Körperlichkeit und Sexualität verbundene Veränderungs- und Entwicklungsprozesse von Mädchen und jungen Frauen in der Adoleszenz, der lebensgeschichtlichen Phase des Übergangs von der Kindheit zum Erwachsenensein" stehen (Flaake 2001, 8). Die Entwicklungen in dieser Phase des Lebens sind mit unbewußten Dynamiken verbunden, die sowohl innerpsychisch bei den Mädchen und jungen Frauen selbst und den Erwachsenen in ihrer Umgebung als auch in Beziehungen von Bedeutung sind. Deshalb richtet Flaake ihre Studien „insbesondere auf die mit Körperlichkeit und Sexualität verbundenen familialen Interaktionen und die in ihnen enthaltenen Dynamiken und Botschaften: die mit Körperlichkeit und Sexualität verbundenen Wünsche, Phantasien, die emotionale Dynamik zwischen Tochter und Mutter, Tochter und Vater bzw. Stiefvater und in der Erwachsenenpaarbeziehung" (ebd., 10). Flaake (2001) interviewte dazu 13- bis 19jährige Mädchen und junge Frauen, deren Mütter und Väter bzw. Stiefväter. Diese Interviews wertete sie nach einem Verfahren psychoanalytisch orientierter Textinterpretation aus und ergänzte sie mit literarischen Texten, „in denen auf adoleszente Entwicklungen bezogen kulturell tabuisierte Gehalte besonders deutlich zum Ausdruck kommen" (ebd., 10f). Deutlich werden in ihren Ausführungen die Konfliktkonstellationen, in denen sich Mädchen und junge Frauen und die Personen in ihrer Umgebung befinden.

3.4 Beiträge zu Mißhandlung, sexuellem Mißbrauch und Vernachlässigung

Aufgrund der Schwierigkeit und Konflikthaftigkeit der Auseinandersetzung mit traumatisierten Kindern und Jugendlichen wurde ein Studienbrief der Fernuniversität Hagen[2] herausgegeben. Die Mitarbeiter der Arbeitsgruppe um Warzecha orientieren sich an den zentralen Lehrzielen, der „Vermittlung des Zusammenhanges zwischen der biographischen Erfahrung eines Traumas, seiner Reinszenierung in Unterrichtssituationen und der professionellen heilpädagogischen Bewältigung" (Warzecha 2001, 5), an der Schulung und Selbstreflexion in der

---

[2] Dieser Studienbrief ist nur von den an der FernUniversität Hagen eingeschriebenen Studierenden zu beziehen. Es besteht für alle Interessenten die Möglichkeit, sich als Gasthörer an der FernUniversität einzuschreiben und so unter anderem den Studienbrief zu erhalten. Weitere Informationen: http://www.fernuni-hagen.de

Arbeit mit traumatisierten Heranwachsenden vor dem Hintergrund der psychoanalytischen Entwicklungstheorie sowie an der „Vorbereitung auf eine Qualifizierung, die die Schulung von Empathie und die Sensibilisierung für die Verantwortung von Institutionen in den Mittelpunkt rückt" (ebd.).
Die Autoren stellen in diesem Studienbrief einen Zusammenhang zwischen Traumata und Verhaltensstörung her, wobei Beispiele aus der Praxis zur Illustration herangezogen werden. Nach einem Überblick über psychische und physische Gewalt gegen Heranwachsende gehen die Autoren davon aus, daß „jede Verhaltensauffälligkeit eines Kindes oder Jugendlichen als mögliche Überlebensstrategie aufgrund der hier genannten traumatogenen Sozialisationsbedingungen in Betracht gezogen werden [sollte]" (Warzecha 2001, 31). Aus diesem Grund sei die psychoanalytische Pädagogik als Reflexionshilfe für die Genealogie der Ereignisse zu betrachten.
Anhand von Fallbeispielen problematisieren die Autoren auch sexuelle Gewalt, wobei diese Form der Mißhandlung ihren Ausführungen zufolge an konkrete Situationen gebunden ist. Kindesvernachlässigungen, egal ob physisch oder psychisch, stellen hingegen meist lang bestehende Lebensbedingungen im alltäglichen Kontakt mit der primären Bezugsperson dar, wobei deren Auswirkungen auf die Entwicklung des betroffenen Heranwachsenden nicht weniger gravierend sind.
Eine Forschergruppe um Steele (2002) hat neuere Ergebnisse der Bindungsforschung auf diesen Bereich angewandt. Sie setzt zur Auswahl von Pflegeeltern oder Adoptiveltern infolge von Kindesmißhandlung das Geschichten-Weitererzählungs-Verfahren ein und hofft durch Einsatz der Bindungsrepräsentationen der Kinder und der zukünftigen Eltern den Aufbau von neuer Bindung zu unterstützen.

Warzecha und ihre Mitarbeiter versuchen, mithilfe von Erklärungsansätzen aus der psychoanalytischen Entwicklungspsychologie und der Bedeutung der Symbolentwicklung für die pathogenen Veränderungen der psychischen Strukturbildung durch traumatogene Sozialisationsbedingungen und die umfassenden Auswirkungen solcher früher Beeinträchtigungen auf das Sozial- und Lernverhalten eine didaktische Konzeption zu erstellen, „die es ermöglicht, auf der Grundlage des szenischen Verstehens einen fördernden Dialog mit dieser Klientel zu führen" (Warzecha 2001, 81). Der Unterricht und die Erziehung verlaufen ihren Ausführungen zufolge bei Verhaltensstörungen als emotionaler, sozialer und kognitiver Prozeß, wobei „die psychoanalytische Pädagogik ... Optionen für eine personale Korrespondenz (bietet), die für eine professionsspezifische Praxis mit traumatisierten Heranwachsenden unverzichtbar ist" (Warzecha 2001, 119).

Auf die Bedeutung realer Traumatisierung für die Entstehung psychischer Störungen gehen verschiedene Autoren in ihren Beiträgen im heuer neu aufgelegten Buch „Traumatisierung in Kindheit und Jugend" (Endres, Biermann 2002) ein.

Unter der Vielzahl von kindlichen Traumatisierungen, die aufgegriffen werden, macht sich Kogan (2002) in ihrem Beitrag auf die Suche nach der Geschichte der Nachkommen von Holocaust-Überlebenden. Ihr wurde nämlich in ihrer klinischen Arbeit klar, „wie sehr das komplexe Muster von unbewußten Gedanken und Gefühlen, Erwartungen, Ängsten und Abwehrhaltungen, die diese Patienten in die Analyse einbrachten, durch die Vorstellungswelt des Holocaust geprägt ist" (Kogan 2002, 84). Anhand dieser Suche versucht sie, das „seelische Loch" zu rekonstruieren. Wie traumatische Erfahrungen auf die nächste Generation weitergegeben werden und zu psychischen Symptomen führen können, versucht Bründl (2002) in einem Beitrag zu beantworten.

An dieser Stelle sei auch der Artikel „Eltern und Babys im Exil" von Pedrina (2001) erwähnt, die sich mit Besonderheiten der therapeutischen Arbeit mit Migrantenfamilien beschäftigt. Anhand von Fallbeispielen wird dargestellt, wie die Geburt eines Babys als Widerbelebung des „Kulturschocks" gesehen wird (Pedrina 2001, 106ff). Die Autorin weist auf die Bedeutung der kulturellen Unterschiede in den Vorstellungen der Eltern hin, die sie sich bezüglich Wesens des Babys, der ihm zugesprochenen Fähigkeiten und seiner Zuwendungs- und Pflegebedürfnisse machen. Auch steht der Einfluß der spezifischen Umstände der Migration auf die Verfügbarkeit der Eltern und der Art, Elternschaft psychodynamisch zu verarbeiten, im Zentrum ihrer Aufmerksamkeit. Bestimmte Lebensereignisse konfrontieren Migranten erneut mit Fragen der kulturellen Anpassung und Integration.

4. Veröffentlichungen zu weiteren Themenstellungen mit psychoanalytisch-pädagogischer Relevanz

In diesem Jahr wollen wir den Literaturumschauartikel mit einem Buch aus dem Bereich der *Friedens- und Konfliktforschung* beenden. Die Hessische Stiftung Friedens- und Konfliktforschung bietet eine Forscherumgebung, in der sich politische Reflexion und psychologisch-pädagogische Überlegungen zusammenführen lassen. Christian Büttner (2002a) hat nun ein Buch veröffentlicht, in welchem er eine sozialwissenschaftliche Forschungsstrategie aus dem Kontext der Friedens- und Konfliktforschung beschreibt. Er gibt eine Gesamtdarstellung der Forschungsstrategie „Fortbildungsstudie", bei der sich „Wissenschaft und Praxis an der Schnittstelle Weiterqualifizierung von pädagogischen Fachkräften" treffen (Büttner 2002a, 11). Dabei liegt der Ausgangspunkt jeweils in einer Fragestellung aus dem Bereich der Friedensforschung zu innergesellschaftlichen Konflikten, die zu größeren Konflikten und Gewalt eskalieren können. Es geht um soziale Handlungskompetenzen und deren Möglichkeiten zur Realisierung in Kindergarten, Schule oder auch in der außerschulischen Öffentlichkeit.

Die Studien wurden in verschiedenen Institutionen der vorschulischen Erziehung durchgeführt, weil die Grundlage des sozialen Lernens und die Entwick-

lung von konfliktfähigem Verhalten in der frühen Kindheit gelegt werden und der Kindergarten den ersten gesellschaftlichen und systematischen Zugang in der Kindheit bietet (Büttner 2002a, 13).
Der grundlegende theoretische Zugang für die verschiedenen Aspekte der Fortbildungsstudien ist die Psychoanalyse als Sozialwissenschaft. Angeregt durch Ernst Federn wandelte sich die Friedensforschung *gegen* Gewalt, Aggression und Angst in eine Forschung *für* Empathie in Angst und Panik und *für* Unterstützung von Konfliktfähigkeit, Vertrauen und Ich-Stärke (ebd., 22).
Büttner (2002a) stellt in diesem Buch „Forschen – Lehren – Lernen. Anregungen für die pädagogische Praxis aus der Friedens- und Konfliktforschung" dar, wie sich die „Fortbildungsstudien" als sozialwissenschaftliche Forschungsstrategie entwickelt haben. Dann beschreibt und diskutiert er die drei bisher durchgeführten Fortbildungsstudien: „Interkulturelle Erziehung", „Gleichstellung von Jungen und Mädchen" und „Leitung in Einrichtungen für Kinder". Abschließend geht er auch der Frage nach, welchen Stellenwert die Strategie der Fortbildungsstudie für die Friedens- und Konfliktforschung hat.

Literatur

Adam, E. (2001): Das Jugendheim der Stadt Wien in Oberhollabrunn. August Aichhorns Beitrag zur psychoanalytisch orientierten Heimerziehung. In: Zwiauer, Ch., Eichelberger, H. (Hrsg.): Das Kind ist entdeckt. Erziehungsexperimente im Wien der Zwischenkriegszeit. Picus-Verlag: Wien

Aichhorn, M. (2001): Veränderungen im Beziehungsdreieck: Kind-Mutter-Vater. In: Jellenz-Siegel, B., Prettenthaler, M., Tuider, S. (Hrsg.): ... und was ist mit mir? Kinder im Blickpunkt bei Trennungs- und Verlusterlebnissen. Steirische Verlagsgesellschaft m. b. H.: Graz, 54-58

Aichhorn, M., Jellenz-Siegel, B. (2001): Geschwisterbeziehung eine Stütze? In: Jellenz-Siegel, B., Prettenthaler, M., Tuider, S. (Hrsg.): ... und was ist mit mir? Kinder im Blickpunkt bei Trennungs- und Verlusterlebnissen. Steirische Verlagsgesellschaft m. b. H.: Graz, 59-63

Aichhorn, Th. (2001a): Die Pädagogik in der Psychoanalyse. In: Wiener Psychoanalytische Vereinigung (Hrsg.): Psychoanalyse für Pädagogen. Picus-Verlag: Wien, 33-52

Aichhorn, Th. (2001b): Die Protokolle des „Seminars für Psychoanalytische Erziehungsberatung" der Wiener Psychoanalytischen Vereinigung aus den Jahren 1946/47. In: Wiener Psychoanalytische Vereinigung (Hrsg.): Psychoanalyse für Pädagogen. Picus-Verlag: Wien, 147-241

Barth, D. (2001): Eine psychoanalytisch orientierte Studie zur Wirkung von kurzfristigen stationären Kriseninterventionen auf den Adoleszenzverlauf von verwahrlosten männlichen Jugendlichen. In: VHN Vierteljahresschrift für Heilpädagogik und ihre Nachbargebiete 70 (Heft 2), 146-161

Baumgartner, S. (2001): Erlebnisse von Trennung und Tod in derselben RAINBOWS-Gruppe. In: Jellenz-Siegel, B., Prettenthaler, M., Tuider, S. (Hrsg.): ... und was ist mit mir? Kinder im Blickpunkt bei Trennungs- und Verlusterlebnissen. Steirische Verlagsgesellschaft m. b. H.: Graz, 188-191

Bettinger, F. (2002): Einführung. In: Bettinger, F., Mansfeld, C., Jansen, M. (Hrsg): Gefährdete Jugendliche? Jugend, Kriminalität und der Ruf nach Strafe. Leske und Budrich: Opladen, 11-16

Bettinger, F., Mansfeld, C., Jansen, M. (Hrsg.) (2002): Gefährdete Jugendliche? Jugend, Kriminalität und der Ruf nach Strafe. Leske und Budrich: Opladen

Bittner, G. (2001): Erziehungsberatung – „Kleine Psychotherapie" oder spezifisches Angebot der Jugendhilfe? In: Zeitschrift für Individualpsychologie 26 (Heft 3), 222-237

Bittner, G., Göppel, R. (2001): Die Burlingham-Rosenfeld-Schule – ein Versuch progressiver Schulerziehung im psychoanalytischen Milieu Wiens. In: Zwiauer, Ch., Eichelberger, H. (Hrsg.): Das Kind ist entdeckt. Erziehungsexperimente im Wien der Zwischenkriegszeit. Picus-Verlag: Wien, 17-68

Bogyi, G. (2001): Kindliches Erleben und Psychodynamik bei Tod eines Elternteils. In: Jellenz-Siegel, B., Prettenthaler, M., Tuider, S. (Hrsg.): ... und was ist mit mir? Kinder im Blickpunkt bei Trennungs- und Verlusterlebnissen. Steirische Verlagsgesellschaft m. b. H.: Graz, 31-43

Bretherton, I. (2002): Konstrukt des inneren Arbeitsmodells. Bindungsbeziehungen und Bindungsrepräsentationen in der frühen Kindheit und im Vorschulalter. In: Brisch, K. H., Grossmann, K. E., Grossmann, K., Köhler, L. (Hrsg): Bindung und seelische Entwicklungswege. Grundlagen, Prävention und klinische Praxis. Klett-Cotta: Stuttgart, 13-46

Brisch, K. H. (2002): Bindungsstörungen. Theorie, Psychotherapie, Interventionsprogramme und Prävention. In: Brisch, K. H., Grossmann, K. E., Grossmann, K., Köhler, L. (Hrsg): Bindung und seelische Entwicklungswege. Grundlagen, Prävention und klinische Praxis. Klett-Cotta: Stuttgart, 353-373

Brisch, K. H., Grossmann, K. E., Grossmann, K., Köhler, L. (Hrsg.): Bindung und seelische Entwicklungswege. Grundlagen, Prävention und klinische Praxis. Klett-Cotta: Stuttgart

Bründl, P. (1998): Seelische Nachwirkungen von Fluchttraumata in den nachfolgenden Generationen. In: Endres, M., Biermann, G. (Hrsg.): Traumatisierung in Kindheit und Jugend. Ernst Reinhardt Verlag: München, 2002, 98-115

Bürgin, D. (2001a): Kindesrecht, Kindesschutz und Kindeswohl – Anmerkungen aus kinder- und jugendpsychiatrischer Sicht. In: VHN Vierteljahresschrift für Heilpädagogik und ihre Nachbargebiete70 (Heft 4), 336-352

Bürgin, D. (2001b): Bemächtigung und Tod in der Adoleszenz. In: Psyche 55 (Heft 9/10), 996-1026

Büttner, Ch. (2000): Von der Trotzphase zum demokratischen Verhalten. Entwicklungspsychologische Aspekte zur Entstehung von Demokratiefähigkeit. In: Büttner, Ch., Meyer, B. (Hrsg.): Lernprogramm Demokratie. Möglichkeiten und Grenzen politischer Erziehung von Kindern und Jugendlichen. Juventa: Weinheim, 15-29

Büttner, Ch. (2002a): Forschen-Lehren-Lernen. Anregungen für die pädagogische Praxis aus der Friedens- und Konfliktforschung. Campus Verlag: Frankfurt am Main

Büttner, Ch. (2002b): Jugend und Gewalt – Über den Sinn von Grenzen und Strafen im Erziehungsprozeß. In: Bettinger, F., Mansfeld, C., Jansen, M. (Hrsg): Gefährdete Jugendliche? Jugend, Kriminalität und der Ruf nach Strafe. Leske und Budrich: Opladen, 117-129

Büttner, Ch., Meyer, B. (Hrsg.) (2000): Lernprogramm Demokratie. Möglichkeiten und Grenzen politischer Erziehung von Kindern und Jugendlichen. Juventa: Weinheim

Büttner, Ch., Schwichtenberg, E. (Hrsg.) (2000a): Brutal und unkontrolliert. Schülergewalt und Interventionsmöglichkeiten in der Grundschule. Beltz Verlag: Weinheim

Büttner, Ch., Schwichtenberg, E. (2000b): Strafen – Schlichten – Verstehen. Interventionen und Hilfen im Unterricht. In: Büttner, Ch., Schwichtenberg, E. (Hrsg.): Brutal und unkontrolliert. Schülergewalt und Interventionsmöglichkeiten in der Grundschule. Beltz Verlag: Weinheim, 18-34

Datler, W., Eggert-Schmid Noerr, A., Winterhager-Schmid, L. (Hrsg.) (2002): Das selbständige Kind. Jahrbuch für Psychoanalytische Pädagogik 12. Psychosozial-Verlag: Gießen

Datler, W., Ereky, K., Strobel, K. (2002): Alleine unter Fremden. Zur Bedeutung des Trennungserlebens von Kleinkindern in Kinderkrippen. In: Datler, W., Eggert-Schmid Noerr, A., Winterhager-Schmid, L. (Hrsg.): Das selbständige Kind. Jahrbuch für Psychoanalytische Pädagogik 12. Psychosozial-Verlag: Gießen, 53-77

Datler, W., Gstach, J., Wittenberg, L. (2001): Individualpsychologische Erziehungsberatung und Schulpädagogik im Roten Wien der Zwischenkriegszeit. In: Zwiauer, Ch., Eichelberger, H. (Hrsg.): Das Kind ist entdeckt. Erziehungsexperimente im Wien der Zwischenkriegszeit. Picus-Verlag: Wien, 227-269

Deneke, Ch. (2001): Mutter-Kind-Behandlung bei postpartalen psychischen Erkrankungen. Anpassungsleistungen und Behandlungsbedürfnisse der Babys. In: Pedrina, F. (Hrsg.): Beziehung und Entwicklung in der frühen Kindheit. Psychoanalytische Interventionen in interdisziplinären Kontexten. Edition Diskord: Tübingen, 149-165

Deutsche Gesellschaft für Individualpsychologie (Hrsg.) (2001): Zeitschrift für Individualpsychologie 26 (Heft 3). Ernst Reinhardt Verlag: München

Diepold, B. (2002): Schwere Traumatisierungen in den ersten Lebensjahren – Folgen für die Persönlichkeitsentwicklung und Möglichkeiten psychoanalytischer Behandlung. In: Endres, M., Biermann, G. (Hrsg.): Traumatisierung in Kindheit und Jugend. Ernst Reinhardt Verlag: München, 131-141

Diez Grieser, M.T. (2001): Neugeborene Kinder drogenabhängiger Eltern: Beziehungsdiagnostik als Grundlage für Interventionen. In: Pedrina, F. (Hrsg.): Beziehung und Entwicklung in der frühen Kindheit. Psychoanalytische Interventionen in interdisziplinären Kontexten. Edition Diskord: Tübingen, 139-148

Egeland, B. (2002): Ergebnisse einer Langzeitstudie an Hoch-Risiko-Familien. Implikationen für Prävention und Intervention. In: Brisch, K. H., Grossmann, K. E., Grossmann, K., Köhler, L. (Hrsg): Bindung und seelische Entwicklungswege. Grundlagen, Prävention und klinische Praxis. Klett-Cotta: Stuttgart, 305-324

Eggert-Schmid Noerr, A. (2002): Das modernisierte Kind. Einleitung in den Themenschwerpunkt. In: Datler, W., Eggert-Schmid Noerr, A., Winterhager-Schmid, L.

(Hrsg.): Das selbständige Kind. Jahrbuch für Psychoanalytische Pädagogik 12. Psychosozial-Verlag: Gießen, 9-14

Eichelberger, B. (2001): Spurensuche – auf den Lebensspuren von Lili Esther Peller-Roubiczek und der Wiener Montessori-Bewegung. In: Zwiauer, Ch., Eichelberger, H. (Hrsg.): Das Kind ist entdeckt. Erziehungsexperimente im Wien der Zwischenkriegszeit. Picus-Verlag: Wien, 101-118

Eichelberger, H. (2001): Kindliche Erlebniswelt für die Selbstentfaltung des Kindes. In: Zwiauer, Ch., Eichelberger, H. (Hrsg.): Das Kind ist entdeckt. Erziehungsexperimente im Wien der Zwischenkriegszeit. Picus-Verlag: Wien, 182-226

Endres, M., Biermann, G. (Hrsg.) (2002): Traumatisierung in Kindheit und Jugend. Ernst Reinhardt Verlag: München, 2. Auflage

Ereky, K. (2002): Präödipale Triangulierung: Zur psychoanalytischen Diskussion um die Frage des Entstehens der frühen familiären Dreiecksbeziehungen. In: Datler, W., Eggert-Schmid Noerr, A., Winterhager-Schmid, L. (Hrsg.): Das selbständige Kind. Jahrbuch für Psychoanalytische Pädagogik 12. Psychosozial-Verlag: Gießen, 151-177

Ereky, K., Richtarz, J. (2000): Über aktuelle Publikationen zu verschiedenen Fragestellungen Psychoanalytischer Pädagogik. In: Büttner, Ch., Krebs, H., Winterhager-Schmid, L. (Hrsg): Gestalten der Familie – Beziehungen im Wandel. Jahrbuch für Psychoanalytische Pädagogik 11. Psychosozial-Verlag: Gießen, 184-214

Fiala-Preinsperger, S., Tamir, Y. (2001): Ich hätte dich gern anders gehabt. Arbeit mit Eltern und ihrem entwicklugsbeeinträchtigten Kind. In: Pedrina, F. (Hrsg.): Beziehung und Entwicklung in der frühen Kindheit. Psychoanalytische Interventionen in interdisziplinären Kontexten. Edition Diskord: Tübingen, 53-80

Figdor, H. (2001a): Mythos „Verhaltensstörung": Wer stört wen? Denkanstöße für einen anderen Umgang mit pädagogischen Problemen in Kindergarten und Schule. In: Wiener Psychoanalytische Vereinigung (Hrsg.): Psychoanalyse für Pädagogen. Picus-Verlag: Wien, 102-118

Figdor, H. (2001b): Wissenschaftstheoretische Grundlagen der Psychoanalytischen Pädagogik. In: Muck, M., Trescher, H.-G. (Hrsg.): Grundlagen der Psychoanalytischen Pädagogik. Psychosozial-Verlag: Gießen, 63-99

Figdor, H. (2001c): Neue Familienformen – und wie geht es den Kindern? In: Jellenz-Siegel, B., Prettenthaler, M., Tuider, S. (Hrsg.): ... und was ist mit mir? Kinder im Blickpunkt bei Trennungs- und Verlusterlebnissen. Steirische Verlagsgesellschaft m. b. H.: Graz, 21-30

Figdor, H. (2001d): Was macht es so schwer? – Gemeinsame elterliche Verantwortung trotz Trennung. In: Jellenz-Siegel, B., Prettenthaler, M., Tuider, S. (Hrsg.): ... und was ist mit mir? Kinder im Blickpunkt bei Trennungs- und Verlusterlebnissen. Steirische Verlagsgesellschaft m. b. H.: Graz, 103-108

Garstick, E. (2001): Vom Elternwerden zur Elternschaft. Erster Erfahrungsbericht aus dem Projekt „Elternschaftstherapie". In: Pedrina, F. (Hrsg.): Beziehung und Entwicklung in der frühen Kindheit. Psychoanalytische Interventionen in interdisziplinären Kontexten. Edition Diskord: Tübingen, 31-51

Geier, H. (2001): Beratung zu Pränataldiagnostik und eventueller Behinderung: psychosoziale Sicht. In: Praxis der Kinderpsychologie und Kinderpsychiatrie 50, 723-735

Giebeler, C. (2002): Kleinstkinder in der Tagesstätte und was Erzieherinnen davon halten. Erste Ergebnisse einer Feldforschung als Beitrag zur Qualitätsentwicklung öffentlicher Kinderbetreuung. In: Supervision, 44-49

Göppel, R. (1997): Ursprünge der seelischen Gesundheit. Risiko- und Schutzfaktoren in der kindlichen Entwicklung. Edition Bentheim: Würzburg

Göppel, R. (2002): Frühe Selbständigkeit für Kinder – Zugeständnis oder Zumutung. In: Datler, W., Eggert-Schmid Noerr, A., Winterhager-Schmid, L. (Hrsg.): Das selbständige Kind. Jahrbuch für Psychoanalytische Pädagogik 12. Psychosozial-Verlag: Gießen, 32-52

Gstach, J., Datler, W. (2001): Zur Geschichte und Konzeption der individualpsychologischen Erziehungsberatung im Wien der Zwischenkriegszeit. In: Zeitschrift für Individualpsychologie 26 (Heft 3), 200-221

Hardtmann, G. (2001): Die Funktionalisierung des Opfers als „Container". Rechtsradikale Jugendliche und Gewalt. In: Psyche 55 (Heft 9/10), 1027-1050

Heller, P. (2001): Über die Burlingham-Rosenfeld-Schule im Wien der späten zwanziger und frühen dreißiger Jahre. In: Zwiauer, Ch., Eichelberger, H. (Hrsg.): Das Kind ist entdeckt. Erziehungsexperimente im Wien der Zwischenkriegszeit. Picus-Verlag: Wien, 69-100

Hoanzl, M. (2002): Vom Land in dem es keine Eltern gibt: Geschwisterliche Themen und deren mögliche Bedeutung im Prozeß des Heranwachsens. In: Datler, W., Eggert-Schmid Noerr, A., Winterhager-Schmid, L. (Hrsg.): Das selbständige Kind. Jahrbuch für Psychoanalytische Pädagogik 12. Psychosozial-Verlag: Gießen, 78-101

Horn, K. P. (2001): Abbild oder Zerrbild? Ergebnisse der Befragung zu den „pädagogisch wichtigsten Veröffentlichungen des 20. Jahrhunderts". In: Horn, K. P., Ritzi, Ch. (Hrsg.): Klassiker und Außenseiter. Pädagogische Veröffentlichungen des 20. Jahrhunderts. Schneider Verlag Hohengehren GmbH: Balmannsweiler, 23-50

Horn, K. P., Ritzi, Ch. (Hrsg.) (2001): Klassiker und Außenseiter. Pädagogische Veröffentlichungen des 20. Jahrhunderts. Schneider Verlag Hohengehren GmbH: Balmannsweiler

Horn, K. P., Ritzi, Ch. (2001): Die „pädagogisch wichtigsten Veröffentlichungen" des 20. Jahrhunderts. Bilanz einer Bilanz, zugleich Einleitung in diesen Band. In: Horn, K. P., Ritzi, Ch. (Hrsg.): Klassiker und Außenseiter. Pädagogische Veröffentlichungen des 20. Jahrhunderts. Schneider Verlag Hohengehren GmbH: Balmannsweiler, 7-22

Huebmer, E., Datler, W. (2001): Zwischen freudiger Überraschung und plötzlicher Belastung: Ein Konzept der begleitenden Beratung von Paaren mit einem adoptierten Säugling. In: Zeitschrift für Individualpsychologie 26 (Heft 3), 238-257

Jacubeit, T. (2001): Wenn ich schon überlebe, muss ich auch lebendig werden dürfen. Aus der psychotherapeutischen Arbeit mit Familien mit chronisch kranken Säuglingen und Kleinkindern. In: Pedrina, F. (Hrsg.): Beziehung und Entwicklung in der frühen Kindheit. Psychoanalytische Interventionen in interdisziplinären Kontexten. Edition Diskord: Tübingen, 81-102

Jellenz-Siegel, B. (2001): Wie Kinder die Trennung oder Scheidung ihrer Eltern erleben. In: Jellenz-Siegel, B., Prettenthaler, M., Tuider, S. (Hrsg.): ... und was ist mit mir? Kinder im Blickpunkt bei Trennungs- und Verlusterlebnissen. Steirische Verlagsgesellschaft m. b. H.: Graz, 14-19

Jellenz-Siegel, B., Prettenthaler, M., Tuider, S. (Hrsg.) (2001): ... und was ist mit mir? Kinder im Blickpunkt bei Trennungs- und Verlusterlebnissen. Steirische Verlagsgesellschaft m. b. H.: Graz

Julius, H. (2000): Der Aufbau adaptiver Ressourcen zur Bewältigung kritischer Lebensereignisse – Ein Trainingsprogramm. In: Rolus-Borgward, S., Tänzer, U., Wittrock, M. (Hrsg.): Beeinträchtigung des Lernens und/oder des Verhaltens – Unterschiedliche Ausdrucksformen für ein gemeinsames Problem. Bibliotheks- und Informationssystem der Carl von Ossietzky Universität Oldenburg: Oldenburg, 357-368

Kaufhold, R. (2001): Bettelheim, Ekstein, Federn: Impulse für die psychoanalytisch-pädagogische Bewegung. Psychosozial-Verlag: Gießen

Klattenhoff, K. (2000): Angst als Bedingungsvariable für Lern- und Verhaltensprobleme. In: Rolus-Borgward, S., Tänzer, U., Wittrock, M. (Hrsg.): Beeinträchtigung des Lernens und/oder des Verhaltens – Unterschiedliche Ausdrucksformen für ein gemeinsames Problem. Bibliotheks- und Informationssystem der Carl von Ossietzky Universität Oldenburg: Oldenburg, 127-133

Kogan, I. (2002): Die Suche nach der Geschichte der Nachkommen von Holocaust-Überlebenden in ihren Analysen. Rekonstruktion des „seelischen Lochs". In: Endres, M., Biermann, G. (Hrsg.): Traumatisierung in Kindheit und Jugend. Ernst Reinhardt Verlag: München, 83-97

Kohlfürst, Ch. (2001): Über die Beziehung zum/zur GruppenleiterIn. In: Jellenz-Siegel, B., Prettenthaler, M., Tuider, S. (Hrsg.): ... und was ist mit mir? Kinder im Blickpunkt bei Trennungs- und Verlusterlebnissen. Steirische Verlagsgesellschaft m. b. H.: Graz, 185-187

Krebs, H. (2000): Sozial und emotional auffällige Kinder. Zur Zusammenarbeit von Erziehungsberatung und Grundschule. In: Büttner, Ch., Schwichtenberg, E. (Hrsg.): Brutal und unkontrolliert. Schülergewalt und Interventionsmöglichkeiten in der Grundschule. Beltz Verlag: Weinheim, 118-132

Lohmann, I. (2001): Siegfried Bernfeld: Sisyphos oder die Grenzen der Erziehung. Der geheime Zweifel der Pädagogik. In: Horn, K. P., Ritzi, Ch. (Hrsg.): Klassiker und Außenseiter. Pädagogische Veröffentlichungen des 20. Jahrhunderts. Schneider Verlag Hohengehren GmbH: Balmannsweiler, 51-64

Matschiner-Zollner, M. (2001): Die Gefühle des Lehrers als Schlüssel zu den Konflikten in der Klasse. In: Wiener Psychoanalytische Vereinigung (Hrsg.): Psychoanalyse für Pädagogen. Picus-Verlag: Wien, 53-72

Messerer, K. (2001): Elternberatung in der Frühförderung: Das Konzept des „Under Fives' Counselling" in seiner Bedeutung für die Arbeit mit Eltern behinderter Kleinkinder. In: Zeitschrift für Individualpsychologie 26 (Heft 3), 258-273

Muck, M. (2001): Psychoanalytisches Basiswissen. In: Muck, M., Trescher, H.-G. (Hrsg.): Grundlagen der Psychoanalytischen Pädagogik. Psychosozial-Verlag: Gießen

Muck, M., Trescher, H.-G. (Hrsg.) (2001): Grundlagen der Psychoanalytischen Pädagogik. Psychosozial-Verlag: Gießen

Müller, B. (2002): Wie der „aktive Schüler" entsteht. Oder: „From learning for love to the love of learning". Ein Vergleich der Ansätze Fritz Redls, Rudolf Eksteins und Ulrich Oevermann. In: Datler, W., Eggert-Schmid Noerr, A., Winterhager-Schmid, L. (Hrsg.): Das selbständige Kind. Jahrbuch für Psychoanalytische Pädagogik 12. Psychosozial-Verlag: Gießen, 102-119

Müller, J. (2001): Primäre Väterlichkeit. Betrachtungen zu einem vernachlässigten Thema und Plädoyer für die Anerkennung in der psychoanalytischen Theoriebildung. In: Zeitschrift für Individualpsychologie 26 (Heft 3), 274-288

Murray, L., Dymond, M., Cooper, P. (2002): Psychotherapeutische Intervention, mütterlicher Bindungsstil und Bindung des Kindes. In: Brisch, K. H., Grossmann, K. E., Grossmann, K., Köhler, L. (Hrsg.): Bindung und seelische Entwicklungswege. Grundlagen, Prävention und klinische Praxis. Klett-Cotta: Stuttgart, 325-338

Nagel, G. (2000): Veränderte Lebenswelten von Kindern erfordern veränderte Sichtweisen. Supervision in der Grundschule. In: Büttner, Ch., Schwichtenberg, E. (Hrsg.): Brutal und unkontrolliert. Schülergewalt und Interventionsmöglichkeiten in der Grundschule. Beltz Verlag: Weinheim, 167-183

Pauli-Magnus, C., Dewald, A. und Cierpka, M. (2001): Typische Beratungsinhalte in der Pränataldiagnostik – eine explorative Studie. In: Praxis der Kinderpsychologie und Kinderpsychiatrie 50, 771-785

Pedrina, F. (Hrsg.) (2001): Beziehung und Entwicklung in der frühen Kindheit. Psychoanalytische Interventionen in interdisziplinären Kontexten. Edition Diskord: Tübingen

Pedrina, F. (2001): Eltern und Babys im Exil. Orientierungspunkte für die therapeutische Arbeit mit Migrantenfamilien. In: Pedrina, F. (Hrsg): Beziehung und Entwicklung in der frühen Kindheit. Psychoanalytische Interventionen in interdisziplinären Kontexten. Edition Diskord: Tübingen, 103-117

Placheta, K. (2001): Verwahrlosung, Pädagogik und Psychoanalyse. In: Wiener Psychoanalytische Vereinigung (Hrsg.): Psychoanalyse für Pädagogen. Picus-Verlag: Wien, 14-32

Pröstler, M. (2001): Micha hat Schulprobleme – Aspekte psychoanalytisch-pädagogischer Erziehungsberatung. In: Jellenz-Siegel, B., Prettenthaler, M., Tuider, S. (Hrsg.): ... und was ist mit mir? Kinder im Blickpunkt bei Trennungs- und Verlusterlebnissen. Steirische Verlagsgesellschaft m. b. H.: Graz, 126-136

Reich-Büttner, U. (2000): Du bist schuld. Einblick in schulische Gruppenprozesse, In: Büttner, Ch., Schwichtenberg, E. (Hrsg.): Brutal und unkontrolliert. Schülergewalt und Interventionsmöglichkeiten in der Grundschule. Beltz: Weinheim, 44-59

Rogge, J.-U. (2000): „Manchmal habe ich echt Angst!" Wie häusliche Gewalt- und Ohnmachtserfahrungen das schulische Erleben prägen. In: Büttner, Ch., Schwichtenberg, E. (Hrsg.): Brutal und unkontrolliert. Schülergewalt und Interventionsmöglichkeiten in der Grundschule. Beltz Verlag: Weinheim, 94-117

Rolus-Borgward, S., Tänzer, U., Wittrock, M. (Hrsg.) (2000): Beeinträchtigung des Lernens und/oder des Verhaltens – Unterschiedliche Ausdrucksformen für ein gemeinsames Problem. Bibliotheks- und Informationssystem der Carl von Ossietzky Universität Oldenburg: Oldenburg

Schäfer, G. (2002): Selbs-Bildung als Verkörperung präreflexiver Erkenntnistheorie. In: Datler, W., Eggert-Schmid Noerr, A., Winterhager-Schmid, L. (Hrsg.): Das

selbständige Kind. Jahrbuch für Psychoanalytische Pädagogik 12. Psychosozial-Verlag: Gießen, 120-150
Schleske, G., Klitzing, K.v., Buser, T. (2001): Konzepte einer psychodynamisch orientierten kinderpsychiatrischen Liaisonstätigkeit auf einer neonatologischen Intensivstation. In: Pedrina, F. (Hrsg.): Beziehung und Entwicklung in der frühen Kindheit. Psychoanalytische Interventionen in interdisziplinären Kontexten. Edition Diskord: Tübingen, 119-137
Schröder, A. (2002): Konflikt und Adoleszenz – über die heutigen Umgangsweisen mit Jugend. In: Bettinger, F., Mansfeld, C., Jansen, M. (Hrsg): Gefährdete Jugendliche? Jugend, Kriminalität und der Ruf nach Strafe. Leske und Budrich: Opladen, 31-45
Stadler, A.-E. (2002): Der erste Schrei des Kindes – und was dann? Über Dialoge zwischen Müttern und Töchtern. In: Zeitschrift für Individualpsychologie 27 (Heft 1), 4-13
Stadlmayr, W. (2001): Geburtserleben und Geburtsverarbeitung. Gedanken zu einem integriert-psychosomatischen Ansatz. In: Pedrina, F. (Hrsg.): Beziehung und Entwicklung in der frühen Kindheit. Psychoanalytische Interventionen in interdisziplinären Kontexten. Edition Diskord: Tübingen, 167-190
Steele, M., Hodges, J., Kaniuk, J., Henderson, K., Hillman, S., Bennett, P. (2002): Weitererzählungen von Geschichten als Methode zur Erfassung der inneren Welt des Kindes. Implikationen für die Adoption. In: Brisch, K. H., Grossmann, K. E., Grossmann, K., Köhler, L. (Hrsg.): Bindung und seelische Entwicklungswege. Grundlagen, Prävention und klinische Praxis. Klett-Cotta: Stuttgart, 339-352
Steinhardt, K. (2001): Supervision aus gruppenanalytischer Sicht. In: Pritz, A., Vykoual (Hrsg.): Gruppenpsychoanalyse. Theorie – Technik - Anwendung. Facultas Universitätsverlag: Wien, 261-272
Streeck-Fischer, A. (2002): Kinder und Jugendliche mit komplexen Traumatisierungen in analytischer Psychotherapie. In: Endres, M., Biermann, G. (Hrsg.): Traumatisierung in Kindheit und Jugend. Ernst Reinhardt Verlag: München, 116-130
Waibel-Krammer, E. (2001): Wenn Geschwister dieselbe RAINBOWS-Gruppe besuchen. In: Jellenz-Siegel, B., Prettenthaler, M., Tuider, S. (Hrsg.): ... und was ist mit mir? Kinder im Blickpunkt bei Trennungs- und Verlusterlebnissen. Steirische Verlagsgesellschaft m. b. H.: Graz, 192-195
Warzecha, B. (2000): Kids, die kommen und gehen. Professionsspezifische Perspektiven der Verhaltensgestörtenpädagogik – Zur Aktualität von Bindungs- und Beziehungstheorien. In: Rolus-Borgward, S., Tänzer, U., Wittrock, M. (Hrsg.): Beeinträchtigung des Lernens und/oder des Verhaltens – Unterschiedliche Ausdrucksformen für ein gemeinsames Problem. Bibliotheks- und Informationssystem der Carl von Ossietzky Universität Oldenburg: Oldenburg, 117-125
Warzecha, B. (2001): Mißhandlung, sexueller Mißbrauch und Vernachlässigung – Annäherung an eine heilpädagogische Praxis mit traumatisierten Kindern und Jugendlichen. FernUniversität: Hagen
Wiener Psychoanalytische Vereinigung (Hrsg.) (2001): Psychoanalyse für Pädagogen. Picus-Verlag: Wien
Winterhager-Schmid, L. (2002): Die Beschleunigung der Kindheit. In: Datler, W., Eggert-Schmid Noerr, A., Winterhager-Schmid, L. (Hrsg.): Das selbständige Kind.

Jahrbuch für Psychoanalytische Pädagogik 12. Psychosozial-Verlag: Gießen, 15-31

Wöran, E. (2001): Stief-, Patchwork-, Mehrfamilie – Wie nennen wir uns? In: Jellenz-Siegel, B., Prettenthaler, M., Tuider, S. (Hrsg.): ... und was ist mit mir? Kinder im Blickpunkt bei Trennungs- und Verlusterlebnissen. Steirische Verlagsgesellschaft m. b. H.: Graz, 65-69

Zimmermann, P., Spangler, G. (2001): Jenseits des Klassenzimmers. Der Einfluss der Familie auf Intelligenz, Motivation, Emotion und Leistung im Kontext der Schule. In: Zeitschrift für Pädagogik 47 (Heft 4), 461-479

Zwettler-Otte, S. (2001): Potentiale der Schule – eine Utopie. In: Wiener Psychoanalytische Vereinigung (Hrsg.): Psychoanalyse für Pädagogen. Picus-Verlag: Wien, 73-101

Zwiauer, Ch. (2001): Emma N. (Spira-)Plank (1905–1990): Psychoanalytisch orientierte Montessori-Pädagogik in Wien von 1922–1938 und deren Tradierung in der Emigration. In: Zwiauer, Ch., Eichelberger, H. (Hrsg.): Das Kind ist entdeckt. Erziehungsexperimente im Wien der Zwischenkriegszeit. Picus-Verlag: Wien, 119-181

Zwiauer, Ch., Eichelberger, H. (Hrsg.) (2001a): Das Kind ist entdeckt. Erziehungsexperimente im Wien der Zwischenkriegszeit. Picus-Verlag: Wien

Zwiauer, Ch., Eichelberger, H. (2001b): „Das Kind ist entdeckt" – Erziehungsexperimente im Wien der Zwischenkriegszeit. Einleitung. In: Zwiauer, Ch., Eichelberger, H. (Hrsg.): Das Kind ist entdeckt. Erziehungsexperimente im Wien der Zwischenkriegszeit. Picus-Verlag: Wien, 9-16

Rezensionen

Elisabeth Brainin (Hrsg.): Kinderpsychotherapie. Symposion: „50 Jahre Institute für Erziehungshilfe". Literas: Wien, 2001, 90 Seiten

Der Untertitel zeigt es bereits an: Dieses 90-seitige Buch beinhaltet jene Vorträge, die anläßlich des 50-jährigen Bestehens der Institute für Erziehungshilfe (Child Guidance Clinic) in Wien bei einem Symposion vorgestellt wurden. Es handelt sich – dem Anlaß angemessen – vor allem um historische Beiträge zur Geschichte und Entwicklung der Child Guidance in Wien – den sogenannten Instituten für Erziehungshilfe –, in denen der Verwurzelung dieser Einrichtungen in bestimmten Traditionen, deren Einbettung in August Aichhorns Ideen der Erziehungsberatung bzw. der Erziehungshilfe sowie deren Fortführung und Umsetzung durch Rosa Dworschak nachgegangen wird.

Gleich der erste Beitrag von *Lizzi Mirecki* schildert die Entstehung des Institutes für Erziehungshilfe im Jahre 1949 und benennt jene Personen und Einrichtungen, die bei deren Zustandekommen beteiligt waren. Bemerkenswert ist, daß das Institut anfangs finanziell sowohl vom Jugendamt der Stadt Wien – das auch heute noch die Finanzierung trägt – als auch von den Quäkern getragen wurde. Die Kinder und Jugendlichen, die dann im Institut behandelt wurden, gelangten unter anderem über Anraten des Jugendamtes, von Kinderkliniken, Bezirks- und Jugendgerichten etc. dort hin.

Der Beitrag von *Thomas Aichhorn* widmet sich Rosa Dworschak, wobei er zunächst an die spezielle Form ihres Gesprächsstiles erinnert, der insbesondere im Verhältnis zu anderen „Helfern" geprägt war von dem Versuch, „die unendliche Analyse der Gegenübertragung" (19) behutsam voranzutreiben, um so die Gesprächspartner zum Erkennen der eigenen Fähigkeiten zu führen. Thomas Aichhorn gibt dann ausführliche Passagen aus Schriften Rosa Dworschaks wieder, in denen sie aus ihrem eigenen Leben erzählt.

Johanna Bolterauer geht dann darauf ein, daß für Rosa Dworschak „das richtige Verstehen die notwendige Voraussetzung für jede sinnvolle Intervention darstellt(e)" (33), wobei die Voraussetzung für dieses Verstehen das unbefangene Zuhören sei. Dem Erlernen dieser schwierigen Fähigkeit diente die Supervision. Einen wesentlichen Teil ihres Beitrags widmet J. Bolterauer dann der Darstellung der Entwicklung des Supervisionsgedankens in Österreich. So habe in der Jugendfürsorge nach dem Ersten Weltkrieg zunächst eine „pädagogische Welle" eingesetzt, die im Erteilen von Ratschlägen sowie in der Erwartung bestanden habe, daß diesen Ratschlägen gefolgt werde. Diese habe sich erst mit August Aichhorn geändert, der „1923 die erste Erziehungsberatungsstelle" (35) schuf und „in Österreich zum wichtigsten Forscher der ‚Verwahrlosten' seiner Zeit" (36) wurde. Historisch gesehen muß man zu diesen Darstellungen J. Bolterauers jedoch festhalten, daß sie die Entwicklung der Erziehungsberatung und die Bedeutung Aichhorns nicht korrekt wiedergeben. Denn bereits 1918/19 initiierte Alfred Adler, der Begründer der Individualpsychologie, eine Erziehungsberatungsstelle, der bis 1923, als August Aichhorn seine Erziehungsberatungsstellen im Rahmen des Wiener Jugendamtes aufzubauen begann, ca. 6 weitere individualpsychologische Erziehungsberatungsstellen nachfolgten, die zum Teil innerhalb Wiens auf großes Interesse stießen. Auch Adler und seine Mitarbeiter widmeten sich der Untersuchung der Verwahrlosung und stellten ihre Überlegungen in zahlreichen Publikationen und Vorträgen vor. Auch J. Bolterauers Hinweis, daß die Individualpsychologen Spiel, Birnbaum und Scharmer 1920 eine Versuchsschule begründeten, stimmt nicht, vielmehr entwickelten Individualpsychologen in den 20er Jahren auch im Schulbereich zahlreiche Aktivitäten, die von Lehrerberatungsstellen über Fortbildungen für Lehrer und Eltern bis zur Behandlung von sog. schwererziehbaren Kindern innerhalb des Klassenrahmens reichten. Und erst 1931 bewilligte der Stadtschulrat für Wien einen individualpsychologischen Schulversuch, an dem die drei genannten Individualpsychologen bis 1934 tätig waren.

Marianne Stockert schildert in ihrem Beitrag Leben und Wirken des Individualpsychologen Dr. Knut Baumgärtel, der von 1951 bis 1974 die Institute für Erziehungshilfe in Wien leitete.

Ruth Naske wiederum untersucht Veränderungen und Entwicklungen der Arbeit der Child Guidance Clinic von den 60er Jahren bis heute, wobei sie diese Veränderungen auf vier Ebenen registriert: auf der Ebene der Gesellschaft, der Eltern, des erkrankten Kindes und der Ebene der Mitarbeiter des Institutes.

Die historisch orientierte Beschäftigung mit der Arbeit an den Instituten für Erziehungshilfe reichen die beiden letzten Beiträge hinaus: Der eine stammt von *Anni Bergman*, die 1938 aus Wien flüchten mußte und in New York viele Jahre mit Margaret S. Mahler zusammenarbeitete. In ihrem Beitrag schildert sie ihre Arbeit mit schwer gestörten Kindern aus Familien in schwierigen ökonomischen Verhältnissen, die im Zusammenhang einem Doktorandenprogramm der City University of New York durchgeführt werden konnte. Bergman schildert dann – nach der Darstellung des zugrundeliegenden entwicklungspsychologischen und objektbeziehungstheoretischen Ansatzes – die Bestandteile des für diese Arbeit geschaffenen Settings, nämlich das therapeutische Klassenzimmer, die individuelle Psychotherapie für jedes Kind, die therapeutische Gemeinschaft und den therapeutischen Gefährten. Dem schließen sich dann 3 Berichte an, in denen in Ausbildung befindliche Therapeutinnen ihre Erfahrungen in der Arbeit mit diesen Kindern beschreiben.

In ihrem abschließenden Beitrag skizziert *Elisabeth Brainin* schließlich ihre Überlegungen zu einem idealen Institut für Kinderpsychotherapie, wobei sie diese durchaus in den Zusammenhang einer gegenüber den Nachkriegsjahren veränderten Sozialpolitik stellt, die zunehmend durch den „Ruf nach weniger Staat und mehr Eigenverantwortlichkeit" (81) bestimmt ist. Ihre Überlegungen zu einem idealen Institut konzentrieren sich dann vor allem auf Fragen der Diagnostik, der Vernetzung mit anderen psychosozialen Einrichtungen, die Schaffung von „Rahmenbedingungen, die die Therapie des Kindes ermöglichen und schützen" (85), der Fortbildung und der Weitergabe des Wissens der Mitarbeiter des Institutes in anderen gesellschaftlichen und mit Erziehung befaßten Einrichtungen.

Insgesamt versammelt dieses Buch aufschlußreiche Beiträge, die insbesondere für Personen sehr lesenswert sind, die sich mit der Geschichte der tiefenpsychologischen Erziehungsberatung, der Entstehung dieser Einrichtungen in Wien und mit einigen zentralen Persönlichkeiten, die an der Wiege der tiefenpsychologischen Erziehungsberatung – nicht nur in Wien – standen, beschäftigen wollen.

Johannes Gstach

Peter Fonagy: Attachment Theory and Psychoanalysis. New York: Other Press, 2001, 246 Seiten, $ 30, www.otherbooks.com

„Es gibt böses Blut zwischen Psychoanalyse und Bindungstheorie. Und wie bei den meisten Familienfehden ist nur schwer erkennbar wo das Problem begann." Vielleicht begann alles mit Bowlbys Artikel in Psychoanalytic Study of the Child, woraufhin sich das psychoanalytische Lager mit scharfem Protest gegen ihn wandte. Bowlby wurde vorgeworfen, die Triebtheorie, den Ödipuskonflikt und unbewußte Prozesse und Phantasien zu denunzieren. Man warf ihm vor, den Einfluß des Entwicklungsstandes des Ich auf die Fähigkeit des Kindes, Bindungen einzugehen und auf Trauer zu reagieren, zu unterschätzen und menschliches Verhalten auf evolutionäre Mechanismen zu reduzieren. Obwohl Bowlby zu den bekanntesten ‚top ten' der britischen Psychoanalytiker gehört und wohl zu den am häufigst zitierten weltweit, sind seine Schriften nicht Pflichtlektüre am ‚British Institute'.

Doch auch Bowlby sparte nicht mit Kritik an „der Psychoanalyse" und blendete Ansätze, die seinen in vielen Punkten recht ähnlich schienen, wider besseren Wissens aus. Im zweiten Band seiner Trilogie etwa grenzt sich Bowlby gegen das angeblich eingleisige Entwicklungsmodell der Psychoanalyse, auf dem psychopathologische Zustände Fixierungen oder Regressionen zu früheren gesunden Phasen normaler Entwicklung repräsentieren, ab. Bowlbys alternatives Modell eines Hauptgleises, das sich im Laufe der Entwicklung in unterschiedliche Gleisstränge ausdifferenziert, war jedoch vergleichbar mit dem ‚Abschießen eines psychoanalytischen Pappkameraden', denn bereits Anna Freud, Eric Erikson und andere hatten schon einige Jahre vor Bowlby mehrgleisige Entwicklungslinien entworfen. Zudem gab es Psychoanalytiker vor ihm (Freud & Burlingham, Hermann), die aufgrund von detaillierten Beobachtungen das instinktive Bedürfnis bzw. den primären Trieb des Kindes zur Bindung an die Bezugsperson anerkannten und damit den Arbeiten Harlows, die Bowlby für seine Theorie nutzte, nicht unähnlich waren. Hätten Bowlbys Ideen, wie die vieler seiner kreativen Zeitgenossen, zu einer neuen psychoanalytischen Schule geführt, dann gäbe es keinen Anlaß für Peter Fonagys Versöhnungsversuch zwischen den rivalisierenden Geschwistern Psychoanalyse und Bindungstheorie. Doch das Gegenteil war der Fall: Bowlbys Interesse an Beobachtung, Forschung und „Repräsentation des Realen" statt „das Reale der Repräsentation" verstießen ihn aus den Reihen der Analytiker „vergleichbar eines Dissidenten in stalinistischen Zeiten". Peter Fonagy, Freud Memorial Professor, Forschungsdirektor am Anna Freud Centre und Lehr- und Kontrollanalytiker der Britischen Psychoanalytischen Gesellschaft, übernimmt mit dem vorliegenden Band „Bindungstheorie und Psychoanalyse" die schwierige und doch äußerst reizvolle Aufgabe, der Geschwisterrivalität beider Theorien auf den Grund zu gehen, die Angriffsflächen dennoch nicht aufzulösen, sondern für den Leser transparenter zu machen. Nach einer Einführung in wichtige Aspekte der Bindungstheorie und -forschung beleuchtet Fonagy elegant und mit scharfer Präzision die einzelnen psychoanalytischen Schulen, beginnend mit Freuds Strukturmodell, nordamerikanischen Ichpsychologischen Ansätzen (Hartmann, Spitz, Jacobson, Erikson), den drei bedeutendsten Erneuerern des Strukturmodells (Anna Freud, Mahler, Sandler), dem Klein-Bion-Modell, über die „Unabhängigen" britischen Psychoanalytiker (Fairbairn, Winnicott, Balint), nordamerikanische Objektbeziehungstheoretiker (Modell, Kohut, Kernberg) bis hin zu Ansätzen der modernen psychoanalytischen Säuglingsforschung (Daniel Stern) auf Berührungspunkte und Differenzen mit der Bindungstheorie. Fonagy beeindruckt hier durch seine Klarheit in der überblicksartigen und gleichzeitig tiefgründigen Darstellung der existierenden psychoanalytischen Schulen und im Kontrastieren dieser mit der Bindungstheorie. Der Leser wird aufgefordert, Gemeinsamkeiten zwischen Bindungstheorie und unvereinbar scheinenden psychoanalytischen Traditionen aufzuspüren; er wird verblüfft durch äußerst anschauliche Argumente, die ihn mit Vorurteilen der Unvereinbarkeit beider Referenzrahmen aufräumen lassen.

Fonagy selbst fühlt sich den ‚psychoanalytischen Bindungstheoretikern', den Pionieren der Integration beider Theorierichtungen, am nächsten und gibt auch ihren Ideen angemessenen Raum. In den Arbeiten dieser Autoren (Lyons-Ruth, Eagle, Holmes, Slade und Lieberman) überschneiden sich Psychoanalyse und Bindungstheorie so sehr, daß es schwerfällt, den primären Ansatz herauszufiltern. Einige ausgewählte Aspekte zur Frage: „Was haben psychoanalytische Theorien und Bindungstheorie denn nun eigentlich gemeinsam?" beschäftigen sich beispielsweise mit interpersonalen vs. intrapsychischen Faktoren bei der Entstehung von Psychopathologie (Ferenczi), beleuchten die Qualität der Eltern-Kind-Interaktion (Spitz, Erikson, Winnicott, Freud), vergleichen die Sicht von Psychoanalytikern und Bindungstheoretikern auf die Beziehung zwischen sozialer Umwelt und Persönlichkeitsentwicklung innerhalb des ersten Lebensjahres des Kindes und setzen sich mit dem Konzept der mütterlichen Feinfühligkeit

auseinander, die die Qualität der Objektbeziehung und damit der psychischen Entwicklung des Kindes bestimmt. Beide Theorien gehen davon aus, daß die frühen Beziehungen des Säuglings den Kontext für die Ausprägung und Entwicklung notwendiger psychologischer, affektiver und kognitiver Funktionen bilden. Psychoanalytische Theorien diesbezüglich, z.B. Spitz' Konzept der Entwicklung von Selbstregulierung, Bions Modell des containments, Winnicotts Konzept der Entwicklung von Symbolisierung im Übergangsraum zwischen Säugling und Bezugsperson erinnern an Bowlbys ‚sichere Basis' und andere bindungstheoretische Formulierungen, z.b. zur Affektregulierung (Sroufe) und zur Symbolisierung (Bretherton, Main). Fonagy beschreibt besonders eindrücklich das Konzept der Mentalisierung, das exemplarisch ein Verbindungsstück an der Schnittstelle zwischen Bindungstheorie und Psychoanalyse bildet. Es beschreibt die Fähigkeit eines Menschen, eigene innere Befindlichkeiten und die anderer Menschen, auch Gedanken, Wünsche, Absichten und Pläne, zu ‚lesen' und angemessen darauf zu reagieren. Die Entwicklung der Mentalisierungsfähigkeit hängt eng mit den primären Objektbeziehungen des Kindes zusammen, insbesondere mit der Fähigkeit der Bezugspersonen zur „Spiegelung" und zum „containment" (ähnlich den Konzepten von Bion, Gergely & Watson, Kohut, Winnicott). Das Kind entwickelt erst allmählich die Fähigkeit, eigene Gedanken und Gefühle als solche zu erkennen und zu unterscheiden. Dies geschieht vor allem durch die Erfahrung, daß die Eltern auf die inneren Zustände und emotionalen Ausdrucksformen des Kindes reagieren, sie formen und ihnen Bedeutung geben. „Die Erfahrung von Affekten ist die Knospe, aus der schließlich die Mentalisierung von Affekten springt, doch hängt dies davon ab, daß wenigstens eine stabile und sichere Bindung vorhanden ist." (Fonagy & Target) Und hier liegt die Verknüpfung: innerhalb einer sicheren Bindungsbeziehung werden die affektiven Signale des Kindes von Eltern interpretiert, die gleichzeitig die innere, mentale Verfassung des Kindes reflektieren können. Um die Reflexion für das Kind wirksam zu machen, „containen" die Eltern zum einen das Erleben ihres Kindes (z.B. Unbehagen) und verknüpfen dieses Erleben gleichzeitig mit einem kontrastierenden Affekt (z.B. Humor oder Skepsis). Damit beginnt die Fähigkeit zur Symbolisierung und zur Mentalisation.
Peter Fonagy verführt die Leser mit seinem aktuellen Werk ‚Bindungstheorie und Psychoanalyse', Vorurteile gegenüber Bindungstheorie bzw. Psychoanalyse zu überprüfen oder gar zu revidieren, den eigenen Blick zu erweitern und sich mit der Verbindung beider Theorien auseinanderzusetzen. Vielleicht wird es Fonagy sogar gelingen, einige Leser zur Reflexion der Entstehungsgeschichte der ‚Familienfehde' zu bewegen, um sich schließlich einer Versöhnung der Geschwister zu nähern.

Grit Jokschies

Wiener Psychoanalytische Vereinigung (Hrsg.): Psychoanalyse für Pädagogen. Wien: Picus 2001, 243 Seiten

Psychoanalyse für Pädagogen war schon in den zwanziger Jahren des letzten Jahrhunderts ein wichtiges Anliegen vieler Psychoanalytiker und Pädagogen; dies ist in zahlreichen psychoanalytischen Publikationen belegt. Das vorliegende Buch erschien anläßlich des fünfzigsten Todestages des bekannten Psychoanalytikers und Pädagogen August Aichhorn und soll den heutigen Einfluß der Psychoanalyse auf die Pädagogik zeigen.

Zwettler-Otte (12) betont, daß es gerade in der Wiener Psychoanalytischen Vereinigung etliche Psychoanalytiker gibt, die nicht von der Medizin oder der Psychologie, sondern von der Pädagogik zur Psychoanalyse gekommen sind; vor allem wurden nun solche Analytiker um Beiträge für dieses Buch gebeten, um eine größere Praxisnähe zu gewährleisten.

In dieser von der Wiener Psychoanalytischen Vereinigung (WPV) herausgegebenen Aufsatzsammlung lassen sich nun einige wichtige Linien erkennen:
- Der historische Aspekt umfaßt die Anfänge der Verbindung von Psychoanalyse und Pädagogik unter Anna Freud und August Aichhorn und reicht bis zu einer Utopie, die richtungsweisend für künftige Projekte sein könnte.
- Die Einbeziehung psychoanalytischen Wissens beginnt mit dem Versuch einer kognitiven Aufklärung und kann bis zur eigenen Psychoanalyse des Pädagogen führen, die durch die Aufhebung der eigenen „infantilen Amnesie" das umfassendste Verständnis der Kinder und Jugendlichen ermöglicht.
- Eine dritte Linie verläuft von der Praxis, dem unmittelbaren Beobachten und Eingreifen im pädagogischen Alltag, bis zu theoretischen Überlegungen etwa über die Rolle des Ichideals in der Erziehung.

Nun zu den einzelnen Beiträgen:

Krista Placheta würdigt in ihrem Beitrag die Verdienste August Aichhorns. Das Symposium „Psychoanalyse für Pädagogen", welches am 13. November 1999 im Kleinen Festsaal der Universität Wien anläßlich des fünfzigsten Todestages August Aichhorns stattfand, verstehe sich als Anschluß an Aichhorns eigene rege Vortragstätigkeit sowie an sein Bemühen, die Psychoanalyse in die Öffentlichkeit zu tragen. Die Autorin betont Aichhorns zentrale Funktion und Bedeutung für die WPV, denn ihm sei es letztlich zu verdanken, daß nach der erzwungenen Schließung der WPV und der Emigration eines Großteils der Wiener PsychoanalytikerInnen 1938 die Psychoanalyse – sowohl praktisch als auch theoretisch – im „Untergrund" fortgesetzt wurde und die WPV 1946 wieder eröffnet werden konnte.

Von besonderem historischen Interesse sind die bislang unveröffentlichten Protokolle des Erziehungsberatungsseminars, das August Aichhorn ab Oktober 1946 bis zum Frühjahr 1949 für die Erziehungsberaterinnen der Gemeinde Wien, für Berufsberater des Arbeitsamtes für Jugendliche sowie für Mitglieder der WPV abhielt. Diese Protokolle – erhalten sind lediglich jene aus den Jahren

1946/47 – werden hier von *Thomas Aichhorn* erstmals der Öffentlichkeit zugänglich gemacht und kommentiert. Sie vermitteln einen guten Einblick in die Lebensverhältnisse von Menschen, deren Leben von der Herrschaft des Nationalsozialismus, vom Krieg und von der Not im Wien der Nachkriegszeit geprägt worden ist. Insofern stellen sie ein historisches, wenn auch zeitgeschichtlich durchaus interessantes Dokument dar. Was sie aber darüber hinaus wichtig und beachtenswert macht, liegt in dem Umstand, daß sie auf eine exemplarische und auch heute noch gültige Weise zeigen, wie in einem Moment des Neubeginns Erkenntnisse der Psychoanalyse und eine auf ihnen beruhende Anwendung gelehrt und weiter gegeben werden kann, ohne daß es zu opportunistischer Anpassung an gesellschaftlich vorgegebene Ziele kommen muß. „Die Möglichkeiten und Erfolge dieser Form von psychoanalytischer Praxis, wie auch ihre Bedeutung für die weitere Entwicklung von psychoanalytischer Theorie, ist in der Folge wenig beachtet und weitgehend vergessen worden" (159).
In einem weiteren Beitrag schildert *Thomas Aichhorn* den Einfluß pädagogischer Probleme auf das psychoanalytische Denken und Handeln. Er beschreibt das ambivalente Verhältnis von Erziehung, Schule und Psychoanalyse. Das Hervorholen „neuer" alter Erziehungsmittel helfe nicht. „Es ist zu bedenken, daß früher für tauglich gehaltene Mittel nie veralten wären, nie in den Verdacht kommen könnten, ‚unpädagogisch' und daher unzweckmäßig zu sein, hätte sich nicht längst die Schädlichkeit oder Nutzlosigkeit dieser Mittel und der Haltungen, die zu ihrer Anwendung führen, unabweisbar herausgestellt" (34). Aichhorn weist darauf hin, daß das Verhältnis Erziehung, Erzieher und Psychoanalyse trotz oder gerade wegen der Überschneidungen im Gegenstandsbereich Kinder und Jugendliche durch einen unaufhebbaren Gegensatz, ein unauflösbares Spannungsverhältnis gekennzeichnet sind. Die von Freud entdeckte grundsätzliche Konflikthaftigkeit psychischen Lebens, im Erzieher und im Zögling, liefere den Stoff für die im Vorgang der Erziehung notwendig auftretenden Konflikte, die durch keinen moralischen Aufruf oder durch organisatorische Maßnahmen aus der Welt zu schaffen sind und die dem Erzieher und dem Psychoanalytiker jeweils andere Aufgaben stellen. „Jede Erziehungsutopie muß scheitern; aber ohne Erziehung, auch das ist ein Ergebnis der Psychoanalyse, ist keine Kulturentwicklung vorstellbar" (37).
Ausgehend von Sigmund Freuds Arbeiten über die „Psychologie des Gymnasiasten" und der „Selbstmorddiskussion" entwickelt *Sylvia Zwettler-Otte* ihre utopischen Vorstellungen einer idealen Schule. In dieser idealen Schule erkennen Pädagogen Übertragung und Gegenübertragung, können Weichenstellungen bei Schülern vornehmen und auffälliges Schülerverhalten als Manometer für innere Druckschwankungen verstehen. „Wenn die Pädagogen mehr und integriertes, anwendbares Wissen über die seelischen Vorgänge der Schüler hätten, wären sie wesentlich besser gerüstet, die ‚Gefühlserbschaft', die ihnen mit aller Ambivalenz entgegengebracht wird, auszuhalten; auch wenn sie in der Regel gar nicht im Detail den Inhalt dieser Erbschaft erfahren. Aber allein das Wissen, daß man

nicht alle Gefühlsäußerungen der Kinder primär auf sich beziehen muß, kann schon sehr entlastend sein und dem Lehrer größere Gelassenheit, größere Souveränität ermöglichen" (84).

Margot Matschiner-Zoller zeigt in ihrem Beitrag, wie unbewußte Motive in den Beziehungsproblemen einer Schulklasse verstanden und aufgeklärt werden können. Sie bedient sich dabei dreier Basiskonzepte der Psychoanalyse bzw. der Psychoanalytischen Pädagogik, und zwar der Übertragung, Gegenübertragung und des „szenischen Verstehens". Bedeutend werde diese Methode v.a. bei Problemkindern oder Problemklassen, in denen ständig wiederkehrende Schwierigkeiten mit den herkömmlichen pädagogischen Mitteln nicht gelöst werden können.

Denkanstöße für einen „anderen Umgang mit pädagogischen Problemen in Kindergarten und Schule" (102) liefert *Helmuth Figdor* am Beispiel des Symptoms „Verhaltensstörung". Er weist auf den Zusammenhang zwischen den inneren psychischen Konflikten des Kindes und den Ängsten, Verdrängungen und Abwehren des Pädagogen hin. Gleichzeitig bietet er den Pädagogen Hilfe auf der Ebene praxisrelevanter Theoriebildung an.

Der Beitrag *Alfred Springers* hat zwar wenig mit Psychoanalytischer Pädagogik im vorangegangenen Sinn zu tun, sehr wohl aber mit der Person August Aichhorns. Springer analysiert den Psychiatrieroman „Matto regiert" von Friedrich Glauser (1935/36). In diesem Text wird des öfteren August Aichhorn zitiert. Warum Glauser ausgerechnet dem damals international wohl nicht allzu bekannten Wiener Analytiker und seiner speziellen theoretischen und praktischen Ausrichtung so großes Augenmerk schenkte, darüber stellt Springer in seinem Aufsatz einige Spekulationen an.

Der Artikel von *Nikolaus Schindler* mit dem Titel „Was hat die Psychoanalyse mit Verträgen zu tun?" (137ff) ist zwar sehr interessant zu lesen, jedoch ist mir nicht ganz klar, wie er sich in die Aufsatzsammlung "Psychoanalyse für Pädagogen" verirrt hat. Schindler zeigt in seinem Beitrag auf, daß etliche Probleme, vor denen jedes Privatrecht und jede („echte") Psychoanalyse stehen, sehr oft ihre überraschende Entsprechung im je anderen Bereich haben. Dies sind beispielsweise die Fähigkeit zum Vertrag, der Austausch von Mühen und Leistungen, das Interesse am Vertrag, die Bewältigung von Erfüllungsstörungen, das Festhalten am Vertrag usw. All dies sind klassische Regelungsgruppen in jedem Vertragsrecht und klassische Behandlungsfragen und -anliegen, so der Autor (145).

Über die (vermeintlichen) Gegensätze von Psychoanalyse und Pädagogik hinweg kann eine befruchtende Zusammenarbeit von Pädagogik und Psychoanalyse gelingen, die die Möglichkeiten von Forschung, Beratung, Therapie und Prophylaxe miteinschließt. Dazu hofft die Wiener Psychoanalytische Vereinigung auch mit diesem Buch einen wesentlichen Beitrag zu leisten.

Ulrike Kinast-Scheiner

Abstracts

Burkhard Müller, Heinz Krebs, Urte Finger-Trescher
Professionalisierung in sozialen und pädagogischen Feldern. Impulse der Psychoanalytischen Pädagogik. Einleitung in den Themenschwerpunkt
Ausgangspunkt der Untersuchung ist die These, daß sich die aktuelle Debatte zum Beitrag der Psychoanalyse zur pädagogischen Professionalität um zwei Pole gruppiert: Einerseits geht es dabei um die Frage des Professionalitätsverständnisses der Psychoanalyse und seine Relevanz für das pädagogische Handlungsfeld; andererseits um die Frage der Professionalisierbarkeit und Professionalisierungsbedürftigkeit pädagogischen Handelns sowie der Bedeutung, der dabei der Psychoanalyse im Hinblick auf die Erhöhung „selbstreflexiver" Kompetenzen von Pädagogen zukommt. Die Autorinnen selbst verorten den Beitrag der Psychoanalytischen Pädagogik dabei in der Unterstützung von pädagogischen und sozialen Fachkräften bei der Problembearbeitung auf mehreren Ebenen ihres Tuns, wobei es neben der Reflexion der bewußtseins-verborgenen Motive und Selbstauffassungen des Klienten und des professionell Handelnden auch um das Verstehen der Beziehungsdynamik geht, die sich in der Klient-Helfer-Beziehung einstellt. Abschließend geben die AutorInnen einen Ausblick auf jene Beiträge des vorliegenden Bandes, die sich mit der Frage der Bedeutung der Psychoanalytischen Pädagogik für die Professionalisierung in sozialen und pädagogischen Feldern widmen.

Burkhard Müller
Beziehungsarbeit und Organisation. Erinnerung an eine Theorie der Professionalisierung sozialer Arbeit
Der Autor vertritt die These, daß das oft diffuse Bild , welches die sozialpädagogische Professionsentwicklung bietet auch durch einer Unkenntnis der eigenen fachhistorischen Traditionen bedingt ist. Diese These wird am Beispiel der weithin vergessenen Tradition des sogenannten „Functional Social Work" aus den 30er Jahren des 20.Jahrhunderts entfaltet. Es wird gezeigt, daß dies an den Psychoanalytiker Otto Rank aber auch an den frühen Interaktionismus (G.H. Mead) anknüpfende Konzept vielen aktuellen Fragen sozialpädagogischer Professionalisierung vorgreift und dabei zu überraschend anderen Antworten kommt als der sozialpädagogische Mainstream.

Heinz Krebs
Emotionales Lernen in der Schule – Aspekte der Professionalisierung von Lehrerinnen und Lehrern
Emotionales Lernen und Erfahrungsbildung ist für die Professionalisierung von Lehrerinnen sehr bedeutsam und ist ein zentraler Ausgangspunkt für die Erneuerung und Veränderung der sozialen Beziehungen in Schule und Unterricht. Schule muß sich auf ihr (sozial-) pädagogisches Fundament besinnen. Unterrichten ist nur möglich, wenn die interaktive Herstellung von Bildungsprozessen wieder in den Mittelpunkt rückt und ein technisches Verständnis von Unterricht überwunden wird. Nicht die sozialen und interaktiven Prozesse in Schulbetrieb und Unterricht sind planbar, sondern nur die Rahmung dieser Prozesse. Alles andere führt zu destruktiven Machtauseinandersetzungen, die Schule als bürokratischen Machtapparat vereinseitigen. Die Aneignung psychoanalytisch-pädagogisch fundierter psychosozialer Kompetenzen kann ein Baustein sein, um Schule aus ihrer permanenten Krise ein Stück weit herauszuführen.

Helmuth Figdor
Psychoanalytisch-Pädagogische Erziehungsberatung. Ein Wiener Modell.
Der Beitrag von schließlich stellt ein Modell vor, das beispielhaft zeigt, wie ein professionelles Kompetenzprofil entwickelt werden kann, welches weder die Psychoanalyse im pädagogischen Handlungsfeld rezeptologisch verkürzt „anwendet", noch voraussetzt, daß (Sozial)-Pädagogen erst „Analytiker" werden müssen, um die oben beschriebenen Aufgaben bewältigen zu können. Es handelt sich um den von der Wiener „Arbeitsgemeinschaft Psychoanalytische Pädagogik" (APP) entwickelten Studiengang Erziehungsberatung. In dem hier abgedruckten Beitrag wird neben einer kurzen Vorstellung des Curriculums der Ausbildung vor allem deren theoretischer Ansatz entfaltet. Zentrales Thema ist die Bedeutung von „Übertragungs-" und „Gegenübertragungsreaktionen" im pädagogischen Beratungshandeln. Es ist die „Gretchenfrage jeder psychoanalytisch orientierten oder inspirierten Tätigkeit" (Figdor). Figdors Beitrag versucht dabei vor allem den Begriff der pädagogischen „Aufklärung" – in Abgrenzung zu Therapie – neu zu bestimmen.

Heiner Hirblinger
Ein „Organ für das Unbewußte" auch für Lehrer? Der Beitrag der psychoanalytischen Pädagogik zur Frage der Professionalisierung in der Lehrerbildung
Allen Professionalisierungsprozessen im schulpädagogischen Kontext liegt bis heute ein sehr wirksamer „heimlicher Lehrplan" zugrunde. Diesen gilt es zunächst zu verstehen, um von hier aus in praxeologischer Reflexion über Krisenerfahrungen die weiterführenden Impulse einer psychoanalytisch-pädagogisch begründeten Auffassung von Professionalisierung im Lehrerberuf zu nutzen. Beim Erwerb eines neuen professionellen Ichideals und einer damit assoziierten psychoanalytisch-pädagogischen Methodenkompetenz – so die These des Beitrags – müßte dabei die Analyse des „adoleszenten Komplexes" *im Lehrer* in den Mittelpunkt rücken.

Franz-Josef Krumenacker
Professionalisierung im pädagogisch-therapeutischen Milieu
Der Beitrag skizziert das Modell von Professionalisierung wie es an der Orthogenic School, dem stationären Behandlungszentrum für emotional gestörte Kinder an der Universität von Chicago, unter ihrem langjährigen Leiter Bruno Bettelheim (1903-1990) entwickelt und praktiziert wurde. Die Professionalisierung von neuen MitarbeiterInnen fand dort in Form eines intensiven mehrjährigen ‚In-Service-Trainings' statt. Nach der Darstellung von drei zentralen theoretisch-konzeptionellen Grundlinien der Orthogenic School wird das Grundprinzip der dort favorisierten Form von Professionalisierung – die Reintegration des Mitarbeiters mit und durch seine Patienten – vorgestellt. Der typische Verlauf des Prozesses der Professionalisierung steht sodann im Mittelpunkt. Er wird anhand eines Dreiphasenmodells beschrieben. Der Beitrag schließt mit einer kursorischen Reflexion des vorgestellten Verständnisses von Professionalisierung.

Annelinde Eggert-Schmid Noerr
Über Humor und Witz in der Pädagogik
Humor war einmal ein zentrales Thema der Pädagogik, nämlich ihrer geisteswissenschaftlichen Richtung, aber er scheint weitgehend daraus verschwunden. Denn dieses Konzept des Humors war auf die Persönlichkeit des Erziehers im Ganzen bezogen. Demgegenüber wird in der heute vorherrschenden pädagogischen Professionalisierungstheorie das Anforderungsprofil der Erzieher dadurch bestimmt, dass einzelne Handlungsformen und Maßnahmen personenunabhängig instrumentell einsetzbar werden. Auch in diesem Zusammenhang gibt es das Thema der Situationsumdeutung durch Lachen, aber es handelt sich weniger um eine Fortsetzung des traditionellen Humorkonzepts als um dessen Umkehrung: Während die geisteswis-

senschaftliche Pädagogik einen Humor ohne Witz vertrat, enthalten heutige Konzepte professioneller Interventionsformen einen Witz ohne Humor. Wie kann unter diesen Voraussetzungen das klassische Konzept des Humors reformuliert werden? Gibt es eine Pädagogik mit Witz *und* Humor?

Natascha Almeder und Barbara Desch
Über aktuelle Publikationen zu verschiedenen Fragestellungen
Psychoanalytischer Pädagogik
Auch in diesem Jahr wird das Jahrbuch für Psychoanalytische Pädagogik mit einem Literaturumschauartikel abgerundet, in welchem ein Überblick über aktuelle Veröffentlichungen zu psychoanalytisch-pädagogischen Themen und Fragestellungen gegeben wird. Die Beiträge werden im Rahmen der folgenden thematischen Schwerpunkte referiert: (1.) Publikationen zu grundlegenden und historischen Fragestellungen Psychoanalytischer Pädagogik; (2.) Jüngere Literatur zu verschiedenen Praxisbereichen Psychoanalytischer Pädagogik; (3.) Beiträge zu entwicklungspsychologischen und sozialisationstheoretischen Fragestellungen; (4.) Veröffentlichungen zu weiteren Themenstellungen mit psychoanalytisch-pädagogischer Relevanz.

Wilfried Datler, Margit Datler, Irmtraud Sengschmied, Michael Wininger
Psychoanalytisch-pädagogische Konzepte der Aus- und Weiterbildung
Eine Literaturübersicht

In diesem Umschauartikel werden Veröffentlichungen vorgestellt, die von Konzepten der psychoanalytisch-pädagogischen Aus- und Weiterbildung handeln. Im einleitenden (1.) Kapitel wird auf die Bedeutung der Trias Selbsterfahrung-Theorieaneignung-Praxisreflexion, im anschließenden (2.) Kapitel auf historische Anfänge der psychoanalytisch-pädagogischen Aus- und Weiterbildung verwiesen. Das (3.) Kapitel handelt von Literatur über aktuelle Aus- und Weiterbildungsgänge sowie Aus- und Weiterbildungsprojekte. Daran schließen sich Kapitel, in denen Veröffentlichungen (4.) über psychoanalytische Selbsterfahrung im Dienste der Entfaltung psychoanalytisch-pädagogischer Kompetenz, (5.) über die Ausbildung von psychoanalytischen Kompetenzen durch die Teilnahme an Beobachtungs-Seminaren, (6.) über Literatur zur Reflexion pädagogischer Praxis sowie (7.) Literatur über diverse Formen der – v.a. erfahrungsbezogenen – Aneignung von Theorie. Der Artikel schließt mit Hinweisen auf Publikationen, in denen der Zusammenhang zwischen institutionellen Gegebenheiten und der Vermittlung psychoanalytisch-pädagogischer Kompetenzen kritisch thematisiert wird.

Die Autorinnen und Autoren des Bandes

Natascha Almeder, Studium der Pädagogik und Sonder- und Heilpädagogik an der Universität Wien; Tutorin am Institut für Erziehungswissenschaft der Universität Wien; arbeitet als Mobile Frühförderin in Niederösterreich.

Margit Datler, Dr.phil., Lehrerin, Absolventin des Lehrerfortbildungskurses des Alfred Adler Instituts des Österreichischen Vereins für Individualpsychologie, psychoanalytische Ausbildung im Wiener Arbeitskreis für Psychoanalyse. Tätig in freier Praxis. Arbeitsschwerpunkt: Psychoanalytische Pädagogik.

Wilfried Datler, Dr. phil., Ao Univ.-Prof., Leiter der Arbeitsgruppe für Sonder- und Heilpädagogik am Institut für Erziehungswissenschaft der Universität Wien, Lehranalytiker im Österreichischen Verein für Individualpsychologie sowie Stv. Vorsitzender der Wiener Arbeitsgemeinschaft für Psychoanalytische Pädagogik (APP). Arbeitet zu Fragen im Grenz- und Überschneidungsbereich von Psychoanalyse, Pädagogik, Heilpädagogik und Psychotherapie.

Barbara Desch, Mag. phil.; Studium der Pädagogik und Sonder- und Heilpädagogik an der Universität Wien; pädagogische Betreuerin in einem Wohngruppen-Projekt für behinderte Menschen, die lange Zeit hospitalisiert lebten; Teilnehmerin des Universitätslehrgangs für „Interdisziplinäre Frühförderung und Familienbegleitung".

Annelinde Eggert-Schmid-Noerr, Prof. Dr., Gruppenanalytikerin, Kinder- und Jugendlichenpsychotherapeutin, Vorstandsmitglied des Frankfurter Arbeitskreis für Psychoanalytische Pädagogik e.V. (FAPP). Sie lehrt an der Katholischen Fachhochschule Mainz. Forschungsschwerpunkt: Beratung und Förderung von Arbeitslosen Frauen, Psychoanalytisch-Pädagogische Sozialarbeit

Helmuth Figdor, Dr., Univ.-Doz., Psychoanalytiker, Psychoanalytischer Pädagoge, Vorsitzender der Arbeitsgemeinschaft Psychoanalytische Pädagogik in Wien (APP). Er lehrt an der Universität Wien Forschungsschwerpunkte: Psychoanalytisch-Pädagogische Erziehungsberatung, Trennungs-Scheidungsberatung.

Urte Finger-Trescher, Priv.-Doz., Dr. phil., Dipl.-Päd., Gruppenanalytikerin; Weiterbildung in Familientherapie; Leiterin der Beratungsstelle für Eltern, Kinder und Jugendliche der Stadt Offenbach, Vorsitzende des Frankfurter Arbeitskreises für Psychoanalytische Pädagogik e.V., Privatdozentin an der Gesamthochschule/Universität Kassel, Gastprofessorin am Institut für Erziehungswissenschaft der Universität Wien. Arbeitsschwerpunkte: psychoanalytisch orientierte Methoden der Arbeit mit Gruppen, Psychoanalytische Pädagogik in der öffentlichen sozialpädagogischen Versorgung.

Heiner Hirblinger, Dr. phil., geb. 1944, Lehrer am Gymnasium in den Fächern Deutsch, Geschichte und Sozialkunde; Seminarlehrer für Pädagogik; 1. Vorstand des „Arbeitskreises für psychoanalytische Pädagogik der Schule (ApPS) e.V." in München, Ausbildung in analytischer Gruppendynamik; Ausbildungsanalyse; wissenschaftlicher Autor zu Fragen der psychoanalytischen Pädagogik der Schule.

Heinz Krebs, Dr. phil., Dipl. Päd., Supervisor (DGSv), Kinder- und Jugendlichenpsychotherapeut, Psychoanalytischer Pädagoge (FAPP), 2. Vorsitzender des Frankfurter Arbeitskreises für Psychoanalytische Pädagogik, Mitarbeiter der Beratungsstelle für Eltern, Kinder und Jugendliche der Stadt Offenbach und Tätigkeit in freier Praxis, Arbeitsschwerpunkte: Institutionenberatung, Supervision, Fortbildung, Erziehungs- und Familienberatung; Veröffentlichungen zu den Arbeitsschwerpunkten.

Franz-Josef Krumenacker, Dr. phil., Diplom-Sozialpädagoge, Kinder- und Jugendlichenpsychotherapeut (tiefenpsychologische Verfahren) in Ausbildung.

Burkhard K. Müller, Dr. theol habil. Professor für Sozialpädagogik an der Universität Hildesheim. Arbeitsschwerpunkte neben der Psychoanalytischen Pädagogik: Jugendhilfe, Jugendarbeit, Professions- und Organisationsentwicklung Sozialer Arbeit.

Irmtraud Sengschmied, Mag. Phil., studierte Pädagogik und Sonder- und Heilpädagogik an der Universität Wien. Sie absolvierte die Ausbildung zur Psychoanalytisch-Pädagogischen Erziehungsberaterin der Wiener Arbeitsgemeinschaft für Psychoanalytische Pädagogik (APP), arbeitet als Sonder- und Heilpädagogin in einer Institution zur Betreuung von Menschen mit einer geistigen Behinderung und ist Mitarbeiterin in der Abteilung Schule des IFF (Institut für Interdisziplinäre Forschung und Fortbildung der Universitäten Wien, Klagenfurt und Graz).

Michael Wininger, Ausbildung zum Sozialpädagogen an der BBA für Sozialpädagogik in St. Pölten, zur Zeit Studium der Pädagogik und Fächerkombination Sonder- und Heilpädagogik sowie Tutor am Institut für Erziehungswissenschaft am Institut für Erziehungswissenschaft der Universität Wien.

Die Mitglieder der Redaktion

Christian Büttner, Dr. phil., Diplom-Psychologe; seit 1973 Projektleiter der Hessischen Stiftung Friedens- und Konfliktforschung (Forschungsgruppe „Politische Psychologie"); Honorarprofessor an der Evangelischen Fachhochschule Darmstadt; freier Mitarbeiter der Hessischen Landeszentrale für politische Bildung (Bereich Lehrerfortbildung); Lehrbeauftragter an der Universität Frankfurt (Erziehungswissenschaften); Gründungs- und Vorstandsmitglied des Frankfurter Arbeitskreises für Psychoanalytische Pädagogik; Arbeitsschwerpunkte: Aggressionsforschung, Medien, Erwachsenenbildung.
Wilfried Datler, Dr. phil., Ao Univ.-Prof., Leiter der Arbeitsgruppe für Sonder- und Heilpädagogik am Institut für Erziehungswissenschaft der Universität Wien, Lehranalytiker im Österreichischen Verein für Individualpsychologie sowie Stv. Vorsitzender der Wiener Arbeitsgemeinschaft für Psychoanalytische Pädagogik. Arbeitet zu Fragen im Grenz- und Überschneidungsbereich von Psychoanalyse, Pädagogik, Heilpädagogik und Psychotherapie.
Annelinde Eggert-Schmid Noerr, Dr. phil., Dipl.-Päd., Psychotherapeutin in freier Praxis; Professorin an der Katholischen Fachhochschule Mainz; Lehrbeauftragte der Universität Frankfurt/M.; Arbeitsschwerpunkte und Veröffentlichungen: Geschlechtsspezifische Sozialisation und Randgruppenproblematik. Vorstandsmitglied des Frankfurter Arbeitskreises für Psychoanalytische Pädagogik.
Urte Finger-Trescher, Priv.-Doz., Dr. phil., Dipl.-Päd., Gruppenanalytikerin; Weiterbildung in Familientherapie; Leiterin der Beratungsstelle für Eltern, Kinder und Jugendliche der Stadt Offenbach, Vorsitzende des Frankfurter Arbeitskreises für Psychoanalytische Pädagogik e.v., Privatdozentin an der Gesamthochschule/Universität Kassel, Gastprofessorin am Institut für Erziehungswissenschaft der Universität Wien. Arbeitsschwerpunkte: psychoanalytisch orientierte Methoden der Arbeit mit Gruppen, Psychoanalytische Pädagogik in der öffentlichen sozialpädagogischen Versorgung.
Hans Füchtner, Dr. phil., Professor für Sozialisation und Sozialpsychologie im Fachbereich Sozialwesen der Universität/Gesamthochschule Kassel; Veröffentlichungen zur Psychoanalytischen Pädagogik und psychoanalytischen Sozialpsychologie sowie zu politikwissenschaftlichen Problemen Lateinamerikas.
Johannes Gstach, Dr. phil., Univ.-Ass. der Arbeitsgruppe für Sonder- und Heilpädagogik am Institut für Erziehungswissenschaft der Universität Wien und Absolvent der Ausbildung zum psychoanalytisch-pädagogischen Erziehungsberater der Wiener Arbeitsgemeinschaft für Psychoanalytische Pädagogik. Arbeitet zur Geschichte der Psychoanalytischen Pädagogik, zur Erziehungsberatung sowie zur Situation von Arbeitslosigkeit bedrohten Jugendlichen.
Heinz Krebs, Dr. phil., Dipl.-Päd., Psychoanalytischer Pädagoge sowie Kinder- und Jugendlichenpsychotherapeut (appr.). Mitarbeiter einer Beratungsstelle für Eltern, Kinder und Jugendliche und Tätigkeit in freier Praxis mit den Schwerpunkten Eltern- und Familienberatung, psychoanalytisch-pädagogische Arbeit mit Kindern und Jugendlichen, Diagnostik, Supervision, Kindertagesstättenfach- und Institutionenberatung, Fort- und Weiterbildung. Vorstandsmitglied des Frankfurter Arbeitskreises für Psychoanalytische Pädagogik e.V. Veröffentlichungen zu den genannten Fachgebieten.
Burkhard Müller, Prof. Dr. theol., Professor für Sozialpädagogik an der Universität Hildesheim; ehemaliges geschäftsführendes Mitglied im Vorstand der Kommission „Psychoanalytische Pädagogik" der Deutschen Gesellschaft für Erziehungswissenschaft. Arbeitsschwerpunkte: Theorie, Methoden und Professionsgeschichte sozialer Arbeit, Jugendarbeit, Gruppendynamik, Supervision, Psychoanalytische Pädagogik.

Kornelia Steinhardt, Mag., Univ.-Ass. In der Arbeitsgruppe für Sonder- und Heilpädagogik am Institut für Erziehungswissenschaft der Universität Wien, Sonderschullehrerin, Supervisorin und Gruppenanalytikerin. Arbeitet über frühe Entwicklungsprobleme und Entwicklungsstörungen, Supervision und Beratung.

Luise Winterhager-Schmid, Prof. Dr. phil., Studium der Germanistik, Geschichte, Politikwissenschaft, Pädagogik, Lehramt am Gymnasium; zur Zeit Professorin für Erziehungswissenschaft an der Pädagogischen Hochschule Ludwigsburg; ehemaliges geschäftsführendes Mitglied im Vorstand der Kommission „Psychoanalytische Pädagogik" der Deutschen Gesellschaft für Erziehungswissenschaft. Arbeitsschwerpunkte: Allgemeine Pädagogik, Jugendtheorie, Mädchen- und Frauenbildung, Psychoanalytische Pädagogik, Historische Pädagogik.

Lieferbare Bände des Jahrbuchs für Psychoanalytische Pädagogik
Psychosozial-Verlag – Gießen

Band 9 (1998)

Themenschwerpunk: Jugendhilfe und Psychoanalytische Pädagogik. *Burkard Müller, Urte Finger-Trescher und Heinz Krebs:* Jugendhilfe und Psychoanalytische Pädagogik. Zur Einführung in den Themenschwerpunkt. - *Heinz Krebs und Burkhard Müller:* Der psychoanalytisch-pädagogische Begriff des Settings und seine Rahmenbedingungen im Kontext der Jugendhilfe. - *Hans-Werner Eggemann-Dann:* Was zählt, kann man (er)zählen. Die Bedeutung der institutionellen Erziehungsberatung für die Kinder- und Jugendhilfe. - *Renate Dohmen-Burk:* An der Schwelle zum Berufsleben: Aus der Arbeit einer Beratungsstelle für Jugendliche und junge Erwachsene ohne Ausbildung. - *Beate Szypkowski:* Vor Ort und hautnah – Sozialpädagogische Familienhilfe. - *Burkard Müller:* Authentizität als sozialpädagogische Aufgabe – erläutert am Beispiel Schuldnerberatung.
Beiträge aus nicht-deutschsprachigen Ländern:*Francis Imbert:* „Bolid-Kinder" und die Arbeit des Pädagogen. - *Mireille Cifali:* Das pädagogische Verhältnis: Zwischen Verstrickung und Distanzierung. -*Leendert Frans Groenendijk:* Psychoanalytisch orientierte Sexualaufklärung vor dem Zweiten Weltkrieg.
Literaturumschau: *Regina Studener und Wilfried Datler:* Lese- und Rechtschreibschwierigkeiten als eine spezifische Form von Lernschwierigkeiten – ein Thema Psychoanalytischer Pädagogik? *Bernhard Natschläger:* Über weitere aktuelle Publikationen zu verschiedenen Fragestellungen Psychoanalytischer Pädagogik. – **Rezensionen**

Band 10 (1999)

Themenschwerpunkt: Die frühe Kindheit. Psychoanalytisch-pädagogische Überlegungen zu den Entwicklungsprozessen der ersten Lebensjahre. *Wilfried Datler, Christian Büttner, Urte Finger-Trescher:* Psychoanalyse, Pädagogik und die ersten Lebensjahre. Zur Einführung in den Themenschwerpunkt. - *Rolf Göppel:* Die Bedeutung der frühen Erfahrungen oder: Wie entscheidend ist die frühe Kindheit für das spätere Leben. - *Gerd E. Schäfer:* Bildung beginnt mit der Geburt. - *Martin Dornes:* Spiegelung – Identität – Anerkennung: Überlegungen zu kommunikativen und strukturbildenden Prozessen der frühkindlichen Entwicklung. - *Karin Messerer:* Ein psychoanalytisch-pädagogischer Blick in die Praxis der Mobilen Frühförderung: Ausschnitte aus der Geschichte von Natalie und ihrer Familie. - *Isca Salzberger-Wittenberg:* Kurztherapeutische Arbeit mit Eltern von Kleinkindern. - *Gertraud Diem-Wille:* „Niemand hat mir jemals etwas gesagt ..." Die Falldarstellung einer Eltern-Kleinkind-Therapie aus der Tavistock Clinic. - *Ludwig Janus:* Zur Thematisierung vorgeburtlicher und geburtlicher Erfahrungen in pädagogischen Zusammenhängen – Ideen und Vorstellungen.
Psychoanalytische Aspekte von Lernen und Lernbehinderung: *Dieter Katzenbach:* Kognition, Angstregulation und die Entwicklung der Abwehrmechanismen. Ein Beitrag zum Verständnis behinderter Lernfähigkeit.
Literaturumschau: *Ulrike Kinast-Scheiner:*Geschwisterbeziehungen: Ein Bericht über tiefenpsychologische und psychoanalytisch-pädagogische Veröffentlichungen. - *Ulrike Kinast-*

Scheiner: Über aktuelle Publikationen zu verschiedenen Fragestellungen Psychoanalytischer Pädagogik. - **Rezensionen**

Band 11 (2000)

Themenschwerpunkt: Gestalten der Familie – Beziehungen im Wandel. *Christian Büttner, Heinz Krebs, Luise Winterhager-Schmid:* Einführung in den Themenschwerpunkt. - *Andreas Lange, Kurt Lüscher:* Vom Leitbild zu den Leistungen. Eine soziologische Zwischenbilanz des aktuellen Wandels von der Familie. - *Michael B. Buchholz:* Wie kann Familienberatung und Familientherapie auf die sich ändernden Familienprobleme antworten? - *Urte Finger-Trescher:* Psychosoziale Beratung von Familien im institutionellen Kontext. Aktuelle Fragen und konzeptionelle Überlegungen. - *Udo Rauchfleisch:* Familien mit gleichgeschlechtlichen Paaren. Probleme und Chancen. - *Frank Dammasch:* Das Kind, seine alleinerziehende Mutter und der virtuelle Vater. - *Fakhri Khalik:* Leben in zwei Heimatländern. Erfahrungen aus der psychotherapeutischen Arbeit mit Mitgliedern aus Migrantenfamilien. - *Carsten Rummel:* Die Freiheit, das Chaos der Liebe und die Notwendigkeit einer neuen Generationenethik.
Literaturumschau: *Ulrike Kinast-Scheiner:* Psychoanalytische Beiträge zum Prozeß des Alterns. - *Katharina Ereky, Judit Richtarz:* Über aktuelle Publikationen zu verschiedenen Fragestellungen Psychoanalytischer Pädagogik. - **Rezensionen**

Band 12 (2001)

Themenschwerpunkt: Das selbständige Kind. *Annelinde Eggert-Schmid Noerr:* Das modernisierte Kind. Einleitung in den Themenschwerpunkt. - *Luise Winterhager-Schmid:* Die Beschleunigung der Kindheit. - *Rolf Göppel:* Frühe Selbständigkeit für Kinder – Zugeständnis oder Zumutung. - *Wilfried Datler, Katharina Ereky, Karin Strobel*: Alleine unter Fremden. Zur Bedeutung des Trennungserlebens von Kleinkindern in Kinderkrippen. - *Martina Hoanzl:* Vom Land, in dem es keine Eltern gibt: Geschwisterliche Themen und deren mögliche Bedeutung im Prozeß des Heranwachsens. - *Burkhard Müller:* Wie der „aktive Schüler" entsteht. Oder: „From learning for love to the love of learning". Ein Vergleich von Ansätzen Fritz Redls, Rudolf Eksteins und Ulrich Oevermanns. - *Gerd E. Schäfer*: Selbst-Bildung als Verkörperung präreflexiver Erkenntnistheorie.
Literaturumschau: *Katharina Ereky:* Präödipale Triangulierung: Zur psychoanalytischen Diskussion um die Frage des Entstehens der frühen familiären Dreiecksbeziehungen. - *Natascha Almeder, Barbara Desch:* Über aktuelle Publikationen zu verschiedenen Fragestellungen Psychoanalytischer Pädagogik. - **Rezensionen**

Psychosozial-Verlag

Margit Datler

Die Macht der Emotion im Unterricht
Eine psychoanalytisch-pädagogische Studie

2012 · 244 Seiten · Broschur
ISBN 978-3-8379-2186-1

Emotionen beeinflussen unser Wahrnehmen, Denken und Handeln, wenngleich wir uns dessen oft wenig bewusst sind.

Emotionen haben daher auch einen bedeutenden Anteil daran, ob schulische Prozesse – im Großen wie im Kleinen – gelingen oder misslingen. Welche Einflüsse haben dabei die Gefühle der Lehrerinnen und Lehrer? Welcher Zusammenhang besteht zwischen ihren Emotionen und denen der Schülerinnen und Schüler? Und wie kann man zu diesen emotionalen Prozessen Zugang finden?

Im vorliegenden Buch wird dargestellt, in welcher Weise sich die Psychoanalytische Pädagogik seit ihren Anfängen mit diesen Fragen auseinandergesetzt hat. An vielen konkreten Beispielen aus dem Schulalltag wird gezeigt, wie mithilfe aktueller Konzepte die Dynamik schwieriger schulischer Situationen besser verstanden und die Professionalität schulischen Denkens und Handelns gesteigert werden kann.

Walltorstr. 10 · 35390 Gießen · Tel. 0641-969978-18 · Fax 0641-969978-19
bestellung@psychosozial-verlag.de · www.psychosozial-verlag.de

Psychosozial-Verlag

David Zimmermann
Migration und Trauma
Pädagogisches Verstehen und Handeln
in der Arbeit mit jungen Flüchtlingen

2012 · 266 Seiten · Broschur
ISBN 978-3-8379-2180-9

Das Leben zwangsmigrierter Jugendlicher ist durch extreme Belastungen gekennzeichnet, die von den erlebten Kriegserfahrungen bis zur gestörten familiären Interaktion im Exil reichen.

Diese Erfahrungs- und Erlebenswelten der Jugendlichen unterzieht der Autor anhand zahlreicher Fallbeispiele einer genauen Analyse.

Es zeigt sich, dass der verantwortungsvolle Umgang mit der Traumatisierung dieser jungen Menschen für die pädagogische Arbeit eine besondere Herausforderung darstellt, für die bislang kaum Konzepte vorliegen. Indem der Autor auf die Erkenntnisse der Traumaforschung, insbesondere die Konzeption der sequenziellen Traumatisierung zurückgreift, entwickelt er einen innovativen, pädagogisch sinnvollen Verstehenszugang. Daraus leitet er konkrete Handlungsoptionen sowohl für den schulischen als auch für den außerschulischen Bereich ab.

Psychosozial-Verlag

Helmuth Figdor
Patient Scheidungsfamilie
Ein Ratgeber für professionelle Helfer

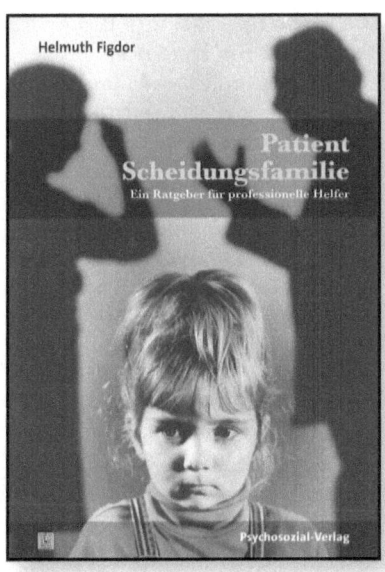

2012 · 353 Seiten · Broschur
ISBN 978-3-8379-2218-9

Die unterschiedlichsten Professionen haben mit Scheidungsfamilien zu tun.

Doch je nach Fallgegebenheiten stehen etwa Therapeuten, Jugendamtsmitarbeiter oder Mediatoren vor verschiedenen Herausforderungen. Helmuth Figdor versteht es, ein vertieftes Verständnis der Kinder, ihrer Eltern und der Position des Helfers zu vermitteln, wodurch sich selbst für scheinbar völlig verfahrene Situationen neue Handlungsperspektiven eröffnen: fehlende oder dem Kindeswohl widersprechende Beratungsaufträge, die Arbeit mit hochstrittigen Eltern, die Durchsetzung des Besuchsrechts, die Kontaktverweigerung durch die Kinder selbst, grundsätzliche Probleme psychologischer Gutachten u.a.m.

Neben der praktischen Perspektive erläutert Figdor in einem theoretischen Teil zunächst die Bedeutung der Mutter-Vater-Kind-Triade und die Konsequenzen ihrer Erschütterung durch die Trennung der Eltern. Damit knüpft er an seine bisherigen Veröffentlichungen zum Thema Scheidung an und stellt erstmals die professionellen Helfer in den Vordergrund.

Walltorstr. 10 · 35390 Gießen · Tel. 0641-969978-18 · Fax 0641-969978-19
bestellung@psychosozial-verlag.de · www.psychosozial-verlag.de

Psychosozial-Verlag

Peter Dudek
»Er war halt genialer als die anderen«
Biografische Annäherungen an Siegfried Bernfeld

2012 · 646 Seiten · Broschur
ISBN 978-3-8379-2171-7

Die erste umfassende Biografie des visionären Denkers:

Siegfried Bernfeld, bahnbrechender Reformpädagoge und einer der ersten Psychoanalytiker, ist Mitbegründer der modernen Theorie des Jugendalters und der Begründer der Psychoanalytischen Pädagogik. Er war ein scharfsinniger Querdenker mit visionären und aufschlussreichen Thesen, jedem politischen Dogmatismus abhold, ein scharfzüngiger Polemiker, voller Leidenschaft für die bessere Sache. Als Jude und undogmatischer Marxist konnte er zwar im außeruniversitären Bereich in Wien, Berlin und im amerikanischen Exil erfolgreich arbeiten, eine akademische Karriere blieb ihm jedoch verwehrt. Dennoch avancierte er mit seinen pädagogischen Theorien zum Klassiker.

Im vorliegenden Buch geht Peter Dudek auf das umfangreiche wissenschaftliche Werk Bernfelds ein und rekonstruiert zugleich das Leben des Menschen hinter den Texten. Anhand zahlreicher Quellen zeigt er ihn als jugendbewegten Aktivisten, pädagogischen und psychoanalytischen Theoretiker, politisch-pädagogischen Redner sowie als Lehrer, Ehemann und Vater.

Psychosozial-Verlag

Heike Schnoor (Hg.)
Psychodynamische Beratung in pädagogischen Handlungsfeldern

2012 · 293 Seiten · Broschur
ISBN 978-3-8379-2193-9

Beratung ist eine Dienstleistung, die auch im pädagogischen Bereich zunehmend an Bedeutung gewinnt.

Dabei zählt der psychodynamische Beratungsansatz zu den bewährten Methoden. Im vorliegenden Band geben namhafte Autorinnen und Autoren Einblicke in das Selbstverständnis, die aktuelle Forschung und die Praxis der psychodynamischen Beratung in pädagogischen Handlungsfeldern. Sowohl individuelle als auch institutionelle Aspekte von Problemkonstellationen werden beleuchtet und der Umgang damit erörtert. Anschaulich aufbereitete Praxisbeispiele aus den Bereichen Schule, Kinder- und Jugendhilfe sowie Weiterbildung vervollständigen die aktuelle Bestandsaufnahme.

Mit Beiträgen von Wolfgang Balser, Burkhard Brosig, Margit Datler, Wilfried Datler, Friederike Felbeck, Urte Finger-Trescher, Usha Förster-Chanda, Annette Frontzeck, Antonia Funder, Maria Fürstaller, Christoph Geist, Susanne Graf-Deserno, Bernhard Grimmer, Nina Hover-Reisner, Heinz Krebs, Barbara Lehner, Martin Merbach, Vera Moser, Katrin Nävy, Heinz-Peter Pelzer, Sandro Sardiña, Jochen Schmerfeld, Heike Schnoor, Irmtraud Sengschmied, Kornelia Steinhardt, Ingeborg Volger, Jean-Marie Weber, Beate West-Leuer, Christina Winners und Angelika Wolff

Psychosozial-Verlag

Joachim Heilmann, Heinz Krebs, Annelinde Eggert-Schmid Noerr (Hg.)

Außenseiter integrieren
Perspektiven auf gesellschaftliche, institutionelle und individuelle Ausgrenzung

2012 · 399 Seiten · Broschur
ISBN 978-3-8379-2187-8

Außenseiter sind Einzelpersonen oder Gruppen, die den Erwartungen und Normen eines sozialen Gefüges nicht entsprechen, was sie selbst oft als leidvoll erleben.

Für ihre Mitmenschen sind sie häufig eine Belastung, weil sie besondere Bedürfnisse haben und die bewährten Konzepte des Sozialen nicht greifen. Die Gründe, weshalb Kinder, Jugendliche oder Erwachsene in eine Außenseiterposition geraten können, sind vielfältig und können nicht unabhängig voneinander betrachtet werden. Entscheidend ist vielmehr das komplexe Zusammenspiel von gesellschaftlichen Bewertungen, institutionellen Rahmenbedingungen und dem Erleben und Verhalten Einzelner.

Für Pädagog/-innen und Sozialarbeiter/-innen besteht die Herausforderung darin, auf die sogenannten Außenseiter individuell einzugehen und tragfähige Beziehungen mit ihnen aufzubauen, um ihnen das (Über-)Leben im sozialen Gefüge zu erleichtern. Der vorliegende Band gibt einen Überblick über psychoanalytisch-pädagogische Verstehenszugänge und zeigt anhand von Beispielen, wie diesen Ausgrenzungsprozessen entgegengewirkt werden kann.

www.ingramcontent.com/pod-product-compliance
Lightning Source LLC
Chambersburg PA
CBHW020654230426
43665CB00008B/431